Marc Fachinger

Was gesagt werden kann
Predigten im Kirchenjahr (Lesejahre A B C)

O.A.M.D.G.

Bibliografische Information der Deutschen Nationalbibliothek
Die Deutsche Nationalbibliothek verzeichnet diese Publikation in der
Deutschen Nationalbibliografie; detaillierte bibliografische Daten sind
im Internet über http://dnb.d-nb.de abrufbar.

Herstellung und Verlag
BoD - Books on Demand Norderstedt
ISBN: 978- 3-7519-2077-3

Marc Fachinger

Was gesagt werden kann

Predigten im Kirchenjahr (Lesejahre A B C)

BOD Norderstedt

Inhaltsübersicht

Vorwort 7

Advents- und Weihnachtszeit 9

Fasten- und Osterzeit 47

Herrenfeste 101

Jahreskreis 120

Inhaltsverzeichnis 189

Orts-, Personen- und Stichwortverzeichnis 192

Bibelstellen 195

Vorwort

Was heißt Predigen? Ganz schlicht aus dem Lateinischen übertragen meint es, vor anderen etwas zu sagen.

Nur, was kann vor anderen gesagt werden? Was ist sagbar, ohne dass es beliebig, Geschwätz, irrelevant, ohne Lebens- und Realitätsbezug, unnötig ist? Was ist sagbar unter dem Anspruch des Evangeliums, der Bibel, der Heiligen Schrift, des Wortes, das von Gott kommt?

„Am Anfang ist das Wort. - Das ist ein Wunder, dem wir zu verdanken haben, daß wir Menschen sind." Vaclav Havel schrieb in seiner Rede zur Verleihung des Friedenspreises des Deutschen Buchhandels 1989 von der Verantwortung für das Wort und gegenüber dem Wort als einer wesenhaft sittlichen Aufgabe.

Ich weiß nicht, ob ich mir dieses Anspruchs immer bewusst war in meinem Predigen. Meine erste Predigt, nach einem weinseligen Ostersonntag am Ostermontag in der katholischen Kirche von Friedland/Mecklenburg noch zu DDR-Zeiten gehalten, versuchte schlicht an einem Holzschnitt von Karl Schmidt-Rottluff in zwei Punkten das Evangelium von den Emmausjüngern zu deuten: Trotz allem weitergehen in der Gewissheit, dass Jesus dabei ist.

Das Gehen in der Spur von Worten anderer, auch gezeichnet wie in der Kunst, gab mir ein gewisses Geländer beim Entwickeln von Predigtgedanken. Ich erinnere mich anfänglich an manche aufgenommenen Gedanken von Eugen Drewermann, weiter auch von Anthony de Mello , Erich Kästner, Hermann Stenger, Reinhold Stecher, Karl Rahner oder Józef Niewiadomski. Da sind sicher nicht alle Zitate als Zitate gekennzeichnet. Ich erinnere auch erfahrene Anregungen durch die Ordensschwestern Evaldine Ketteler oder Karla Hasiba. Mehr und mehr taucht die ignatianische Spiritualität in den Predigten auf. Inhalte, Erkenntnisse, Erfahrungen wiederholen sich in der ein oder anderen Predigt. Manche zeitgebundenen Geschehnisse als Aufhänger wurden für dieses Buch relativiert. Wie so manches sanft redigiert und aktualisiert wurde, wo das problemlos möglich war. Von 1990 bis 2005 sind diese hier nun versammelten Predigten für St. Wendel Frankfurt, St. Bartholomäus/St. Stephan Zeilsheim, Heilig Geist Riederwald, St. Hildegard Fechenheim-Nord, St. Jakobus Lindenholzhausen und St. Johannes d. T. Schneidhain entstanden.

Allen, die an diesen Orten ein oder mehrere Meilen mit mir gegangen sind und allen, die ich ein Stück ihres Weges begleiten durfte sei diese Sammlung gewidmet. Wer damit am meisten gemeint ist, weiß diese Person, denn ohne ihre diversen kritischen Anmerkungen zu ersten Predigtentwürfen wäre ich wohl auf manchem Holzweg gelangt.

Im Abstand von nun 15 Jahren merke ich, wie sehr mir diese 15 Jahre Predigterfahrung ein Versuch sind, mich selbst zu verstehen in dem, was ich glaube. Das macht mich dankbar.

Osterzeit 2020   *Marc Fachinger*

Advents- und Weihnachtszeit

Dieses Evangelium, das heute am 1.Advent in allen katholischen Kirchen verlesen wird - und eben zu hören war - scheint so gar nicht zur beginnenden Adventszeit zu passen.

Da ist keine Rede von der Geburt Johannes des Täufers, dem Wegbereiter Jesu; keine Rede von Maria, der vom Engel die Geburt eines Sohnes angekündigt wird; keine Rede von Josef; keine Rede von dem Umkehr rufenden Johannes; keine Rede von irgendetwas, was einen Hinweis auf Weihnachten geben würde.

Da will so gar nicht eine rechte "Adventsstimmung" aufkommen.

Und das ist auch jedes Jahr so: von Johannes dem Täufer ist immer erst am 2.und 3.Adventssonntag die Rede; am 4.Adventssonntag dann von Maria, Josef und Elisabeth.

Aber am 1.Advent liefert das Evangelium nie eine Erzählung, bei der man in "Adventsstimmung" kommen könnte. Da heißt es immer nur "seid wachsam!"

Vielleicht mag das daran liegen, dass der 1.Advent nicht nur der Beginn der vorweihnachtlichen Zeit ist, sondern im kirchlichen Sinn ein neues Jahr einläutet - ein neues Kirchenjahr.

Und dann hätte dieses heutige Evangelium nochmal eine besondere Bedeutung - ähnlich wie man sich an Neujahr ja einiges an guten Vorsätzen vornimmt.

Das "Seid wachsam!" des Evangeliums soll vielleicht eine Grundhaltung, ein Grundzug von uns sein, der das ganze Kirchenjahr (und nicht nur den Advent), das ganze Leben prägen soll.

Diese Grundhaltung des Wachsam seins wird nirgendwo so deutlich von Jesus angesprochen, wie in dem eben gehörten Evangelium: 4mal heißt es da "seid wachsam!" oder "bleibt wach!"

Wie dieses Wachsam sein aussehen soll, das erklärt Jesus an dem Bild vom Türhüter: "es ist wie mit dem Türhüter, der wachsam sein soll..."

Bei dem Wort "Türhüter" fallen einem vielleicht die Türsteher ein, die an den Eingängen von Discos oder Nachtlokalen sorgfältig darauf achten, wer hineinkommt und nicht, und sich bisweilen als Rausschmeißer betätigen. In letzter Zeit gibt es an den Eingangstüren der großen Kaufhäuser auch "Wachpersonal".

Es fallen bei dem Wort "Türhüter" vielleicht die Kasernenwachen an Toren von militärischen Einrichtungen ein, die streng darauf achten, für wen die Schranke geöffnet wird.

Oder der Torhüter im Sport, der darauf trainiert ist, das Tor vor vermeidbaren Einschüssen freizuhalten.

Oder die eingebauten Kameras an den Eingangstüren von Häusern meist reicher Leute, die es ermöglichen, nur erwünschte Personen hereinzulassen.

Denken wir auch an die von Menschen behütete versteckte Tür in einem Amsterdamer Hinterhaus, die das jüdische Mädchen Anne Frank bis August 1944 vor Entdeckung und Ermordung im KZ schützte.

Der Türhüter ist so einer, der die Augen aufhält; der darauf achtet, wer oder was durch die Tür hineinkommt; der vor schädlichen oder negativen Einflüssen bewahrt; der Lebensgefahren vorbeugen will.

Dieses Bild des Türhüters haben die Mönche im 4.Jahrhundert aufgegriffen, um unseren Umgang mit Gefühlen und Gedanken zu beschreiben, die uns bewegen; die an der "Tür des Herzens" stehen und hineinwollen. Die Mönche geben den Rat: "Sei ein Türhüter deines Herzens und lass keinen Gedanken ohne Befragung herein. Befrage einen jeden Gedanken und sprich zu ihm: Bist du einer der unseren oder einer unserer Gegner? Und wenn er zum Haus gehört, wird er dich mit Frieden erfüllen."

Was die Mönche damit ausdrücken wollen, ist, dass wir achtsam mit unsrem "Lebenshaus" umgehen sollen; dass wir die Augen offenhalten und aufmerksam wahrnehmen. Der Türhüter des Evangeliums ist besonders dafür da, um den Hausherrn - Gott - einlassen zu können. Was das heißt, Gott einzulassen, erzählt ein russisches Märchen.

Eine Frau hatte einen Traum, dass Gott am anderen Tag an ihre Tür klopfen würde. Am anderen Tag setzt sich die Frau aufmerksam an ihre Tür und horcht. Es klopft und ein Bettler steht vor der Tür. Die Frau sagt: ich habe keine Zeit, ich kann nichts geben, Gott will heute zu mir kommen. Und sie schickt den Bettler weg. Sie setzt sich wieder an ihre Tür und wieder klopft es; diesmal steht ein Obdachloser an der Tür. Und wieder sagt die Frau: ich habe keine Zeit, Gott will zu Besuch kommen. Sie setzt sich wieder an die Tür und horcht und wieder klopft es. Diesmal steht ein Kranker vor der Tür. Wieder sagt die Frau: ich habe keine Zeit, Gott will heute an meine Tür klopfen; und sie schickt den Kranken weg. Die Frau wartet wieder und horcht. Doch es klopft nicht mehr.

In der Nacht hat die Frau wieder einen Traum und Gott erscheint ihr wieder. Die Frau macht ihm Vorwürfe, warum er denn nicht gekommen wäre. Da sagt Gott zu ihr: dreimal habe ich an deine Tür geklopft und nie hast du aufgemacht.

Gott kommt da, wo man ihn einlässt.

Ich wünsche uns, dass wir wache und achtsame Türhüter sind.

(27./28.11.1993)

1.ADVENTSONNTAG – LESEJAHR B: THEMATISCH ZUM „STERN"

Vor ungefähr 1 ½ Millionen Jahren erhob sich der Mensch, verzichtete auf das stützende „Mitläufertum" seiner Arme, ging fortan aufrecht, und konnte seine Augen zum Himmel erheben. Er hinterließ nur selten Spuren seiner Intelligenz aus dieser Zeit: ein paar bearbeitete Kieselsteine, eine Sichel, ein Schabeisen – technische Geräte. Kein Fund legt zunächst Zeugnis ab von seiner geistigen Tätigkeit.

Doch vor rund 50.000 Jahren entstehen kleinere Kunstgegenstände. Und auf den ersten gravierten Steinen erkennt man – Sterne.

Der Blick des Nachts auf die Sterne. Ich erinnere mich noch gut, als ich als Kind mit Freunden zum ersten Mal bewusst zum Sternenhimmel hinaufgeschaut habe – staunend vor dieser Weite, der Unendlichkeit und der nicht beschreibbaren Schönheit.

Vom hl. Ignatius von Loyola wird erzählt, dass er in seinen letzten Lebensjahren in Rom häufig nachts auf die Dachterrasse gegangen sei, um die Sterne anzuschauen – sie brachten ihn jedes Mal unmittelbar in Kontakt mit Gott.

„Wir haben seinen Stern aufgehen sehen." – Mit dieser Beobachtung beginnt für Sterndeuter aus dem Osten vor 2.000 Jahren die Suche nach Jesus, den sie zunächst als „neugeborenen König der Juden" deuten – mehr wissen sie noch nicht.

Die Suche nach Jesus, ausgelöst durch einen aufgehenden Stern.

„Die Suche nach Jesus" scheint mir eine gute Umschreibung für die Adventszeit zu sein. Und es ist zugleich eine Umschreibung – meine ich – für die ständige tägliche Haltung eines Christen. Denn „die Suche nach Jesus" kommt ja hier im Leben nie an ein Ende. Er geht uns immer wieder verloren – auf unterschiedliche Weise.

Ich meine nicht das, was wir von Jesus wissen: die historisch gesicherten Kenntnisse, die in den Evangelien aufgeschriebenen Worte und Heilungen. Ich meine die jedem mögliche Beziehung zu Jesus.

Das, was nur wenig greifbar und manchmal sehr fromm klingend in Liedzeilen zum Ausdruck kommt wie: „Ich will Dich lieben, meine Stärke ...", „Oh Jesu, all mein Leben bist Du...", „Meins Herzens Tür Dir offen ist..."

Aber darum geht es – um das, was hinter und mit diesen Worten gemeint ist.

Sicher helfen dazu das Lesen von Lebensbeschreibungen Jesu, das Sehen von Verfilmungen seines Lebens. Sicher helfen da auch Begegnungen in einer Kirchengemeinde, mit Glaubenden, das Bewusstsein einer weltweiten Gemeinschaft und das Getragen sein darin.

Aber die Suche nach einer persönlichen Beziehung zu Jesus nehmen sie nicht ab. Die Entwicklung einer Dynamik, die tief in Seelenschichten vor sich geht, die von keiner Wissenschaft ermessen oder ergründet werden kann, nehmen sie nicht ab.

Ich meine hiermit keine Selbstbespiegelung und Seelenmassage, keine Ichbezogenheit und „Weltflucht".

In diesem „Grenzbereich" von individuellem Glauben und „Weltverantwortung" gibt es ja bis heute eine Menge Missverständnisse. Und nicht wenige Unschuldige sind auf den Scheiterhaufen der Inquisition wegen solcher Missverständnisse hingerichtet worden.

Erst kürzlich meinte der Vorsitzende der österreichischen Ordensoberen, dass das Evangelium dazu da sei, „verkündet und nicht nur meditiert zu werden". Ein sicherlich richtiger Satz. Nur höre ich dahinter das Missverständnis heraus: wer meditiert, der bleibt bei sich und gibt nichts weiter, sprich: verkündet nichts.

Ich meine: nur wer meditiert, wer „nach innen" und „hinter die Dinge" schauen kann, wer Formen findet, mit Gott, mit Jesus Christus in Kontakt zu kommen, wer z.B. staunen kann über das, was lebt – nur der wird von selbst „verkünden", „Zeugnis geben", ausstrahlen, von innen heraus leuchten.

Und damit bin ich nun wieder bei den Sternen angelangt.

Es ist ja nicht so, dass wir nur die Suchenden sind. Oder schlimmer noch: dass es – wie in der antiken Philosophie – bei der Frage nach dem „wahren Sein" bestenfalls um ein Suchen, nie um ein Finden geht.

Es gibt ja die „Sternstunden" im Leben. Und ich meine, es gibt sie mehr, als wir glauben. Wir müssen nicht immer auf die großen religiösen Bekehrungen, auf die Geschichte der Heiligen schauen – so gut es ist, vom Blick des Ignatius in den nächtlichen Sternenhimmel zu wissen.

Wir müssen „nur" wachsam sein, dürfen nicht „schlafen", wie es im Evangelium heißt. Wir wissen nicht, wann die Zeit da ist, wann ein „aufgehender Stern" nicht nur suchen sondern auch finden lässt, wann wir die Erfahrung der Gewissheit machen, dass „alles gut" ist, wann die „Sternstunde" kommt.

Aber sie kommt – schon hier – für jeden – und sie wird alles verändern.
(1.12.2002)

1. ADVENTSONNTAG – LESEJAHR C: LK 21,25-28.34-36

„Advent ist einmal eine Zeit der Erschütterung, in der der Mensch wach werden soll zu sich selbst."
Der Mann, der dieses schrieb, tat es mit gefesselten Händen im Gefängnis Berlin-Tegel – wenige Tage vor dem ersten Advent des Jahres 1944, wenige Wochen vor seiner Hinrichtung am 2.Februar 1945.
Solch einen Satz kann nur einer schreiben, der in seiner Zelle dreimal drei Schritte hin und her gehen kann. Einer, der den letzten Advent seines Lebens so intensiv und ahnungsvoll wie noch nie sieht. Einer, dessen Leben - außen und innen - völlig erschüttert wurde. Durch Gewalt, Schmerz, brutalen Hass, Erniedrigung, eigenes Versagen, einen schweigenden Gott, äußerste Hilflosigkeit, Zweifel, Folter, ...
Alfred Delp – Jesuitenpater – ein Mitglied der Widerstandsbewegung im sogenannten „Kreisauer Kreis".
„Advent ist die Zeit der Erschütterung..."
Bestürzung, Ratlosigkeit, Vergehen vor Angst, Erschütterung der kosmischen Kräfte ist die Ausgangssituation des heutigen Evangeliums vom ersten Advent.
Wenn wir von dem zeitgebundenen Hintergrund dieser Sprache vor 2000 Jahren absehen, könnten es Umschreibungen unserer derzeitigen Welterfahrung sein: die kosmischen Kräfte in den Flutkatastrophen von Thailand oder Norditalien, die Angst vor BSE, die Ratlosigkeit um einen Begriff wie „Leitkultur", die Bestürzung über die Vorfälle um den Tod eines 6-jährigen Jungen.
Aber das wäre einem Unheilprophetentum das Wort geredet, welches in apokalyptischen Sekten und Gruppen üblich ist. Gruppen, die aufgrund bestimmter Anzeichen (wie beispielsweise Flut- oder Hungerkatastrophen) genau wissen, wann denn das Ende der Welt eintreffen muss.
Was hier aber ganz simpel verwechselt wird ist der Unterschied zwischen Ende und Vollendung.
Jesus beschreibt nicht das Ende der Welt, sondern die Vollendung der Welt. Und er tut es mit Bildern, die ihm zu seiner Zeit zur Verfügung standen.
Er beschreibt die Vollendung der Welt auf dem Hintergrund seines antiken Weltbildes. Und in diesem Weltbild hatte der Raum des Göttlichen seinen geographischen Ort im Himmel oberhalb der Erde.
Jesus benutzt diese Bilder um zu beschreiben: die Vollendung der Welt geht über unsere Vorstellung hinaus, übersteigt alles, was wir bisher erlebt haben.
Vollendung der Welt ist ein Geschehen außerhalb von Zeit und Raum. Sichtbar nur für Augen, die durch den Tod gegangen sind.
Und das ist die eigentliche Erschütterung, die von diesem Text ausgehen kann: Die schlichte Erkenntnis: alles, alle Wirklichkeit hat eine Tendenz zum Ende hin.

Die eigentliche Erschütterung dieses Textes ist die Erschütterung über die eigene Endlichkeit. Es ist die Erschütterung über die Frage, was ich denn eigentlich dann noch bin. Der Mensch wird wach zu sich selbst.

Diese Vorstellung hatte Alfred Delp vom Advent; diese Erfahrung hat er selbst gemacht, nachdem er verschiedene äußere und innere Erschütterungen erlebt hatte.

Manchmal stellt sich einem diese Erschütterung ganz konkret:

Wenn in der sogenannten „midlife-crisis" die Leistungsfähigkeit sich langsam neigt und die Erkenntnis heranreift, dass es über Effizienzsteigerung hinaus es doch noch etwas anderes geben muss.

Wenn eine Krankheit auf einmal aufbricht, die alle Pläne vernichtet und in tiefe Depressionen führt.

Dann können sich Fragen stellen wie: Was ist denn das Ziel meines Lebens? Gibt es überhaupt ein Ziel für diese Welt?

Dann kann etwas wach werden von einer Erkenntnis, dass wir uns auf dieser Erde nicht ganz zuhause fühlen können.

Aber zu oft scheint die Erkenntnis zuzutreffen, die die Schriftstellerin Ingeborg Bachmann 1968 formuliert hat: „Wir schlafen ja, sind Schläfer, aus Furcht, uns und unsere Welt nicht wahrnehmen zu müssen."

Wach werden zu sich selbst.

Das hat auch etwas Erschreckendes. Zu erkennen, dass man im Grunde ungeborgen, unterwegs ist, und wir hier auf der Erde keine Endgültigkeiten schaffen können, hat etwas Erschreckendes.

Alfred Delp hat es so ausgedrückt: „Hungern und Dürsten und Wüstenfahrt und Notseilgemeinschaft gehören zur Wahrheit des Menschen."

Der erste Adventssonntag lässt etwas in der Schwebe. Und ich will diese Spannung auch nicht einfach auflösen. Sie lässt sich nicht auflösen.

Eine Richtung wird uns heute nur gewiesen: „Erhebt eure Häupter, eure Erlösung ist nahe."

Das heißt: Gott ist der, der kommt.

Gott ist eine mächtige Wirklichkeit, die noch „im Kommen" ist. Die Macht, das Gebrochene zu heilen, das Gestorbene zu neuem Leben zu erwecken, das Ermüdete und Erstarrte wieder in Bewegung zu bringen.

Mehr und nicht weniger Hoffnung macht uns das Evangelium heute.

(2./3.12.2000)

2. ADVENTSSONNTAG - LESEJAHR A: ZU JES 11,1-10
(Thematisch "Meine beiden Seiten annehmen")

"Zwei Seelen wohnen, ach! in meiner Brust, Die eine will sich von der andern trennen; ..." so hat Johann Wolfgang Goethe vor 180 Jahren in der Tragödie "Faust" geschrieben. Zwei Seelen in einer Brust, zwei Seiten in uns - eine scheinbar menschliche Gegebenheit, die viele Menschen bewegt hat, darüber nachzudenken.

So z.B. Max Frisch in seinem Roman "Stiller", in dem er über die zwei Ichs in einem Menschen schreibt; das eine Ich ist der, der ich nach außen bin, und das andere Ich ist der, der ich gerne sein möchte.

Ähnlich hat der deutsche katholische Theologe Karl Rahner geschrieben "Der in uns, der wir tatsächlich sind, grüßt schmerzlich den, der wir sein wollen."

Oder auch ähnlich der evangelische Theologe Dietrich Bonhoeffer, der in einem Gedicht nachfragt "Wer bin ich? - bin ich das wirklich, was andere von mir sagen? Oder bin ich nur das, was ich selbst von mir weiß?"

Und auch in den Anfängen des Christentums hat der Apostel Paulus über diese Zweiseitigkeit im Menschen nachgedacht. Im Römerbrief schreibt er: "Ich begreife mein Handeln nicht: Ich tue nicht das, was ich will, sondern das, was ich hasse. Ich tue nicht das Gute, das ich will, sondern das Böse, das ich nicht will."

"Ich tue nicht das Gute..., ich begreife mein Handeln nicht!" Paulus macht sich so seine Gedanken und am Ende kommt er zu dem Schluss "Ich unglücklicher Mensch! Wer kann mich da erretten?"

Ja, wer kann uns da erretten, oder anders gefragt: wie kann ich mit meinen 2 Seiten, die sich in so verschiedener Weise zeigen, umgehen; wie kann ich mit den 2 Seelen in meiner Brust umgehen?

Am günstigsten scheint es wohl, eine Seite von den beiden einfach auszuklammern und sich nur auf eine Seite zu konzentrieren.

Diese Haltung findet sich z.B. in dem Sprichwort "den Kopf in den Sand stecken". Die Seite, was außen in der Gesellschaft vor sich geht, ist mir egal. Ich für meine Seite habe ja genug Probleme. Und ist es nicht so am einfachsten, wenn wir uns all die Nachrichten anschauen und anhören?

Oder: schauen wir uns unsere zwei Seiten an: den Verstand und das Gefühl, oder anders Kopf und Herz. Ist es denn nicht sinnvoller, sich nur auf seinen Verstand zu verlassen; da weiß man doch, was man hat. Gefühle sind doch ein Zeichen von Schwäche.

Und noch einmal anders: man darf seine beiden Seiten ja auch gar nicht immer zeigen. Denken wir einmal an die zwei Seiten Trauer und Freude, und daran wie in unserer Gesellschaft mit trauernden Menschen umgegangen wird. Trauernde Menschen wirken in unserem Alltag doch irgendwie beklemmend und störend. Die Trauer - als die zweite Seite der Freude - wird offiziell verdrängt.

Sie lässt sich aber nicht ausklammern. Eine Bekannte erzählte mir von ihrem Mann. Dessen Bruder sei vor 8 Jahren bei einem Verkehrsunfall ums Leben gekommen. Ihr Mann hätte nie von seinem Bruder erzählt. Und jetzt nach 8 Jahren würde er alte Bilder herausholen, würde alte Freunde seines Bruders anrufen. Da hat dieser Mann offensichtlich 8 Jahre lang seine Trauer über den Tod seines Bruders verdrängt.

Es scheint also so zu sein, dass es auf die Dauer nicht geht, eine Seite - von zweien - auszuklammern und wegzulassen.

Am besten lässt sich das wohl an einer kleinen Übung verdeutlichen, die Sie zuhause einmal ausprobieren können. Versuchen Sie einmal, längere Zeit nur auf einem Bein zu stehen und nur mit einem Bein zu gehen; Sie werden merken, mit der Zeit werden Sie verkrampft und angestrengt. Auf die Dauer geht das nicht mit einem Bein. Man muss schon auf beiden Beinen stehen.

Was kann das aber jetzt heißen: auf beiden Beinen stehen? Meine beiden Seiten annehmen?

Dieser Tage habe ich im Fernsehen einen Werbespot gesehen. Da ging es um ein Säftchen, das gut sei gegen den Stress und die Hektik im Leben. Ein Löffel von diesem Mittel am jeden Tag genommen, und schon kehre Ruhe, Gelassenheit und Ausgeglichenheit ins Leben ein. Schön, wenn`s so einfach wäre.

Aber es steckt etwas Wahres dahinter: Unser Leben ist nicht nur die Pflichterfüllung, die Arbeit oder die Schule. Genauso gut brauchen wir auch die andere Seite, den Ausgleich von Momenten der Ruhe; etwas zu spielen, zu lesen, Musik zu hören oder einfach zu faulenzen.

Diese zwei Seiten gehören notwendig zusammen. Bischof Kamphaus sagt da immer so schön: "Wer nicht die Ruhe genießen kann, wird auf Dauer un-genießbar."

All diese bisherigen Gedanken hat der Prophet Jesaja in einem schönen Bild zusammengefasst, das wir in der heutigen Lesung gehört haben:

da war von der Versöhnung von Wolf und Lamm, Kalb und Löwe die Rede. "Der Wolf liegt beim Lamm, Kalb und Löwe weiden zusammen". Jeweils Tiere, die sich ansonsten feind sind und nicht einander verstehen. Zwei Seiten, die nun friedlich versöhnt sind.

Wer seine zwei Seiten bei sich nicht annimmt, der bleibt ohne diesen versöhnlichen Frieden, bleibt un-zu-frieden.

Wer jedoch - wie es in der Lesung hieß - im "Geist des Herrn" lebt, d.h. wer in seinem Leben nach den Gaben dieses Geistes sucht; wer sucht nach Weisheit, oder sagen wir: Gelassenheit, wer sucht nach Einsicht, oder sagen wir: Verständnis, wer sucht nach Rat: oder sagen wir: nach Ratschlägen von anderen, wer sucht nach Stärke, oder sagen wir: Mut, wer sucht nach Erkenntnis, oder sagen wir: Vernunft, wer sucht nach Gottesfurcht, oder sagen wir: Bewusstwerden des Getragen seins von Gott;

dem können ruhig zwei Seelen in der Brust wohnen,

der kann seine zwei Seiten versöhnen

und auf zwei Beinen stehen.

(6.12.1992)

2.ADVENTSSONNTAG – LESEJAHR A: ZU MT 3,1-12

Als 1963 Hunderttausende von Menschen vor das Lincoln Memorial in Washington gezogen waren, da erklang die Stimme eines Mannes, der 5 Jahre später - 1968 - in Memphis ermordet wurde. Martin Luther King sprach damals u.a. jene weltberühmten Sätze, die begannen mit „I have a dream" - Ich habe einen Traum. Und wer jemals diese Rede vom Traum der Gleichheit aller Menschen - egal ob schwarz oder weiß - im Originalton hören konnte, kann sich kaum der Faszination dieser Stimme entziehen. Und man bekommt eine Ahnung davon, wie eine Stimme Menschen anziehen und im buchstäblichen Sinn in die Wüste rufen kann.

In seiner Rede nahm Martin Luther King auch Bezug auf jene Stimme des Rufers in der Wüste. Er sagte: „Ich habe einen Traum, dass eines Tages jedes Tal erhöht und jeder

Hügel und Berg erniedrigt wird. Die rauen Orte werden geglättet und die unebenen Orte begradigt werden...Das ist unsere Hoffnung... Mit diesem Glauben werde ich fähig sein, aus dem Berg der Verzweiflung einen Stein der Hoffnung zu hauen..."

Diese Hoffnung muss es auch gewesen sein, die jene Scharen von Menschen aus Jerusalem, Judäa und der ganzen Jordangegend in die Wüste zu Johannes dem Täufer gezogen hat. Da wurden bei ihnen alte Erinnerungen und Hoffnungsbilder wach, als Johannes vom nahenden Himmelreich erzählte:

Erinnerungen an die Zeit, als das Volk Israel - nach der fast 50jährigen Vertreibung ins babylonische Exil - im Jahr 538 v.Chr. auf ebenem Weg nach Jerusalem heimzog. Und auf diesem Zug von Babylon nach Israel ging damals vorneweg das Allerheiligste der Juden. Gott kehrte zurück in die Stadt und dazu wurde ihm der Weg bereitet.

Und Hoffnungsbilder wurden bei diesen Menschenscharen in der Wüste wach, wie sie in der Lesung des Jesaja zu hören waren: einer kommt, dessen Maßstab Gerechtigkeit ist und nicht materieller Reichtum oder Macht.

Da ist ein Bild, dass Wolf und Lamm, Kuh und Bärin, Kalb und Löwe miteinander auskommen. Ein Bild dafür, dass zwei Seiten im Menschen sich nicht im „entweder ... oder" entgegenstehen, sondern im „sowohl ... als auch" miteinander versöhnt werden können. D.h., dass Menschen ihre beiden Seiten wie z.B. Trauer und Freude oder Gefühl und Verstand als Ganzes annehmen können.

Und da ist das starke Hoffnungsbild, dass das Land, ja die Welt, erfüllt ist von der Erkenntnis Gottes, so wie das Meer mit Wasser gefüllt ist.

Diese Hoffnungsbilder müssen es gewesen sein, die jene Menschenscharen in die Wüste von Judäa trieben.

Wenige Jahre später haben dieselben Menschen vielleicht gedacht, dass das alles nur Lug und Trug war. Nichts war es geworden mit der Erfüllung ihrer Sehnsucht, der Erfüllung ihrer Hoffnungsbilder. Jesus, auf den Johannes hingewiesen hatte, hatte ganz anderes gebracht, als sie erhofften. Und selbst Johannes kommen Monate später schon - als er im Gefängnis sitzt - die Zweifel. Er lässt nachfragen, ob Jesus denn überhaupt derjenige sei, der kommen soll und das Himmelreich bringe, oder ob man nicht vielmehr auf einen anderen Hoffnungsträger warten müsse.

Auch Martin Luther King hat davon gewusst, dass Träume zerbrechen können, dass unsere größten Hoffnungen enttäuscht werden können. Und allzu oft enttäuscht werden. Ist es nicht eine der schmerzlichsten Erfahrungen des Menschenlebens überhaupt, dass nur sehr wenige die Erfüllung ihrer tiefsten Hoffnungen sehen?

Ja, ist es überhaupt sinnvoll, Hoffnungsbilder in sich zu tragen? Sind diese Bilder nicht vielmehr Selbsttäuschung, selbst gemachte Projektionen, Erfindungen? Oder um es mit einem Schlagwort zu sagen „Opium für das Volk"?

Genau dieser Vorwurf wurde Ernst Bloch gemacht, der mit seinem 1959 erschienenen Buch „Prinzip Hoffnung" für viele Theologen zum Hoffnungsträger wurde und es noch ist. Seine Gegner bezweifeln die Sinnhaftigkeit von Hoffnungsbildern; bezweifeln, dass Hoffnung ein Prinzip, <u>der</u> entscheidende Grundtrieb des Menschen sei.

Ich selbst bin von dem Sinn dessen überzeugt, trotz unglücklicher oder unerwünschter Umstände, ja selbst bei einem endgültig scheinenden Fehlschlag ein ewig Hoffender zu sein.

Die Kraft dazu gibt mir das, was Johannes über das Hervorrufen von Hoffnungsbildern hinaus zuerst sagt. Er sagt es dreimal: „metanoiéte - metanoia" heißt das Wort im Griechischen. Im Evangelientext ist es mit „Umkehren - Umkehr" übersetzt. Aber das ist viel zu verkürzend. Es hat mit Sinnesänderung, Umdenken, Begreifen und Verstehen zu tun. All dies klingt in diesem Wort an.

Es meint eine Art ständige Selbstüberprüfung dessen, was ich tue, wie ich lebe.

Klingt das aber nicht zu anstrengend und überfordernd?

Diesen Vorwurf hat wohl schon Johannes zu hören bekommen und darauf in seiner Zeit geantwortet: „Meint nicht, ihr könntet sagen: wir haben ja Abraham zum Vater!", d.h. wir gehören doch schon zu den Auserwählten.

In unserer Zeit würde seine Antwort auf den Vorwurf der Überforderung vielleicht lauten: Meint nicht, es sei damit getan, getauft zu sein. Meint nicht, es sei damit getan, jeden Sonntag in die Kirche zu gehen. Meint nicht, es sei damit getan, genau so viel für gute Zwecke zu spenden, dass eure Einkommensteuererklärung positiv ausfällt.

Umkehr, Umdenken, Begreifen, Verstehen war es, was Johannes wollte. Eine Wachsamkeit und Achtsamkeit sich selbst in der jeweiligen Zeit gegenüber. Nicht mehr und nicht weniger.

„Wachet auf!" lautet der Ruf der Adventszeit.

Der Jesuit und geistliche Schriftsteller Anthony de Mello hat einmal festgestellt: „Die meisten Leute schlafen, ohne es zu wissen. Sie leben schlafend, sie heiraten im Schlaf, erziehen im Schlaf ihre Kinder und sterben im Schlaf, ohne jemals wach geworden zu sein. ..."

Das heißt, den meisten ist gar nicht klar, was sie tun und wie sie leben - sie tun es mechanisch, oder weil andere es von ihnen erwarten, oder weil man es so macht, oder oder.

Johannes sagt: das kann es doch nicht sein! Das kann doch kein Leben sein!

Ich glaube, dass das letztlich seine entscheidende und grundlegende Hoffnung und sein Traum war, den er bei den Menschen seiner Zeit wachrufen wollte: wach und bewusst zu leben, und das heißt: glücklich zu sein, liebevoll zu sein, friedlich zu sein, frei zu sein, menschlich zu sein.

(5./6.12.1998)

2.ADVENTSONNTAG – LESEJAHR B: THEMATISCH ZUM „ENGEL"

Alle zwei Jahre wird im Auftrag der Deutschen Bischofskonferenz der katholische Kinder- und Jugendbuchpreis verliehen. In diesem Frühjahr erhielt ihn die Kinderbuchautorin Jutta Bauer. Sie hat ein Buch geschrieben und illustriert mit dem Titel „Opas Engel". Erzählt wird darin von einem Jungen, der seinen Opa im Hospiz besucht. Der Opa erzählt seinem Enkel die Geschichte seines Lebens. „Junge, mir konnte keiner was." so beginnt er und erzählt von der Kinder- und Schulzeit, den Jahren in der Hitler-Diktatur, vom II. Weltkrieg, den Nachkriegs- und Wirtschaftswunderjahren, der Familiengründung und seiner Pensionszeit. Am Ende meint er kurz: „Ich hatte viel Glück."

Was der Opa nicht weiß und sieht, auch nicht sein Enkel, sondern nur der Leser und Betrachter des Buches: seit Beginn der Schulzeit begleitet den Opa ein Engel. Als Frauengestalt, mit zwei Flügeln und einem Gewand mit hellblauen Konturen gezeichnet. Der Engel fliegt vor den bremsenden Schulbus, der fast den Opa als Kind überfahren hätte; er hält den Opa als Kind am Ranzen fest, während er über eine Schlucht springt; er steht hinter dem Opa als Soldat; er ist dabei, als sich der Opa verliebt und er schließt dem Opa am Ende der Erzählung die Augen, während der Enkel hinaus ins Freie tritt.

Gibt es Engel?

Die Autorin von „Opas Engel" meint, das Wesentliche ihres Buches sei das Grundvertrauen, der Optimismus und der Mut. Und sie meint: „Es ist völlig egal, ob man das als Schutzengel bezeichnet oder als Glauben oder als was auch immer. Ich denke, wichtig ist, dass Eltern ihren Kindern Zutrauen vermitteln, das Gefühl, du schaffst das, du wirst deinen Weg machen."

So sehr ich das Buch schätze, habe ich doch auch meine Schwierigkeiten mit der Absicht der Autorin. Sicher ist Grundvertrauen wichtig, ein Grundvertrauen, das bleibt, selbst wenn sprichwörtlich „die halbe Welt zusammenbricht". Aber was ist mit dem Zutrauen „du schaffst das, du wirst deinen Weg machen!"? Mich erinnert das zu sehr an ein derzeitiges gesellschaftliches Grundgefühl „du schaffst das, wenn du den anderen ausstichst!"

Ich will das dem Buch nicht vorwerfen. Es stellt nun mal nur <u>eine</u> Lebensgeschichte, die des Opas vor.

Aber das Buch provoziert geradezu die Frage: was ist mit den anderen Menschen, die auch vorkommen? Was ist mit dem Freund des Opas namens Josef mit dem Judenstern, der irgendwann verschwand und nie wieder kam? Was ist mit dem Soldaten im Schützengraben nebenan, der von einer Handgranate getroffen wird? Oder was ist mit den anderen Männern, die nicht das Glück des Opas haben, für einen Arbeitsplatz ausgewählt zu werden?

Ganz anders gefragt: wie und wo ist der Engel, der Schutzengel, in deren Leben – des Juden Josef, des Soldaten, der arbeitsuchenden Männer – da? Oder ist er gar nicht da? Ist der Schutzengel nur da, wo wir „Glück gehabt" haben und wir manchmal sagen: „da hast du einen Schutzengel gehabt!"?

Mir scheint, dass sich in der Figur des Engels zu Vieles miteinander vermischt. Ein Blick auf die Figur des Weihnachtsmannes mag da ein Beispiel sein, und dem, was diesem alles so im Laufe der Jahrzehnte an Bedeutungen zugemessen wurde.

Es wird den Engeln, so meine ich, zu Vieles zugeschrieben, was womöglich gar nicht zu ihnen gehört. Da muss man nicht nur die Plakatwerbung an der Wiesbadener Straße anschauen.

Aber was gehört zu ihnen? was macht sie aus? was unterscheidet sie von den – noch so gut inszenierten und gut gemeinten – Engeln aus Spielfilmen? ja, inwiefern kann ich heute sagen, ich glaube an Engel, oder besser: ich glaube, dass es Engel gibt

Ich sehe den Engel zunächst als ein Wesen, das deutlich macht, dass Gott mit dieser Welt zu tun hat. Gott hat in dieser Welt eine Stimme – und hat eine Stimme für jeden.

Ich sehe den Engel auch als eine Umschreibung einer Erfahrung, für die mir die Worte fehlen. Und ich sehe ihn als eine Erscheinung der vielfältigen Weisen, wie Gott zum Menschen spricht.

Ich weiß, dass das sehr nüchtern und einfach und vielleicht auch abstrakt klingt.

Vor einem Jahr habe ich über eine Initiative der evangelischen Kirche in Hamburg einen Bronzeengel kennen gelernt. Eine kleine schlichte Figur, 7 cm groß, mit nach vorne geöffneten segnenden Händen. Die vergangenen Monate habe ich ihn einige Male verschenkt – Sterbenden und Trauernden, Menschen in Krankheit und Grenzerfahrungen. Ein einfaches und eindringliches und sprechendes Zeichen da, wo Worte fehlen. Und er verbreitet seinen Segen. Er macht deutlich, dass Gott uns nicht vor jeder Gefahr beschützt, uns aber in jedem Unheil bewahrt – auf unvorstellbare Weise. Dieser kleine Engel ist mehr als eine Bronzefigur. Die Erfahrungen, welche Menschen mit ihm machten, zeigen mir das.

Gibt es Engel?

Die Erfahrungen von Maria, von Josef, von Zacharias – dem Vater Johannes des Täufers – oder der Hirten auf dem Feld – alles Menschen, die um das Geschehen der Menschwerdung Gottes ihre Aufgabe haben – bejahen diese Frage.

Die Stimme, die sie in der Begegnung mit einem Engel hören, heißt nicht: „Du schaffst das, du wirst deinen Weg machen".

Ihre Erfahrung ist der ähnlich, die im heutigen Evangelium so umschrieben wird:

„Ich sende meinen Boten vor dir her, er soll den Weg für dich bahnen."

Verblüffend ähnlich, und doch ganz anders.

Der Weg wird mir gebahnt – ich muss ihn nicht machen.

Damit ist kein Hände-in-den-Schoß-legen gemeint, weil ein Engel vielleicht alles macht. Sondern ein aktives Hinhören auf Gottes Stimme, wohin der nächste Schritt zu setzen ist – und ein Geschehen-lassen, das mit dem Verstand nicht zu begreifen ist.

(8.12.2002)

2. ADVENTSSONNTAG – LESEJAHR C: ZU LK 3,1-6

Als vor 5 Jahren im November/Dezember die Mauern und Grenzen zwischen den beiden deutschen Staaten in einer sogenannten "friedlichen Revolution" fielen, wurden Erinnerungen an jahrtausendealte Texte aus der Bibel wach: "Selig, die keine Gewalt anwenden, denn sie werden das Land erben" (Mt 5,5) oder "Als der Herr das Los der Gefangenschaft wendete, da waren wir alle wie Träumende, da war unser Mund voll Lachen" (Ps 126,1.2a).

Menschen, vor allem aus dem kirchlichen Bereich, die maßgeblich diese friedliche Revolution ausgelöst hatten, machten die Erfahrung, dass diese biblischen Texte keine leeren Worthülsen waren. Sie drückten ganz konkrete, geschichtliche Gottes-Erfahrungen in einer bestimmten Situation aus.

Diese zwei Dinge - Geschichte und die Erfahrung Gottes in dieser Geschichte - sind auch Gegenstand des heutigen Evangeliums, in dessen Mittelpunkt Johannes, der Sohn des Zacharias steht.

Mit der Nennung von sieben Namen gleich zu Beginn des Evangeliums wird uns genau Auskunft gegeben über die geschichtliche Situation: die Angabe des Regierungsjahres des Kaisers Tiberius sagt uns, dass es sich um das Jahr 28 n.Chr. handelt. In diesem Jahr teilen sich vier Herrscher die weltliche Macht in Palästina, was auf eine sehr verworrene Situation hin deutet. Zwei Männer werden als Hohepriester genannt - Hannas und Kajaphas - , obwohl es nur einen Hohepriester in der jüdischen Religion geben durfte. Der offizielle Hohepriester Kajaphas war mehr oder weniger nur eine Marionette in der Hand seines Schwiegervaters Hannas, der die eigentlichen Fäden in der Hand hielt. Also auch im religiösen Bereich lief einiges schief und verquer, ging es um Geld und Macht. Diese geschichtliche Situation wird uns mit der Nennung von diesen 7 Namen vor Augen geführt.

In dieser verworrenen Situation nun erfährt Johannes, Sohn des Zacharias, dass Gott ihm und anderen - eigentlich allen Menschen, wie es heißt - etwas zu sagen hat: Umkehren und Schuld wird vergeben.

Was diese zwei Dinge - Umkehren und Schuldvergebung - näher bedeuten, wird dann im Folgenden mit einem Zitat aus dem Buch des Propheten Jesaja aus dem 6.Jahrhundert v.Chr. erläutert.

Damit wird nun wieder eine andere geschichtliche Situation in den Blickpunkt gerückt: das 6. Jahrhundert v.Chr. war für die Juden dadurch geprägt, dass ihr Land von den Babyloniern erobert und besetzt worden war. Der Staat Israel hatte aufgehört zu existieren. Der Großteil der jüdischen Bevölkerung wurde als Gefangene ins Exil nach Babylon transportiert - darunter eben auch jener Prophet Jesaja.

Als er davon spricht, dass dem Herrn ein Weg bereitet und Gott die Straßen geebnet werden sollten, da wusste er noch nicht, dass einige Jahrzehnte später tatsächlich die Juden den Weg zurück nach Israel finden würden.

(Babylon wurde im Jahr 539 v.Chr. von den Persern erobert, diese gaben den Juden ihre Freiheit wieder zurück) Die Straße wurde so frei - eben und gerade - von Babylon nach Israel.

Es ist die Erfahrung Israels, dass Gott selbst den Zug der Heimkehrer auf ihrem Weg von Babylon nach Israel anführt.

Es ist die Erfahrung in der Geschichte, dass das gefangene Volk Israel aus Babylon umgekehrt ist, eine Wendung gemacht hat, aus dem Exil zurückgekehrt ist und eine abwegige Richtung verlassen hat.

Es ist für Israel eine heilsame Erfahrung, ein Neuanfang, so ein Gefühl, wie wenn Schuld vergeben ist.

Erfahren wir in unserer Geschichte Gott? Erfahren wir in unserer Lebensgeschichte einschneidende Wendungen? Machen wir heil-same Erfahrungen?

Nach dem Fall der Mauern und Grenzen zwischen DDR und BRD wurde oft der Begriff der "Wendehälse" gebraucht. Damit waren Menschen gemeint, die zu DDR-Zeiten mit der sozialistischen Diktatur zusammengearbeitet hatten und nach der Vereinigung so taten, als ob sie schon immer den Sozialismus verurteilt hätten.

Deutlich wird an diesem Begriff des Wendehalses, was mit einer einschneidenden Wendung, einer einschneidenden Umkehr nicht gemeint ist: Den Hals zu wenden ist nur eine Drehung und Wendung mit dem Kopf. Alles andere bleibt so wie es war.

Zur Umkehr gehört es, eine ab-wegige Richtung aufzugeben, sich ganz umzudrehen und auf dem richtigen Weg loszugehen. Hätten die Juden in Babylon nur den Kopf gedreht, wären sie nie nach Hause, nach Israel gekommen.

Und zur Umkehr gehört es, eine Stimme in der Wüste zu hören.

Und das scheint das Schwierigste: Marktschreier, Gurus, Werbestimmen, die uns versprechen "Wir machen den Weg frei!", Horoskope und Wahrsager sind leicht zu hörende Stimmen.

Eine Stimme in der Wüste ist nur schwer zu hören. Diese Stimme in der Wüste ist die Stimme eines Propheten - eines Menschen, der wach ist gegenüber den Ereignissen der Zeit, der scharfsichtig ist gegenüber unheilvollen Entwicklungen im sozialen, politischen und religiösen Bereich.

Gottseidank gibt es diese Stimmen.

So heißt Advent und die Adventszeit auch, sich an diese Stimmen in der Wüste zu erinnern:

an die des Jesaja im 6.Jh. v.Chr.

an die des Johannes im Jahr 28 n.Chr.

und an die Stimme "Wir sind das Volk" im Jahr 1989.

Es ist not-wendig für uns, sich an diese Stimmen in der Wüste zu erinnern und sie zu hören.

Denn am Ende steht dann die heil-same Erfahrung:

Gott ist in der Geschichte da

als einer, der uns aus der Gefangenschaft nach Hause führt,

als einer, der als Mensch unter uns Menschen lebt

als einer, der den Friedfertigen das Land zurückgibt.

(3./4.12.1994)

3. ADVENTSONNTAG – LESEJAHR B: ZU 1 THESS 5,16-24 UND JOH 1,6-8.19-28

Vergangenes Wochenende waren wir mit den Firmlingen unserer 4 Gemeinden im Jugendhaus Waldernbach. Am Samstagmorgen wurde in Kleingruppen über die von ihnen gezeichneten „Lebensbäume" gesprochen: welche Wurzeln habe ich?, was gibt mir Halt?, was sind meine Wünsche?

Wir kamen auf die Sehnsucht nach Glück zu sprechen. Glück bedeutete für die Jugendlichen zumeist Familie, Freunde, sicherer Arbeitsplatz. Die Frage kam, ob dies nicht ein sehr ungewisses Glück sei. Denn es bedeutet ja, sein Glück von Menschen und Dingen abhängig zu machen. Sind Familie, Freunde oder ein Arbeitsplatz nicht da, kann ich nicht glücklich sein. Wir bekamen keine befriedigende Antwort. Ist das Glück? Was ist Glück?

Ähnlich schwierig scheint die Antwort auf die Frage: Was ist Freude?

Ist Freude das Gefühl, was aufkommt, wenn ich vom Arzt beruhigende Werte meiner Untersuchung erfahre? Wenn ich eine feste Arbeitsplatz-Zusage bekomme? Oder jemand sagt: „Ich mag dich immer noch, so wie du bist!"?

Was meint Paulus wohl damit, wenn er schreibt: „Freut euch zu jeder Zeit!"?
Ich muss gestehen, dass ich damit zunächst meine Schwierigkeiten habe. Wer hat schon Grund, sich ständig zu freuen?

Auf der anderen Seite kann ich den Satz von Friedrich Nietzsche gut verstehen: „Erlöster und fröhlicher müssten die Christen aussehen, damit ich an Jesus glauben kann."

Aus diesem Dilemma, welche Freude Paulus denn meint, hat mich ein Mann gebracht, der zu seiner Zeit auch „Bruder Immerfroh" genannt wurde.

Wer jemals in der Unterkirche seiner Grabeskirche San Francesco in Assisi war, und sich jenes Franziskusbild von Cimabue angesehen hat, kann sich nicht dessen Faszination entziehen. Da hat dieser Künstler wirklich Franziskus so darstellen können, dass man ihm die Bezeichnung „Immerfroh" abnimmt. Ein warmer, menschlicher, inniger Blick, der ein unbegrenztes Vertrauen hervorruft, trifft einen in dessen Gesicht. (Bildnis zur Kommunion anschauen)

In der Unterkirche von San Francesco versteht man, warum nur dieser Mann - Franziskus - auf die Idee kommen konnte, 1223 in Greccio die allererste Krippe aufzubauen, weil er verstanden hatte, was die Engel sagten: „Ich verkünde euch große Freude."

Was für Franziskus der Satz des Paulus „Freut euch zu jeder Zeit!" bedeutete wird aus einer Erzählung über ihn deutlich. Seinem Freund Bruder Leo diktierte er eines Tages, was nicht die wahre Freude ist: z.B. wenn alle Prälaten, Erzbischöfe und Bischöfe jenseits der Alpen Franziskaner werden würden oder alle Ungläubigen zum Glauben bekehrt würden. Statt dessen ist die wahre Freude: „Ich kehre von Perugia zurück, und in tiefer Nacht komme ich nach Hause, und es ist Winterszeit, schmutzig und so kalt, dass die kalten Wassertropfen am Saum des Habits gefrieren und immer an die Schienbeine schlagen, und das Blut aus diesen Wunden fließt. Und völlig in Schmutz und Kälte und Eis komme ich zur Pforte, und nachdem ich lange geklopft und gerufen habe, kommt der Bruder und fragt: 'Wer ist da?' Ich antworte: 'Bruder Franziskus.' Und er sagt: 'Geh fort! Es ist nicht die schickliche Zeit auszugehen. Du kommst nicht herein.' Und auf weiteres Drängen antwortet er: 'Geh weg! Du bist der nämliche einfältige und ungebildete Mensch. Du kommst auf keinen Fall zu uns. Wir sind so viele und von solcher Art, dass wir dich nicht brauchen.' Und ich stehe wiederum an der Pforte und sage: 'Um der Liebe Gottes willen, nehmt mich auf in dieser Nacht.' Und jener antwortet: 'Das werde ich nicht tun. Geh fort.' Ich sage dir: wenn ich Geduld habe und nicht erregt werde, dass darin die wahre Freude ist und die wahre Tugend und das Heil der Seele."

Ich gestehe, dass mir diese Erzählung gegen den Strich ging, als sie mir ein Franziskaner während Exerzitien vorlas. Das schien so völlig unvernünftig und verrückt, und mit Freude in keinster Weise etwas zu tun zu haben. War das nicht einfach nur dumm und ungerecht, was Franziskus da mit sich machen ließ?

Aber ich glaube, wer erahnt, was hinter diesem Verständnis von Freude steht, hat etwas vom „wahren Glück" verstanden.

Diese wahre Freude, von der Franziskus spricht, hat etwas mit einer gewissen Haltung von Unabhängigkeit zu tun. Auch einer gewissen Form des Humors, der Situationen im Leben überlegen meistert. Nie mutlos zu werden. Für Franziskus war Resignation kein Gesichtspunkt.

Es sind Gesichtspunkte, die keiner von uns jemals so durchhalten kann wie Franziskus. Aber sie sich dann und wann bewusst machen, geht vielleicht schon.

Und ich glaube auch, dass wir ein waches Gespür für den Unterschied von „Gaudi" und „wahrer Freude" haben.

Ignatius von Loyola hat einmal auf den Unterschied hingewiesen von Erfahrungen, die kurzfristig Freude vermitteln und danach schal werden, und Erfahrungen, die einen mit „tiefer Freude" erfüllen. Es ist schwer, angemessene Worte für diese Erfahrung zu finden. Es ist auch schwer, sein Leben so zu gestalten, dass diese Freude eines Franziskus eine logische Konsequenz der eigenen Lebenshaltung ist.

Ein erster schwieriger Punkt ist sicherlich die „Armut". Für den Bruder Immerfroh Franziskus war dies eine entscheidende Voraussetzung für „wahre Freude". Er wollte unabhängig von Reichtum jeder Art sein. Wenn ich ihn recht verstehe, war für ihn „Armut" das Akzeptieren der einfachen Tatsache, dass der Mensch an seiner wirklichen Situation nichts ändern kann: weder durch Besitz, Reichtum oder Titel. Er bleibt arm, abhängig und angewiesen - auf die Sonne, das Wasser, auf Mitmenschen. Das war für Franziskus ein befreiender Zustand.

Eine zweite Voraussetzung der „wahren Freude" ist vielleicht das, was Paulus am Ende der Lesung schreibt: „Meidet das Böse in jeder Gestalt!"

Wie weit gebe ich schädlichen oder negativen Gedanken bei mir Einfluss? Vielleicht sollten wir, ähnlich wie die Priester und Leviten hinaus zu Johannes d.T. liefen und ihn befragten „Wer bist du?", unsere Gedanken befragen: „Wer bist du?" Und ihnen dann, nach einer Prüfung, ob sie schädlich für uns sind, keinen Einlass gewähren. In diesem Sinn sollten wir „Türhüter" unseres Herzens sein.

Zwei Punkte sind das.

Vielleicht sind es zwei Wegmarken, die uns in den verbleibenden Adventstagen dem nahe bringen, was an Weihnachten verheißen wird: „Große Freude, die allen zuteilwerden soll."

(12.12.1999)

3.ADVENTSONNTAG – LESEJAHR B: THEMATISCH ZUM „TIER"

Die älteste erhaltene Darstellung der Geburt Christi findet sich auf dem Deckel eines frühchristlichen Sarkophags aus dem Jahr 320. Erkennbar ist – eingewickelt wie eine Raupe im Kokon – Jesus auf einer Futterkrippe liegend. Um ihn herum sind Ochse, Esel, Schafe und Hirten. Aber weder Maria, noch Josef, noch ein Engel oder Stern, noch die Sterndeuter aus dem Osten sind dargestellt.

Bis ins 20. Jahrhundert hinein finden sich auf fast allen Darstellungen des weihnachtlichen Geschehens der Ochse und der Esel. Oft ist es so, dass sie die einzigen sind, die direkt auf das Jesuskind schauen, während die anderen Beteiligten – Maria, Josef, Hirten, Engel, Sterndeuter – in ganz andere Richtungen, nach oben, nach innen oder rückwärtsgewandt schauen. In der St. Martinskirche von Zillis – einer der ältesten romanischen Kirchen der Welt im Schweizer Kanton Graubünden – finden sich gar nur Ochse, Esel und Jesuskind an Weihnachten zusammen. Auch da betrachten Ochse und Esel einen wie in ein Leichentuch eingebundenen Jesus, der über dem schwarzen Abgrund des Futtertroges zu schweben scheint.

Dabei wird in den Evangelien von Ochs und Esel an der Krippe von Betlehem nichts gesagt. Und auch sonstige Tiere werden nicht benannt im Geschehen um die Menschwerdung Jesu. Ein einziger Hinweis im Lukasevangelium spricht von der Herde (wohl mit Schafen und Ziegen) der Hirten. Aber kein mögliches Kamel, Pferd oder Elefant der Sterndeuter, noch ein Ochse oder Esel werden erwähnt.

Wie kamen sie trotzdem zur Krippe und fanden dort ihren Platz?

Die Christen der ersten zwei, drei Jahrhunderte hatten kein Interesse an Weihnachten. Zwar hatten die Evangelisten Lukas und Matthäus um das Jahr 80 eine Geschichte der Geburt von Jesus geschrieben. Aber das war für die ersten Christen nicht das entscheidende Ereignis. Entscheidend und der Grund von Leben und Glauben war für die ersten Christen das, was der Apostel Paulus bereits um das Jahr 35 in wenigen Versen zusammengefasst hat: „Christus ist für unsere Sünden gestorben, gemäß der Schrift, und ist begraben worden. Er ist am dritten Tag auferweckt worden, gemäß der Schrift, und erschien dem Kephas, dann den Zwölf. ...“ (1 Kor 15) Paulus selbst nennt den Inhalt dieser Zeilen „den Grund, auf dem ihr steht.“ Das älteste Evangelium – das des Markus – verwendet fast die Hälfte seines Inhalts, um die letzten Lebenstage Jesu zu schildern. Tod und Auferstehung Jesu – darum kreiste der Glaube und das Verstehen der ersten Christen, und von dort her lebte der Glaube der ersten Christen.

Und doch hatte Paulus seine Mühe, diese seine eigene Erfahrung – dass für ihn der Tod und die Auferstehung Jesu der einzige Halt, der einzige Grund, der einzige Sinn und Motivation seines Lebens war – seinen Gemeindemitgliedern begreiflich zu machen. In immer neuen Anläufen versucht er in seinen Briefen der scheinbar verbreiteten Meinung entgegenzutreten, es gäbe keine Auferstehung der Toten. Man spürt fast, dass er nicht mehr weiter weiß, als er schreibt: „Einige Leute wissen nichts von Gott; ich sage das, damit ihr euch schämt.“

Vielleicht ist es kein Zufall, dass gerade auf Särgen die ersten künstlerischen Darstellungen der Geburt Jesu zu finden sind. Auch hier sollte vielleicht deutlich gemacht werden, worauf hin die Geburt Jesu zielt – auf eine Entscheidung zwischen Leben und Tod. Doch warum mit Ochs und Esel?

Im Ersten Testament, am Anfang des Buches Jesaja – entstanden um das Jahr 700 v. Chr. – heißt es: „Der Ochse kennt seinen Besitzer, und der Esel die Krippe seines Herrn.“ Das Buch Jesaja ist nicht irgendein Buch in der Bibel. Es enthält die meisten Deutungen und Bezüge auf das Leben Jesu. Die Weissagung über den Sohn einer jungen Frau, der Immanuel – Gott mit uns – heißen wird und Friedensfürst und starker Gott findet sich ebenso dort wie der als Liedvers bekannte Satz „Mache dich auf, werde Licht, denn dein Licht kommt...“.

Jesaja hatte ähnliche Schwierigkeiten wie Paulus. Für ihn sind Ochse und Esel Vorbilder in der Erkenntnis der Geheimnisse Gottes. Denn sie kennen ihren Besitzer, wissen, wo sie Nahrung finden – aber – und nun fährt Jesaja fort: „Israel hat keine Erkenntnis, mein Volk hat keine Einsicht. Sie haben den Herrn verlassen und ihm den Rücken gekehrt.“

Die Eigenschaften von „blöd" und „dumm", die wir gemeinhin Ochs und Esel zuschreiben, kennzeichnen hier den Menschen, der Gott nicht erkennen will.

Auf unsere Zeit diesen Jesaja-Vers gelesen erkenne ich darin weniger die hohen Austrittzahlen der Kirchen. Ich erkenne darin viel eher eine Beschreibung dessen, was auf verschiedenen Ebenen von Kirche geschieht. Warum sonst meint der Mainzer Kardinal Lehmann „Es ist Zeit, Gott zu suchen." Unser Bischof Franz Kamphaus hat in seinem Hirtenbrief vor drei Wochen von der Illusion gesprochen, die Entwicklung des Glaubens hänge maßgeblich vom Geld ab. Er schrieb von dem Eindruck, dass Glaube oft wie eine Zentnerlast herumgetragen werde; und von dem Grauen, dass Kirche immer mehr zum Verein und einer Verwaltung werden könnte.

Die letzten Wochen kam mir eine Begegnung mit einem ehemaligen Studienkollegen in den Sinn. Er war zunächst Priesterkandidat, studierte dann später außerhalb des Priesterseminars Theologie zu Ende. Ich traf ihn vor fünf Jahren wieder. Mittlerweile hatte er noch Medizin studiert und war Arzt im Praktikum in einem Frankfurter Krankenhaus. Sein Grund für diesen Schritt – so sagte er – war das Grauen vor dem, was ihn in der kirchlichen Gemeindearbeit erwarte. Was da gemacht würde, sei doch nur – so er – „Schwätze!"

Das traf mich damals sehr hart – meine Arbeit als „Geschwätz" zu bezeichnen – auch wenn er es natürlich nicht auf meine konkrete Tätigkeit bezogen hatte.

Fünf Jahre später sehe ich für mich in diesem Begriff wirklich die große Versuchung in der Kirche auf ihren verschiedenen Ebenen: das, was gesagt wird, ist zu oft Geschwätz – geht an den Grundfragen nach Leben und Tod vorbei – hat oft keinen Bezug mehr zu einer persönlichen Erfahrung – und weist letztlich dem Glauben damit eine Randstellung zu, den Rang einer Lebenshilfe unter anderen, ähnlich wie vielleicht Autogenem Training oder progressiver Muskelentspannung. Davor graut mir – auch im eigenen Reden.

Die Menschen im Orient wussten und wissen, dass der Ochse weder blöd, noch der Esel dumm ist. Für sie ist der Esel ein Sinnbild für Demut, der Ochse steht für gutmütige Stärke. Aber die beiden Tiere gelten im Orient auch als Repräsentanten der gesamten Menschheit (aus Heiden und Juden).

Wenn diese beiden Tiere als solche Menschheitsrepräsentanten nun – noch vor Maria und Josef – ihren Platz an der Krippe gefunden haben, so weisen sie für mich auf die Dringlichkeit und Ernsthaftigkeit, die Konsequenz und Authentizität und Notwendigkeit des Glaubens hin: die gesamte Menschheit soll Christus erkennen und immer tiefer erkennen können.

(15.12.2002)

4. ADVENTSONNTAG – LESEJAHR A: ZU MT 1,18-24

"Behold, this dreamer cometh let us slay him" zitierte 1968 Coretta King auf der Todesanzeige ihres Mannes aus dem Buch Genesis. "Seht, da kommt der Träumer ... wir wollen ihn töten" Martin Luther King - ein Mann mit einem Traum. Ein Mann, der wegen seines

Traumes umgebracht wurde. Träumer sind unbequem, haben es schwer - Menschen mit einem Traum wurden in der Menschheitsgeschichte oft als Spinner abgetan und beseitigt. Vor allem, wenn es Träume waren, die bestehende Ordnungen gefährdeten. Denken wir an die Gründungszeit der ökologischen Parteien mit ihrem Traum von einer umweltgerechten Energiepolitik. Auch heute noch werden die GRÜNEN oft als "linke Spinner" bezeichnet. Denken wir an die lange Liste der ermordeten Träumer von einem Südafrika, in dem Schwarze und Weiße gleich behandelt werden. Denken wir an die vielen Bürgerrechtler und kirchlichen Mitarbeiter in der ehemaligen DDR, die bis 1989 in den Gefängnissen saßen, ermordet oder ausgewiesen wurden. Denken wir an den kürzlich ermordeten Yitzhak Rabin mit seinem Traum von einem Israel, das in Frieden mit seinen Nachbarn lebt.

"Seht, da kommt der Träumer ... wir wollen ihn töten" sagen sich die 11 Söhne Jakobs gegenseitig. Als Josef ihnen von seinen Träumen und Visionen erzählt, werden sie wütend. Was sollen sie schon davon halten, dass sie im Traum Josefs sich vor ihm als König verneigen und niederknien. Sie beseitigen ihn schließlich, indem sie ihn als Sklaven nach Ägypten verkaufen. Doch der Traum Josefs wird Wirklichkeit. 9 Jahre später verneigen sich seine 11 Brüder vor ihm als dem Verwalter des Pharao, um sich Getreide gegen den Hunger zu holen.

1400 Jahre später ist es ein anderer Josef, der es mit seinen Träumen nicht leicht hat.

Zum einen erfordern Josefs 4 Träume, von denen der Evangelist Matthäus berichtet, jeweils unangenehme Enscheidungen: seine nicht von ihm schwangere Verlobte als Frau zu sich zu nehmen, mit Sack und Pack nach Ägypten zu ziehen, schließlich wieder dieselbe Tour nach Israel zurück zu. machen und innerhalb Israels noch einmal umzuziehen.

Zum anderen wird seine Umgebung - seine Familie und seine Freunde - ihn nicht gerade begeistert unterstützt haben in seinen Vorhaben, Womöglich hielten sie ihn auch für verrückt, als er ihnen erklärte, dass er aufgrund eines Traumes die schwangere Maria heiraten werden und dann schließlich ohne ersichtlichen Grund nach Ägypten zog.

Im Gegensatz zu diesen möglichen Reaktionen seines Umfeldes, die von Träumen nicht viel hielt hält sich Josef nur an das Gesetz und Wort Gottes. Dies wird mit der Beschreibung des Evangelisten Matthäus, dass Josef ein gerechter Mann war, ausgedrückt: er war ein schriftkundiger Mann.

So hat er womöglich jenen Satz aus dem Buch Hiob gekannt, in dem es heißt: "Gott spricht im Traum. Wenn Schlummer den Menschen befällt und er in seinem Bett schläft, dann redet Gott zu ihm. Dann flüstert er dem Menschen ins Ohr." Josef nimmt es ernst, dass Gott im Traum zu ihm spricht.

Ohne das Hören auf diesen Traum von der Verheißung des Immanuel kann es nicht zur Geburt Jesu im gottgewollten Sinn kommen. Dieser Traum des Josef und das Ernstnehmen dieses Traumes sind Voraussetzung dafür, dass Gott in Betlehem Mensch werden kann. Und es sind immer die Träume, die schließlich dazu führen, dass die Menschen Menschen werden können - wenn diese Träume nicht im Schlafzimmer eingeschlossen bleiben.

Ohne den Traum von einer möglichen Industriegesellschaft ohne fortdauernde Umweltzerstörung, wäre es nie zu einer allgemeinen Aufmerksamkeit für Alternativen gekommen.

Ohne den Traum von einem möglichen freien Südafrika, wäre Nelson Mandela heute nicht Staatspräsident von Südafrika.

Ohne den Traum von einem Deutschland, hätten sich nicht Hunderttausende auf die Straßen von Leipzig begeben und die alte Verheißung Jesu erlebt "Selig die keine Gewalt anwenden, denn sie werden das Land erben".

Ohne den Traum von einem friedlichen Zusammenleben in Palästina, wäre der Friedensprozess im Nahen Osten nie soweit fortgeschritten, wie er es zur Zeit ist.

Wenn wir unsere Träume ernst nehmen und Gott im Traum zu uns sprechen lassen, dann ist das der Anfang davon, dass Gott Mensch werden kann.

(23.12.1995)

4.ADVENTSONNTAG – LESEJAHR A: ZU MT 1,18-24

Nachdem wir im Pfarrgemeinderat beschlossen hatten, dieses Jahr mit vier Krippenfiguren die Adventsonntage zu begleiten, wollte ich mir diese vier Figuren vorher einmal genauer anschauen. Also stieg ich Ende November auf den Speicher im Pfarrheim und fand den dunkelhäutigen Sterndeuter, den Hirten mit dem Schaf auf den Schultern und Maria. Aber wo war Josef? Nirgendwo war diese Figur auf dem Speicher zu finden.

Einer, der wissen musste, wo die Joseffigur war, war unser Küster Stefan Fuß. Im Zeitalter von Internet und Briefen per Email ist es eine einfache Sache, den Küster, der die Woche über in Frankreich ist, zu erreichen. Ich schickte also eine Email mit dem Thema „Wo ist Josef?". Am selben Tag kam die Antwort aus Frankreich: „Wir haben tatsächlich keinen Josef zur Krippe, deshalb nehmen wir einen der Hirten, ich meine er kniet und hat seinen Hut in der Hand."

Keiner weiß, wo die richtige Joseffigur geblieben ist.

So lustig diese Anekdote scheint, so deutlich macht sie etwas von der Figur des Josef, wie sie auch in der Bibel erscheint – heute in der Fassung des Matthäusevangeliums.

„Wo ist Josef?"

Auf vielen Darstellungen von der Geburt Jesu – vor allem aus dem Raum der Ostkirche – muss man diese Frage beantworten: „Am Rand!"

Da wird er meist dargestellt, wie er abseits vom Geschehen , außerhalb von Krippe, Höhle oder Stall sitzt und den Kopf in die Hände gestützt hat. Meist hält er die Augen geschlossen.

Er läuft so nebenbei mit. Er findet kaum Beachtung, wird vergessen. Und nach der Geburt Jesu taucht er noch zweimal auf, bei der Beschneidung und bei der Bar-Mizwah des zwölfjährigen Jesu in Jerusalem. Danach verschwindet er in der Versenkung. Keiner weiß, was aus ihm geworden ist. Die Evangelisten scheint es nicht zu interessieren. Er verschwindet einfach.

Dieses Verschwinden hat ihn dann auch wieder interessant gemacht. So gibt es geschichtliche Theorien, die davon ausgehen, dass er bei einem jüdischen Aufstand ums Leben gekommen und gekreuzigt worden sein soll, was dann in den Evangelien um jeden Preis totgeschwiegen werden musste.

Das geschichtliche Interesse an der Figur des Josef ist zu verstehen. Wie es ja auch zu verstehen ist, die ganzen Geschehnisse um die Geburt Jesu in einen historischen Rahmen hineinzubringen.

Aber schon lange hat die Bibelwissenschaft festgestellt, dass diese Ereignisse geschichtlich nicht so einfach in einen Rahmen zu bringen sind. Der große Herodes, der nach dem Matthäusevangelium zur Zeit der Geburt Jesu König von Judäa war, lebte schon nicht mehr, als nach dem Lukasevangelium der Statthalter Quirinius eine Volkszählung durchführen ließ.

Somit könnte ich jetzt meine Predigt zu Ende bringen, indem ich die Argumente für die historische Wahrscheinlichkeit der Geburt Jesu zu einem bestimmten Zeitpunkt aufzähle, so dass am Ende alles wieder richtig ist. (wobei ich natürlich auch die Gegenargumente unterschlagen kann)

Ich könnte auch den richtigen Gedanken näher ausführen, dass die Evangelien weniger an historisch genauen Ereignissen interessiert waren, als vielmehr an einer Heilsbotschaft, einer Glaubensüberzeugung, die Geschichte und historische Argumente überdauert und ewig ist.

Ich kann mir aber auch den Josef anschauen und ihn dazu befragen, dann würde er wahrscheinlich schweigen.

Wie er ja scheinbar nichts zu sagen hat in der gesamten Bibel. Er kommt nicht zu Wort. Genauer – kein einziges Wort kommt nach den Evangelien über seine Lippen. Nirgendwo gibt er eine Antwort auf eine Frage, eine Bemerkung, einen Zweifel.

Ein einziges Mal wird im heutigen Matthäusevangelium indirekt davon berichtet, dass er etwas gesagt habe. Da heißt es: Josef soll dem Kind den Namen Jesus geben, was er später auch tut. Das kann nicht stumm geschehen sein. Den Namen muss er ausgesprochen haben: Jesus – Jeschua – „Gott erlöst" bedeutet dieser Name. Vielleicht wusste Josef, dass es mehr im Leben nicht braucht, als diesen Namen auf den Lippen zu haben. Eine Erfahrung und Einsicht, die nach ihm noch viele Menschen gemacht haben.

Josef scheint mir wie ein Gegenpol zu dem Geschwätz unserer Zeit zu sein. Und wie er in aller Stille beschließt, sich von Maria zu trennen, um sie nicht bloßzustellen, so wird er auch in aller Stille sich die schlechten Witze anhören, die schon über das Wirken des Heiligen Geistes an Maria gemacht wurden – und nichts sagen.

Eine ungewohnte Haltung in unserer Zeit, wo auf jeden Schlag ein Gegenschlag erfolgen muss, wo auf jede Rede eine Gegenrede erfolgt, wo auf jedes Argument eine Gegenargument folgt, alles natürlich, damit es auch gerecht zugeht.

Von Josef wird im heutigen Evangelium erzählt, dass er gerecht war. Welcher Art war seine Gerechtigkeit? Wurde auch bei ihm erlittenes Unrecht sofort beantwortet? War er vernünftig? War er einfältig?

Am Ende des heutigen Evangeliums ist Josef „erwacht". Etwas Besseres kann keinem Menschen passieren. Wach werden gelingt, meine ich, nur einem, der auch still werden kann.

Der Theologe Karl Rahner hat einmal folgende Anregung gegeben, und sie könnte auch von Josef stammen:

„Halten Sie einmal still! Suchen Sie nicht, möglichst Vielerlei und möglichst Kompliziertes zu denken. ... Wenn wir nicht in dieser Weise des Stillhaltens langsam mehr und

mehr lernen, mit Gott umzugehen, dann sind und bleiben wir im Grunde genommen in einer Religiosität, die sekundär ist."
(23.12.2001)

4.ADVENTSONNTAG – LESEJAHR B: THEMATISCH ZUM „MENSCH"

Vor einiger Zeit waren Freunde zu Besuch. Einer von ihnen trug schon längere Zeit ein Problem mit sich herum, das er mir schon in einer Email-Nachricht benannt hatte: Haben Menschen, die andere kaltblütig umbringen, ihr Lebensrecht verwirkt?

Anlass war der Mord an einem Frankfurter Jungen im Oktober dieses Jahres. Stellt sich ein solcher Mörder nicht selbst außerhalb der Gesellschaft? Sind Gefühle wie Hass und Rache da nicht berechtigt?

Gut in Erinnerung ist mir ein anderer Bekannter – Vater von zwei Kindern - , der vor Jahren nach dem Mord an einem Kind, sagte: er würde sofort, wenn jemand eines seiner Kinder umbringen sollte, denjenigen abknallen.

Bei mir lösen solche Gedanken und Überlegungen Fassungslosigkeit aus.

Ich kann zum einen selbst nicht fassen, was in Mördern von Kindern oder in Terroristen vor sich geht.

Aber ich kann auch nicht ganz dieses Gefühl von Wut, Rache und Hass fassen.

Ähnlich ergeht es mir, wenn ich in Gesprächen mit unterschwelligem Hass auf jüdische Menschen konfrontiert bin - z.B. einem Menschen wie Michel Friedman gegenüber. Bei aller Unerbittlichkeit, die dieser in der Öffentlichkeit oft zeigt, kann ich die Schadenfreude über Angriffe gegen ihn nicht fassen.

Menschlich ist das – so könnte man sagen, so zu reagieren – mit Schadenfreude, mit Rachegefühlen, mit Hass und Wut.

Ich kann mich nicht damit abfinden. Und für mich stellt sich dabei die Frage, wie menschlich ein Christ sein kann? darf? soll?

Im Sommer 2002 feierte der Sänger Herbert Grönemeyer einen der größten Erfolge in der deutschen Musikgeschichte. Seine CD „Mensch" wurde innerhalb weniger Wochen hunderttausendfach verkauft. Der Sänger selbst erzählte in einigen Interviews von der Entstehung der CD. Der Krebstod seiner Frau hatte ihn vier Jahren vorher zutiefst erschüttert. Und diese Erschütterung und das Verstehen- und das Begreifen-Wollen davon ist in der Musik und den Liedtexten zu spüren.

Ich habe den Eindruck, als versuche Herbert Grönemeyer sich mit seinem Mensch-Sein einverstanden zu erklären. Zu diesem Mensch-Sein gehören, wie er im ersten Lied singt: vergessen, verdrängen, irren, kämpfen, hoffen, lieben.

Gleichzeitig drängt sich mir der Eindruck auf, dass da noch etwas fehlt.

Im letzten Lied beantwortet er die Frage „Warum bist du geboren?" mit dem Satz „Selbstbefreit auf dem Weg zum Meer".

Bei allem Mühen und Ringen um die Frage, warum ich geboren bin, scheint mir eine „Selbstbefreiung" – wie auch immer diese aussehen mag – eine falsche Antwort zu sein.

Der Mensch ist – und das ist für mich nicht nur angelesene Erfahrung – erlösungsbedürftig und das heißt auch, der Befreiung bedürftig. Aber dies kann nicht von mir selbst ausgehen. Das ist eine Illusion. Wie soll ich das erklären?

In der Wochenzeitung „Christ in der Gegenwart" meinte der langjährige IBM-Manager Hans-Olaf Henkel im November 2002, dass der Glaube für die Ethik in einer - sogenannten – „modernen" Gesellschaft keine Rolle spiele. Er plädierte für eine „Moral ohne Gott". Denn der Glaube an Gott tröste nur mit der Aussicht auf ein ewiges Leben. Er wende sich aber nicht den lebenden Menschen und ihren Bedürfnissen zu.

Auch hier sehe ich das indirekte Plädoyer für eine Selbsterlösung. Das Argument des Atheismus – des „ohne Gott" – war ja immer, dass der Mensch sich aus dem Elend nur selbst befreien könne – der Glaube an ein ewiges Leben verhindere das.

Und hier komme ich genau an den Punkt, an den ich mit dem Freund, den ich zu Beginn erwähnte, auch kam: die Frage nach dem ewigen Leben. Ist das – wie es Hans-Olaf Henkel sieht – nur ein bedeutungsloser Trost, oder ist es die Mitte des Menschen, die Mitte von Glauben und Leben?

Und – das scheint mir die viel entscheidendere Frage zu sein – ist mir das egal, ob andere so denken und dann auch handeln, wie z.B. Hans-Olaf Henkel – oder eben nicht?

Ich sehe nämlich hier genau den Punkt einer falschen Toleranz erreicht.

Genau hier ist ein Einspruch – keine Toleranz mehr – als Christ (als Mensch?) nötig. Innerlich und d.h. genauso und gleichzeitig im eigenen Leben, Handeln, Glauben, was ja eines ist.

Aber wie kann das aussehen?

Auf die Frage „Was ist ein Mensch?" haben Grundschulkinder in einem Weihnachtspfarrbrief geantwortet. Die Antwort, die mich am meisten anrührte, war: „Gott hat viel Vertrauen in einen Menschen." Und ich stelle mir vor, dass ich den Namen eines jeden Menschen hinter diesen Satz setzen könnte.

Was das verändert – ganz konkret – kann nur wahrnehmen, wer diese Kinderantwort auch annimmt.

Mich damit einverstanden zu erklären, dass ich lebe - mit Vergänglichkeit und allem Glück und allen Gefühlen – ist das Erste.

Das Zweite und das Entscheidende ist das Einverständnis, dass Gott in mir und außer mir lebt. Und diese Sehnsucht, mit Gott vereint zu leben, und vereint zu werden ist eben eine, die bleibt – in einem ewigen Leben. Wie auch immer das aussieht – es wird eine unbeschreibliche Erfahrung der Gott-Einheit sein – „Alles in allem".

Nur dieses zweite Einverständnis wird die Frage nach Hass, Rache, Wut und Abscheu beantworten.

Nur das wird eine sogenannte „moderne" Gesellschaft bestehen lassen.

In den Worten Marias im heutigen Evangelium gesagt: „Mir geschehe, wie Du es gesagt hast." – dass Gott Platz und Raum in mir findet.

(22.12.2002)

Zwei Fäden - oben sind sie auseinander, dann laufen sie zusammen - an einem Knotenpunkt - und gehen dann wieder auseinander: laufen nebeneinander her.

Sie werden mich jetzt sicherlich fragen, was das mit dem heutigen Evangelium zu tun haben soll.

Dazu ist es vielleicht gut, sich erst einmal bewusst zu machen, was denn vor dieser Geschichte, die im heutigen Evangelium erzählt wird, passiert ist.

Da ist zum einen von Zacharias die Rede; dem Vater des Johannes, der im Tempel von einem Engel besucht wird, und die unerhörte Botschaft bekommt, dass seine alte Frau Elisabeth noch ein Kind bekommen soll.

Und da ist zum anderen von Maria die Rede, die auch zuhause von einem Engel besucht wird, und die unerhörte Botschaft bekommt, dass sie als Jungfrau ein Kind bekommen soll.

Zwei Geschichten - Zwei Fäden, die nebeneinander herlaufen.

Und an dem Punkt des heutigen Evangeliums treffen sich diese beiden Geschichten: die Geschichte der Elisabeth und ihres kommenden Kindes Johannes und die Geschichte der Maria und ihres kommenden Kindes Jesus.

Und danach gehen diese beiden Fäden, diese beiden Geschichten wieder auseinander: Elisabeth bekommt ihr Kind. und Maria geht wieder von Elisabeth weg. Wir hören erst wieder von ihr, wenn sie an Weihnachten unterwegs ist mit Josef.

Zwei unerhörte Ereignisse treffen im heutigen Evangelium zusammen:

eine alte Frau, Elisabeth, die fast schon Oma sein könnte, bekommt noch ein Kind.

und eine junge Frau, Maria, eine Jung-Frau, bekommt ein Kind.

Zwei Frauen sind es, von denen hier die Rede ist.

Frauen stehen am Anfang der Geschichte Jesu.

Und wenn wir einmal weiterschauen, dann sind es auch Frauen, die am Ende der menschlichen Geschichte Jesu stehen - am Kreuz und bei der Auferstehung sind Frauen die ersten Zeuginnen.

Wenn es wichtig und spannend wird, dann versagen die Männer: sie laufen weg oder, bezogen auf das heutige Evangelium, schenkt Zacharias dem Engel keinen Glauben und wird stumm.

Diese zwei Frauen haben uns an diesem Zusammentreffen einiges zu sagen. Meiner Ansicht nach sind es drei wichtige Dinge:

Zum einen: Maria macht sich am Beginn des Evangeliums auf, sie marschiert über das Bergland von Judäa, und geht in das Haus des Zacharias. Sie eilt sich. Vielleicht deshalb, weil sie ja vorher von dem Engel die Nachricht bekommen hat, dass Elisabeth in ihrem hohen Alter noch ein Kind bekommen soll, und sie will einmal nachschauen, ob das denn so stimmt; vielleicht auch aus dem Grund, weil sie Trost und Verständnis sucht in ihrer misslichen Lage, in der sie sich ja befindet. Hier ist gar nicht von der ruhigen, stillen Maria die Rede. Maria ist in Action, in Bewegung.

Maria macht sich auf. Sie bleibt nicht sitzen in ihrer Situation, sondern sie geht los.

Also zum einen: Losgehen, sich aufmachen, nicht sitzenbleiben.

Es ist auch viel von Sprache die Rede: Maria und Elisabeth begrüßen sich gegenseitig, sie haben sich viel zu sagen. Und Elisabeth gar bricht in großes Geschrei aus - vor Freude über das, was mit Maria geschieht. Im Evangelium steht zwar nur: mit lauter Stimme, aber eigentlich heißt es im Original "mit großem Geschrei".
Die beiden Frauen sagen, was los ist, sprechen sie aus. Sie sagen das, was ihnen auf dem Herzen liegt, eigentlich sogar: unter dem Herzen liegt - das Kind. Sie behalten ihre Freude, aber auch vielleicht ihre Angst nicht für sich, sondern sprechen sie aus.
Und wir wissen heute ja auch, dass es Magengeschwüre geben kann, wenn uns viel auf den Magen schlägt, wir unsere Sorgen und unseren Kummer für uns behalten.
Also zum zweiten: Aussprechen, was auf dem Herzen liegt.
Und da ist viel von Leib die Rede im Evangelium. Von der Leibesfrucht, der Frucht des Leibes. Und diese Leibesfrucht - Johannes im Bauch der Elisabeth - empfindet schon; kann fühlen, als Maria mit Elisabeth spricht. Wir wissen ja heute, dass Babies im Mutterbauch mitbekommen, wenn die Mutter mit ihnen spricht, ihnen Lieder vorsingt.
Es ist also viel von Fühlen und Gefühl zeigen die Rede. Auch Elisabeth bringt ja mit ihrem großem Geschrei ihre Gefühle zum Ausdruck.
Also zum dritten: Fühlen und Gefühle zeigen.

Zwei Fäden laufen zusammen, zwei unerhörte Ereignisse treffen zusammen, und sie erinnern uns an drei wichtige Dinge:
Sich aufmachen, Losgehen, nicht sitzenbleiben.
Aussprechen, was einem auf dem Herzen liegt.
Fühlen und Gefühle zeigen.
(21./22.12.91)

WEIHNACHTEN HEILIGABEND – LESEJAHR C: ZU LK 2,1-14

Eine befreundete Familie hat vor Jahren eine ganz besondere Weihnachtskrippe geschenkt bekommen. Die Krippenfiguren sind aus Naturholz geschnitzt und mit ganz hellen Farben bemalt - aber die Krippe ist nicht komplett.
Im ersten Jahr wurde Ihnen von der Oma die Figuren des Josef, der Maria, des Kindes Jesus und die Holzkrippe geschenkt; im zweiten Jahr war es die Figur eines Hirten; dann die eines Schafes, dann die eines Ochsen und eines Esels. Mittlerweile sind auch noch ganz unbekannte Figuren dazugekommen - eine Elefant z.B. und ein Löwe. Und jedes Jahr kommt wieder eine neue Figur dazu.
Diese Darstellung des Geschehens um die Krippe - eines Futtertrogs - in einem Stall in der Nähe von Betlehem vor 2000 Jahren drückt aus: mit Weihnachten kommen wir nie an ein Ende. Da kommt immer noch etwas dazu. Da fehlt immer noch etwas. Dieses Fest werden wir wohl nie so ganz verstehen können.
Und diese Darstellung der Weihnachtskrippe drückt aus: jede Person, jedes Tier, jeder Gegenstand um diese Krippe hat ein eigenes Gewicht, eine eigene Bedeutung. Dadurch,

dass jedes Jahr an Weihnachten eine einzelne Figur oder Gegenstand an die Krippe gestellt wird, wird betont: diese Figur, dieser Gegenstand ist als einzelner wichtig.

Und das heißt: jede dieser Figuren hat ihren Platz an der Krippe. Alles hat seinen Platz, alles hat Platz an der Krippe. Im Gegensatz zu jener Herberge in Betlehem, in der nicht genügend Platz war für alle, wo nicht alles Platz findet, hat in diesem engen Stall, dieser engen Höhle, in der die Futterkrippe steht, alles seinen Platz:

Da ist das Stroh in der Krippe: abgeschnittenes Getreide, getrennt von den Wurzeln im Boden, der Halt gibt, Saft und Kraft und Leben. Ausgedroschen, ohne ein kleines Weizenkorn, das ein Same sein könnte - ohne Zukunftsaussichten - liegt das Stroh in der Futterkrippe.

Da liegt das Kind auf dem Stroh: neugeboren - vielleicht irritiert darüber, was alles Neues auf es einströmt. Eine lange Zeit gut behütet und beschützt, sieht es eine ganz neue Welt. Ihm steht es offen, was es zu sehen gibt, wo es hinzuhören gilt, was zu sagen ist, einen guten Stand zu finden, den aufrechten Gang zu üben.

Da ist Josef an der Krippe: ein Mensch, der nicht viel redet. Genauer gesagt ist in der Bibel kein einziges Wort von Josef überliefert. Er ist sprachlos. Einer, der zuhört, nachdenkt und dann etwas tut. Ein Mensch, dem es wichtig ist, auf Träume zu hören, die ihm sagen, wo es für ihn im Leben langgeht.

Da ist der Esel: so etwas wie eine graue Maus. Grau ist die Farbe der Eintönigkeit. Sie steht zwischen schwarz und weiß und ist die Mischung von beidem. Graue Haare sind Zeichen des Alterns. Der Esel ist Reit- und Lasttier; einer, der nur Arbeit kennt. In der Bibel heißt es: "Futter, Stock und Last für den Esel." (Sir 33,25): Essen, Prügel einstecken und Lasten tragen.

Da sind die Hirten: Menschen mit einem wenig geschätzten Beruf. Sie zählen zu den Armen im Land. Sie sind ständig unterwegs und haben keine feste Heimat. Sie gehören nicht gerade zu den Frommen. Da sie ständig unterwegs sind, können sie die religiösen Vorschriften nicht einhalten. Die Sehnsucht nach Frieden treibt sie an die Krippe - sie wollen sehen, ob es stimmt, was der Engel sagte.

Da ist ein Schaf: mit seiner Wolle bringt es Wärme. Es ist Zeichen für die Wehrlosigkeit - leicht angreifbar - und von daher des Schutzes von außen bedürftig. Gleichzeitig ist es selbst friedfertig und geduldig.

Da ist der Lichtstrahl eines Sternzeichens im Stall: Zeichen der Orientierung. Es gibt etwas, es gibt jemanden, der zeigt, wo es langgeht.

Da sind Sterndeuter: sie kommen aus dem Osten, einem fremden Land, sprechen eine fremde und ungewohnte Sprache. Es sind auch reiche Menschen, denn sie bringen Gold, Weihrauch und Myrrhe. Und sie haben eine große Ausdauer - 1000 km haben sie zurückgelegt auf ihrem Weg von Babylon nach Betlehem.

Da ist Maria, da ist der Ochse, da ist der Futtertrog, da ist der Gestank der Tiere, da ist die Dunkelheit, da ist das Staunen in den Augen der Hirten - alles hat Platz an der Krippe.

Wo ist wohl unser Platz in diesem Stall, an dieser Krippe? Sind wir mittendrin in diesem Stall, dieser Grotte, wo alles Platz hat: das Gedroschene, das Kindlich-Neue, das Sprachlose, das Eintönig-Graue, das wenig Fromme, das Schutzbedürftige, das Orientierung gebende, das Fremde und Ausdauernde? Sind wir dabei oder stehen wir noch auf den Feldern und haben Angst?

So wie das alles seinen Platz an der Krippe, in diesem engen Stall hat, so sollten wir einander auch den Platz lassen, den jeder einnimmt und braucht.

Das wäre dann so etwas wie der Anfang von dem, was der Engel sagt: "Auf der Erde soll sein: Friede den Menschen seines Gefallens!"

(24.12.1994)

1.WEIHNACHTSFEIERTAG – LESEJAHR B: ZU JOH 1,1-18

Ein sehr nüchternes und schwieriges Evangelium, das wir da gerade gehört haben. Es scheint so gar nicht zu Weihnachten zu passen. Ich habe mich gefragt, wie jemand, wie Johannes so etwas Schwieriges schreiben konnte; und dabei ist eine Geschichte herausgekommen:

25. Dezember 93 – nicht 25.Dezember dieses Jahres - sondern 25. Dezember 93.

In der Hafenstadt Ephesus am Mittelmeer sitzt Johannes, einer der letzten noch Lebenden, die Jesus von Nazareth persönlich gekannt haben, in der kleinen Hütte, die er seit 25 Jahren bewohnt. Im Jahr 65 hatte er Jerusalem, die Stadt, in der Jesus gekreuzigt wurde, verlassen und war nach Kleinasien gegangen. Hier in Ephesus hatte Johannes mittlerweile viele Menschen kennengelernt, hatte mit ihnen gesprochen. Er hatte über Jesus von Nazareth erzählt, über dessen Leben. Johannes hatte erzählt, dass dieser Jesus wollte, dass die Menschen wirklich Menschen werden, menschlich lebten - im Respekt vor Andersdenkenden, in der Achtung der Schöpfung und in dem Glauben, dass da letztlich einer ist, der in allem - in tiefster Traurigkeit und in größter Freude - da sei.

Die Menschen, die Johannes zuhörten und mit ihm sprachen, nannten ihn den "Presbyter", d.h. den "Ältesten", den "Weisen".

Gestern waren einige Leute aus Ephesus in seiner Hütte und sagten ihm, dass er für sie doch etwas von dem aufschreiben solle, was er ihnen erzähle. Er stehe mit seinen 90 Jahren kurz vor seinem Tod und wenn er gestorben sei, bliebe nichts mehr außer der Erinnerung an ihn. Aber seine Überzeugungen, seine Weisheit, seinen Glauben an jenen Jesus von Nazareth , den Johannes als das "Licht" bezeichnete, der ginge dann verloren - weil ihn keiner mehr weitergeben könnte.

So sitzt Johannes jetzt in seiner kleinen Hütte und denkt nach, was er denn aufschreiben soll über Jesus. Es sollte etwas sein, was bleibt, was den Menschen helfen könnte zu leben - in ihrem Leben. Er fragt sich, ob Worte denn etwas bewirken könnten? Geschriebene Worte - sollten sie die Menschen ändern? Oder zumindest zum Nachdenken bringen?

"Ach, die Menschen sind dumm und unbelehrbar", dachte Johannes. "So viele unbelehrbare Menschen habe ich kennengelernt. Sie machen immer wieder die gleichen Fehler.

Offenen Auges stürzen sie in den Abgrund - die Menschen", dachte er. "Da scheint es sich nicht zu lohnen, etwas aufzuschreiben.

Gerade in dieser Zeit :" Johannes dachte daran, was man sich alles so erzählte, was an Nachrichten von außen nach Ephesus drang und was er selbst mitbekommen hatte. Eine schlimme Zeit: der römische Kaiser Domitian ging mit unerklärlicher Grausamkeit gegen christliche Gemeinden vor: Menschen wurden dahin geschlachtet, Frauen vergewaltigt und geschändet, Kinder grausam misshandelt - unermessliches Leid. Alles nur aus religiösen Gründen, weil Kaiser Domitian die römischen Götter als die einzigen anerkannt wissen wollte.

Man hörte von Kriegen in Germanien, in Mesopotamien,...

Die Flüsse Euphrat und Tigris waren über die Ufer getreten und hatten die Städte Assur und Mari überschwemmt.

Viele Unheils- und Heilspropheten traten auf, die alle etwas anderes sagten, einander nicht zuhörten - die Gnostiker, die Markioniten, die Montanisten. Sie alle meinten, sie hätten die Wahrheit für sich gepachtet - doch den Menschen in ihrer Not half das nichts.

Johannes dachte nach, was er denn in dieser Zeit aufschreiben sollte. Er dachte. Immer war er ein Denker gewesen. Stets hatte er seinen Verstand gebraucht. Mit Gefühlen konnte er nicht viel anfangen; das zu akzeptieren war für ihn manchmal schwer.

Er dachte an Lukas - ein Arzt und ein begabter Mann -, der vor 10 Jahren Erzählungen um die Geburt von Jesus aufgeschrieben hatte: schöne, gefühlvolle Erzählungen in einer bildhaften Sprache von Hirten auf den Feldern, die Gott rühmten und priesen, Engeln, die Frieden verkündeten.

Johannes dachte an das Kind Jesus und an seinen Weg bis zum Kreuz. Und da fiel ihm ein: Überall, wo Jesus auftrat, allen, denen er begegnete, wurde der Mund aufgetan; Menschen fingen an zu reden, kamen ins Gespräch miteinander: die sonst so stummen und schweigsamen Hirten erzählten anderen von der Geburt, gaben die Freude weiter; die Menschen in der Heimatgemeinde Jesu kamen in Streitgespräche über ihn; die Menschen fragten Jesus "Wer bist du?"; Stumme begannen zu reden; ein Hauptmann gar meinte, dass nur ein Wort von Jesus gesprochen seine Tochter gesund mache. Die Menschen hörten den Worten Jesu zu und fühlten sich ernstgenommen, angesprochen, dieser Mann sagte ihnen etwas. Bei ihm konnten sie ins Wort bringen, was sie bedrückte.

Johannes dachte aber auch daran, dass durch Worte schon viele Menschen verletzt wurden: Ehrenworte wurden nicht gehalten, beleidigende Worte stifteten schon viel Unfrieden; und unwirklich-wahnsinnige, verlogene Worte von Diktatoren blendeten viele Menschen, schlugen sie in ihren Bann, führten sie in den Abgrund - Menschen wurden durch Worte geschlagen.

Und doch, so dachte Johannes, ermöglichen Worte Leben - Menschen werden beim Namen genannt, werden mit einem Wort bezeichnet, werden ins Leben gerufen - unverwechselbar. Menschen werden durch Worte beruhigt und friedlich gestimmt. - Gestern Abend noch war er bei einer Familie in der Nachbarschaft eingeladen. Im Schein von Kerzenlicht hatten sie im Hauptzimmer zusammengesessen und über die schlechten Nachrichten gesprochen, die nach Ephesus gedrungen waren. Plötzlich war im Nebenraum die kleine Tochter, die schon im Bett lag, zu hören. Sie hatte Angst, im dunklen

Zimmer allein zu liegen und rief: "Mama, sag was, ich habe Angst!" Und die Mutter hatte geantwortet: "Mein Kind, was hast du davon, du siehst mich ja nicht" und wollte schon aufstehen. Da sagte die kleine Tochter: "Wenn jemand spricht, wird es heller!" Ja -das Wort kann wie ein Licht in der Finsternis sein, dachte Johannes da.

Ja, Jesus wollte das Leben; nicht das verlogene, verletzende, beleidigende, zerstörerische Leben, sondern das ehrliche, offene, wahrhaftige, friedenstiftende. Auch wenn die Welt heute so weit davon entfernt, so finster geworden war, dachte Johannes. "Aber die Menschen müssen das doch verstehen!" Und es gab ja Menschen - hier in Ephesus, Familien, die es verstanden.

Trotz der Finsternis der Welt um ihn herum - der Kriege, der Naturkatastrophen, der Grausamkeit der Menschen, des Aneinandervorbeiredens gab es doch auch das Licht, das Jesus verbreitet hatte, das Menschen erfasst hatte, die offen, ehrlich und wahrhaftig lebten. Trotz der Finsternis gab es doch das leuchtende Licht.

"Ja, das Wort ist Fleisch geworden" schoss es Johannes durch den Kopf. Gott belässt es nicht bei guten Worten. Gott ist mittendrin bei uns - in unserem Leben, auch wenn es so schwer zu verstehen ist und nicht immer begreifbar zu sein scheint.- Gott ist unter uns - in unserem Fleisch, in unserer irdischen Vergänglichkeit.

Johannes erinnerte sich zurück, als er vor einigen Jahren wegen seines Christseins für einige Wochen im Gefängnis gesessen hatte. Es war ihm damals sehr schlecht gegangen in dem engen, muffigen Raum. Ein Gebet hatte er damals formuliert, das ihm half in seiner Not: "Führe du, mildes Licht im Dunkel, das mich umgibt, führe du mich hinan. Die Nacht ist finster. Leite du meinen Fuß, wenn ich auch nicht sehe jeden Schritt. Du hast mich lange geführt und behütet. Und du wirst mich auch weiter führen und behüten bis vorüber die Nacht."

"Wenn doch mehr Menschen von diesem Licht erleuchtet würden" dachte Johannes und auf einmal schrieb er: "Im Anfang war das Wort. In ihm war das Leben, und das Leben war das Licht der Menschen. Und das Licht leuchtet in der Finsternis. Und die Finsternis hat es nicht erfasst. Das wahre Licht, das jeden Menschen erleuchtet, ist in der Welt."
(25.12.1993)

2.WEIHNACHTSFEIERTAG – LESEJAHR A: ZU APG 6,8-10; 7, 54-60 (STEPHANUS)

An den 2.Weihnachtsfeiertag meiner Kindheit und Jugend kann ich mich noch gut erinnern; ist ja auch noch nicht so lange her.

Morgens ging es um viertel nach zehn mit der ganzen Familie ins Hochamt. Die Orgel begann zu spielen; das Eingangslied wurde angestimmt "dem großen Martyrer sei Ehre ...". Und - da fiel es uns allen wieder ein: wir hatten schon wieder einmal den Namenstag meines jüngsten Bruders Stefan vergessen. Der war vor "lauter Weihnachten" wieder einmal untergegangen.

Irgendwie habe ich meinen Bruder deswegen bedauert. Der Stephanustag scheint im Weihnachtsgeschehen unterzugehen (wenn vielleicht auch weniger in Zeilsheim).

Und die Frage ist ja auch: Muss das denn überhaupt sein: diese Erinnerung an den so schrecklichen Tod der Steinigung am 2. Weihnachtsfeiertag? Wenigstens an Weihnachten wollen wir doch mal unsere Ruhe, unseren Frieden haben. Und dann bekommt man selbst in der Kirche solch schreckliche Nachrichten von einer Steinigung vorgelesen.

Ja, warum ist der Stephanustag am 2.Weihnachtsfeiertag?

Dazu müssen wir in der Geschichte ein paar Jahrhunderte zurückgehen; genauer ins 4. Jahrhundert nach Christus. Damals war die Kirche in zwei Kirchen getrennt. Die Ostkirche, die um das heutige Istanbul (damaliges Konstantinopel) gruppiert war, und die Westkirche, die ihren Sitz in Rom hatte. (Damals war der Papst allein in seiner Stellung noch nicht so bedeutend wie heute)

In der Ostkirche wurde im 4.Jahrhundert nun schon der Gedächtnistag an den heiligen Stephanus auf den 26.Dezember festgelegt. Das Weihnachtsfest am 25.12. war damals im Osten noch nicht eingeführt; sondern es wurde nur in der Westkirche gefeiert. Im 5.Jahrhundert kam dann der Stephanustag der Ostkirche - verknüpft mit dem Weihnachtsfest - in den Westen.

So wanderte also nicht der Stephanus zur Krippe, sondern die Krippe kam zu ihm. Der weihnachtliche Stephanustag ist also keine überlegte Planung, sondern ein Zufall der Geschichte.

Ein Zu-fall. Etwas fällt uns zu.

Es fällt uns also zu die Verbindung von weihnachtlichen Lichtern in der Dunkelheit mit dem Werfen von Steinen gegen Stephanus.

Und diese Verbindung fällt auch in unseren Tagen auf. Die Verbindung von Lichtern in der Dunkelheit mit dem Werfen von Steinen:

Steine werden geworfen gegen Zufluchtsstätten von Asylbewerberinnen und Asylbewerbern und gegen diese Menschen; von Menschen, die so blind und verblendet sind, wie damals die Ankläger von Stephanus.

Und Lichter werden angezündet; Menschen, die sich nicht kennen und einander fremd sind, stehen zusammen mit Kerzen und Fackeln in der Hand, ruhig und entschieden in vielen Städten Deutschlands.

Wir sehen, wie aktuell die weihnachtliche Botschaft ist.

Wir sehen, wie aktuell und wichtig die weihnachtliche Botschaft heute für die Welt ist. (Obwohl die Verkünderin der weihnachtlichen Botschaft - die Kirche - in der Welt immer mehr an Bedeutung zu verlieren scheint)

Aktuell und wichtig ist diese weihnachtliche Botschaft für uns, weil deren Hoffnung uns leben lässt. Diese Hoffnung lautet am heutigen 2.Weihnachtsfeiertag:

Die geworfenen Steine können nichts ausrichten gegen die Lichter, die bereits angezündet sind.

(26.12.1992)

*

An den 2. Weihnachtsfeiertag meiner Kindheit und Jugend kann ich mich noch gut erinnern. Morgens ging es um viertel nach zehn mit der ganzen Familie ins Hochamt. Die Orgel begann zu spielen; das Eingangslied wurde angestimmt "dem großen Martyrer sei Ehre... ." Und – da fiel es uns allen wieder ein: wir hatten schon wieder einmal den Namenstag meines jüngsten Bruders vergessen. Der war vor "lauter Weihnachten" wieder einmal untergegangen. Irgendwie habe ich meinen Bruder deswegen bedauert. Der Stephanustag scheint im Weihnachtsgeschehen unterzugehen.

Die Frage ist ja auch: Muss das denn überhaupt sein: diese Erinnerung an den so schrecklichen Tod der Steinigung am 2. Weihnachtsfeiertag? Wenigstens an Weihnachten wollen wir doch mal unsere Ruhe, unseren Frieden haben. Und dann bekommt man selbst in der Kirche solch schreckliche Nachrichten von einer Steinigung vorgelesen. Ja, warum ist der Stephanustag am 2. Weihnachtsfeiertag? Dazu müssen wir in der Geschichte ein paar Jahrhunderte zurückgehen; genauer ins 4. Jahrhundert nach Christus. Bedingt durch die Teilung des römischen Reiches in West und Ost im Jahr 395 n. Chr., war auch die Gesamtkirche in zwei Hälften unterteilt: Die Ostkirche, die um das heutige Istanbul (damaliges Konstantinopel) gruppiert war, und die Westkirche, die ihren Sitz in Rom hatte. (Damals war der Papst allein in seiner Stellung noch nicht so bedeutend wie heute) In der Ostkirche wurde im 4. Jahrhundert nun schon der Gedächtnistag an den heiligen Stephanus auf den 26. Dezember festgelegt. Dieser war für die Ostkirche ein bedeutender Heiliger. Dagegen war das Weihnachtsfest am 25.12. damals im Osten noch nicht eingeführt; sondern es wurde nur in der Westkirche gefeiert. Im 5. Jahrhundert schließlich kam dann das westliche Weihnachtsfest in den Osten. Ein Jahrhundert später kam der Stephanustag der Ostkirche dann - verknüpft mit dem Weihnachtsfest - in den Westen. So wanderte also nicht der Stephanus zur Krippe, sondern die Krippe kam zu ihm. Der weihnachtliche Stephanustag ist also keine überlegte Planung, sondern ein Zufall der Geschichte. Und vielleicht haben solche Zufälle ja einen tieferen Sinn als Dinge, die ausgedacht und erfunden wurden. Welchen Sinn also hat es, dass dieser Stephanus an der Krippe des Kindes auf Stroh steht?

Leider wird uns in der Lesung aus der Apostelgeschichte jene Rede des Stephanus vorenthalten, aufgrund derer alle seine Ankläger zutiefst empört sind. Das hat seinen Grund wohl darin, dass diese Rede sehr lang ist und die Lesung vorhin dann sechsmal länger gedauert hätte. In dieser Rede erzählt Stephanus die gesamte Heils- und Unheilsgeschichte seines Volkes Israel: Angefangen bei Abraham, der aus seinem Heimatland wegzog, bis hin zu Mose und anderen Propheten. Diese ganze Geschichte als Heilsgeschichte ist eine einzige Wanderung: ein stetes Aufbrechen, ein Gang ins Fremde, ein Gerufenwerden, eine Sendung, ein ständiges Suchen auf ein Ziel hin. Und in dieser Geschichte des Volkes Israel als Unheilsgeschichte gibt es immer die Versuchung, sich greifbare Götzen zu machen, die man als scheinbare Leitziele vor sich herträgt; weil die lohnenden Ziele so schwer zu erreichen zu sein scheinen. Es ist also eine Geschichte, die vom Suchen eines Zieles bestimmt ist. Und Weihnachten ist der Endpunkt dieser Bewegung, dieses Suchens und stets neu Aufbrechens.

"Der Himmel ist offen" so sagt Stephanus. Der Himmel ist offen für eine Welt, die sich oft eher als verschlossen darstellt. Gott ist angekommen in dieser Welt. Der Himmel ist auf die Erde gekommen.

Man kann sich die Ohren zuhalten vor dieser Weihnachtsbotschaft des Stephanus, so wie es seine Feinde getan haben. Gott ist doch nahegekommen, um die Welt als ganze zu einer "Stätte Gottes" zu machen, wie es Stephanus in seiner Rede sagt. Der Himmel ist offen. Es ist die Frage an uns, wie offen wir für diesen Himmel sind.

(26.12.1996)

2.WEIHNACHTSFEIERTAG – LESEJAHR C: ZU APG 6,8-10; 7, 54-60 (STEPHANUS)

Pfarrer Dieter Lippert ist seit Jahrzehnten bekannt für seine Krippenausstellung, die jedes Jahr um Weihnachten stattfindet (und mittlerweile ein Krippenmuseum geworden ist). Bei einem Besuch im letzten Jahr fiel mir auf, dass fast jede Krippendarstellung einen knienden, anbetenden Hirten kennt.

Manchmal gab es auch einen Hirten, der nach oben schaut. Einen solchen Hirtenvertreter haben wir in dieser Kirche auch. Und weil mir dieser Hirte etwas mit dem heutigen 2. Weihnachtstag, dem Stephanustag, zu tun haben scheint, dachte ich, entlocke ich ihm einfach heute zur Predigt einige Gedanken. So übergebe ich jetzt unserem Hirten hier vorne das Wort:

„Ach so, mein Blick nach oben.

Ja, das hat erst einmal einen ganz einfachen Grund. An jenem Tag der Geburt von Jesus leuchtete der Himmel so hell. Das musste ich sehen. Aber gleichzeitig blendete mich auch das Licht. Daher hielt ich meine Hand schützend vor die Augen.

Ich weiß nicht mehr, wie es kam, dass ich so, wie ich damals stand, jetzt fast Jahr für Jahr an der Krippe stehe. Aber jedes Jahr wird mir klarer, dass dieser Blick mehr bedeutet.

Was ich damals am Himmel sah, kann ich kaum beschreiben. Es war mehr als nur der Stern; mehr als nur der Glanz der Engel.

Dann hörte ich von der Geschichte des Stephanus. Er blickte zum Himmel empor und sah den Himmel offen.

Dieser Gedanke vom „offenen Himmel" beschäftigt mich hier vorne jedes Jahr mehr.

Und ich meine – ich sage das hier nur als armer Hirte, aber aus einer langen Erfahrung und Beobachtung heraus – dass vielen Menschen heute der Gedanke vom Leben unter dem offenen Himmel fehlt.

Ich will nicht sagen, dass es den Traum von einem „offenen Himmel" heute nicht mehr gibt.

Aber was meine ich überhaupt?

Der Anfang des Traums vom offenen Himmel ist vielleicht ein gemeinsamer Menschheitstraum: Worum es uns Menschen – ich spreche jetzt einfach wieder aus meiner zweitausendjährigen Erfahrung heraus – im Grunde geht, ist doch eine Lust nach Leben, und zwar hier und jetzt.

Ich meine, was wirklich gelten sollte, ist der Satz, den sich Marie Luise Kaschnitz auf ihren Grabstein schreiben ließ: „Selig, die gelebt, bevor sie starben!"

Das Bild, die Vision, der Traum vom „offenen Himmel" sollte im Dienst der Lebenslust stehen.

Und dann hörte ich vor einiger Zeit ein Idol der heutigen Zeit reden - Dennis Rodmann, amerikanischer Basketballstar der „Chicago bulls". Er sagte: „Wenn es für mich nichts mehr zu leisten gibt, wenn ich keine Ziele oder Träume mehr habe, weiß ich, dass mein Leben vollendet ist. Wenn ich älter werde und es soweit ist, werde ich mich wahrscheinlich irgendwo zurückziehen – in die Wälder oder ins Gebirge – und dort in mich gehen. Ich werde mein Leben noch einmal Revue passieren lassen und eine Zeitlang darüber nachdenken. Dann werde ich eine Knarre nehmen und mich in den Kopf schießen. So wird es enden, kurz und schmerzlos."

Ich bin erschrocken, als ich das hörte: Lebenslust als die Erwartung von Leistung und die Hoffnung, dass, wenn die Leistung nicht möglich ist, dann das Ende kurz und schmerzlos sei. Lebenslust, die allein bestimmt ist durch massenweise Geld, tolle Frauen, gute Beziehungen, unbezweifelbare Potenz und den weltweiten Ruhm.

In dem Moment ging mir auf, was mein Traum vom offenen Himmel bedeutet und wie alt er schon ist.

Jahrhunderte hindurch bürgten und bürgen Menschen mit ihren Erfahrungen, mit ihren Hoffnungen, aber auch mit ihren Tränen für die Kontur dieses offenen Himmels.

Der offene Himmel, den auch Stephanus gesehen hat, beginnt sich zu zeigen, wenn einem Einsamkeit, Misserfolg, Enttäuschung, Armut oder Tod zuteilwerden.

Zu leben auf dieser Erde unter dem offenen Himmel ist eine Sache, die eingeübt werden muss. Und das heißt einmal, dass der Traum vom Himmel nichts mit dem Traum vom Erfolg zu tun hat. Es geht um das Einüben einer Lebenseinstellung, die ihre Hoffnung nicht aus sich selber gewinnt, sondern aus dem lebendigen Gott.

Ich versuche, aus einem mich Getragen wissen, einer letzten Angstfreiheit zu leben.

Was mir meinen Blick in und mein Leben unter dem offenen Himmel klarer werden ließ: Mit welchen Augen schaue ich meinen Alltag, meine Lebensgeschichte, unsere Alltagskultur, ja unsere menschliche Geschichte an?

Sind es die Augen, die immer und immer wieder nur die Banalität der Macht der Tatsachen sehen? – Sind es die Augen eines gnadenlosen Zensors, der all das, was irgendwie nach einem Mehr von Wirklichkeit aussieht, zensiert; der immer wieder auf die physikalischen, chemischen und biologischen Prozesse aufmerksam macht und ständig desillusioniert? – Oder sind es Augen, die immer wieder den Blick erweitern, anstatt diesen einzuengen?

Mit diesen Fragen entscheidet sich unser aller Glaube oder Unglaube. Mit diesen Fragen höre ich jetzt auf. Für einen Hirten habe ich viel zu lange geredet."

(26.12.2000)

*

„Ein zweischneidiges Schwert", dieses Bild, das Simeon Maria am Ende seiner geister-
füllten Rede mitgibt, scheint auch zu passen, wenn ich die Situation von Familie heute
beschreiben sollte.

Auf der einen Seite ist da in den letzten 100 Jahren ein gravierender Wandel aufgetreten,
der Unsicherheiten vielfältiger Art hervorgerufen hat: die traditionelle Rollen- und Auf-
gabenteilung zwischen Mann und Frau hat sich verändert, traditionelle Werte, die bei
allen Anfragen das familiäre Zusammenleben stabilisierten, wie Treue und Unauflöslich-
keit, lösen sich auf. (wobei aktuell die Zahlen der geschiedenen Ehen weit unter denen
liegen, die durch den Tod aufgelöst werden)

Auf der anderen Seite werden ungewöhnlich hohe Ansprüche und Erwartungen mit
Familie verknüpft. Für die Firmlinge unserer Gemeinden ist „Familie" ein ganz hoher
Wert, Politiker aller demokratischen Parteien sehen in der Familie den „Ort für die Vermittlung von Werten und Tugenden", Soziologen betonen die Wichtigkeit der Familie auf
dem Hintergrund von Gewalt und Fremdenfeindlichkeit. Und nicht zuletzt die Kirche
weist regelmäßig auf die wichtige Erfahrung von Gemeinschaft und Anteilnahme in der
Familie hin.

Ein zweischneidiges Schwert, und ein Zwiespalt, der sich da auftut.

Auch auf mein eigenes Verständnis und Erleben von Familie trifft dieses Bild zu:

Für mich hat Familie vor allem mit Vergangenheit und Verwurzelung zu tun. Und das ist
ja auch oft ein zweischneidiges Schwert. Mir wird es oft beim Erzählen von Familiengeschichten in Trauergesprächen deutlich, wie viele Verwundungen und Missverständnisse
in der Vergangenheit zurückliegen, es scheinbar unmöglich machen, dass Schwestern
miteinander reden und Kinder mit ihren Eltern noch Kontakt haben können.

Auf der anderen Seite wird aber bei solchen Gesprächen auch die Kraft und der Halt
deutlich, der in einer Verwurzelung und Verbindung mit den Vorfahren liegen kann. Ich
selbst hing immer an den Lippen meines Opas, wenn er in der Küche seine Erfahrungen
und Geschichten von früher erzählte. Da wurden dann Familienmitglieder mit ihren
Ecken, Kanten und Liebenswürdigkeiten lebendig, die ich selbst nie erlebt hatte.

Vielleicht mag genau dieser Punkt auch eine Ursache der Krise von Familie heute sein:
die Unfähigkeit, angemessen mit der Familiengeschichte umgehen zu können. Die Widersprüche nicht aushalten zu können, welche die eigene Familiengeschichte hat.

Für das jüdische Verständnis, in dessen Tradition wir stehen, war Familie immer auch
Familiengeschichte.

In den beiden Lesungen heute wurde von Abraham erzählt. Die Geschichte Israels beginnt mit seiner Familiengeschichte. Und wenn man diese und die seiner Nachkommen
Isaak und Jakob genauer anschaut, dann sind das Familiengeschichten voller Schattenseiten. Hier wird die Familie nie als moralische Vorbildfunktion dargestellt. Da verleug-
net Abraham in Ägypten seine eigene Frau, die Brüder Esau und Jakob liegen miteinander im Clinch, auch Isaak verhält sich seiner Frau Rebekka gegenüber nicht gerade vor-
bildlich, und was soll man von der einseitigen Bevorzugung Josefs durch seinen Vater
Jakob halten?

Nichts davon wird in diesen Familiengeschichten verschwiegen oder unter den Teppich gekehrt. Es wird davon aber genauso wenig gutgeheißen.

Jedoch ist, ganz gleich, was in diesen Familien passiert, der Segen Gottes über diesen Familien. Er gilt immer der ganzen Familie in ihren schwachen Stunden, in Scheitern und Versagen. Zuerst wird dieser Segen dem Abraham verheißen. Die Geschichte dazu wurde in der 1.Lesung erzählt. Gott holt Abraham aus seinem Zelt heraus und stellt ihn unter den weiten Sternenhimmel. Wo sonst kann ein Mensch etwas spüren von Verlorenheit und Dunkelheit und gleichzeitig dem Behütetsein durch einen guten Gott?

Der Segen Gottes, wie er auf diesen Familien liegt und wie er von einer Generation an die nächste weitergegeben wurde, ist alles andere als eine „Lebensversicherung".

Auch er ist wie ein zweischneidiges Schwert.

Auch er kann diesen Widerspruch des Glaubens nicht auflösen: Fallen und Aufstehen. Das ist es ja, wozu Jesus die Menschen bringt, so sagt es Simeon: zum aufgerichtet werden und zu Fall zu kommen.

Der Segen Gottes, wie er auf den Familien Abrahams, Isaaks und Jakobs liegt und jeder Familie guten Willens ist das Aushalten dieses Widerspruchs, der manchmal wie ein Schwert die Mitte unserer Existenz durchdringt: Fallen und Aufstehen, Verzweifeln und bedingungslos vertrauen. Und hier ist Maria die erste, die das - als Urbild und Inbegriff einer Glaubenden - so deutlich für ihre Familie von Simeon gesagt bekommt.

Der Segen Gottes kann sich so heute in einer Familie zeigen in der Weigerung, vorschnell und oberflächlich an Versöhntheit zu denken, wo in der Tiefe geschaut werden muss; in der Zuversicht, den Wandel, das Unberechenbare und Unübersehbare eines Familienlebens zu ertragen; in der Annahme dessen, dass nicht einmal die Liebe in einer Familie alle Widersprüche auflöst; in der Hoffnung, immer neu den Weg zur absoluten Zukunft in Gott zu suchen.

Simeon und Hanna sind zwei, die die sogenannte „heilige Familie" an diesen Segen Gottes erinnern. Die beiden erinnern daran, dass Segen nicht zu erkämpfen ist. Das Paradies auf Erden ist in keiner Familie zu machen. Vielleicht ist es aber gerade dieser Allmachtsgedanke, der in manchen Familien Erwartungen und Ansprüche aufbaut, die nie eingehalten werden können und worunter Kinder und Eltern leiden.

Ich glaube, dass es für jede Familie heute einen Simeon oder eine Hanna gibt, die auf den Segen Gottes hinweisen. Es müssen nicht der Opa mit seinen segensreichen Erfahrungen und Geschichten, oder andere Verwandte sein. Es müssen Menschen sein, die etwas von dem Segen erfahren haben, keine „Idealfamilie" sein zu müssen. Die Entscheidungen, vor die Familien heute gestellt werden, sind ja nicht einfacher, sondern wohl eher schwieriger geworden. Und oft haben wir nur die Wahl zwischen zwei Übeln und können nur hoffen, das kleinere gewählt zu haben. Aber mit dem Vertrauensvorschuss, dass Gott diese Familiengeschichte trotz allem mitträgt, lässt sich vielleicht manche Entscheidung weniger ängstlich treffen.

Und da wäre dann eine heilige Familie heute, die in diesen Widersprüchen ihr Heil allein von Gott abhängig macht.

(26.12.1999)

(thematisch)

Eine Umfrage zum Jahreswechsel 1994 ergab, dass mehr als 60 % der Bundesbürger sich vorgenommen hatten, im Neuen Jahr eine schlechte Gewohnheit aufzugeben. Die meisten wollten aufhören zu rauchen weniger fernsehen oder eine unangenehme Arbeit nicht mehr länger auf die lange Bank schieben. Auf die Frage, ob sie denn ein schlechtes Gewissen hätten, wenn sie den guten Vorsatz nicht einhalten würden, antworteten allerdings dann 80 % mit Nein. (Bei einer Statista-Umfrage von 2019 hatte jeder vierte Bundesbürger mindestens einen guten Vorsatz für 2020.)

Es scheint wohl gar nicht so einfach, eine schlechte Gewohnheit aufzugeben und sich zu ändern. Der bloße Vorsatz, eine schlechte Gewohnheit - gerade zum Neuen Jahr - zu ändern, scheitert; denn er ist wohl nicht so ganz ernst gemeint. Und so sichert man sich vor einem schlechten Gewissen damit ab, dass man den guten Vorsatz ja jederzeit brechen kann und es nicht so ganz ernst gemeint hat.

Erich Kästner hat 1950 in einer "kleinen Neujahrsansprache vor jungen Leuten" diese Tatsache auf den Punkt gebracht - in einem kleinen Gedicht:

> *Man soll das neue Jahr nicht mit Programmen*
> *beladen wie ein krankes Pferd.*
> *Wenn man es allzu sehr beschwert,*
> *bricht es zu guter Letzt zusammen.*
> *Je üppiger die Pläne blüh'n*
> *um so verzwickter wird die Tat.*
> *Man nimmt sich vor, sich schrecklich zu bemüh'n*
> *und schließlich hat man den Salat.*
> *Es nützt nicht viel, sich rotzuschämen.*
> *Es nützt nichts und es schadet bloß,*
> *sich tausend Dinge vorzunehmen.*
> *Laßt das Programm, und bessert euch drauflos!*

Drauflos bessern, drauflos ändern - diese Einstellung entlastet davon, die vorgenommenen Pläne und Vorsätze unbedingt einhalten zu müssen; und wenn sie nicht eingehalten werden können, frustriert zu sein und vielleicht zu verzweifeln. Beim Drauflos bessern und Drauflos ändern ist jede Besserung und Änderung ein Erfolgserlebnis, da nicht geplant.

Allerdings sieht auch Kästner das Sich-Bessern und Sich-Ändern als notwendige Forderung für das Neue Jahr an. Und da stellt sich dann die Frage: wie geht das, sich zu ändern und zu bessern?

Der Psychologe Sigmund Freud beschrieb - anhand seiner Forschungen - drei Schritte, die bei einer Meinungs- oder Einstellungsänderung zu gehen sind:

In einem ersten Schritt kommt eine neue Erkenntnis; z.B.: ich bin unzufrieden, wenn ich zu viel fernsehe.

In einem zweiten Schritt komme es dann darauf an - so Freud - diese Erkenntnis auch in die Tat umzusetzen. Und da beginne dann das Problem. Oft widersprächen nämlich die eigenen Gefühle der neuen Einsicht. Das kann dann so aussehen, dass ich z.B. das Gefühl habe, ich brauche das Fernsehen, um von der Arbeit besser abschalten zu können. Dann widerspricht dieses Gefühl der neuen gewonnenen Einsicht. Und dann erfolgt keine Handlungsänderung. Es komme also darauf an, die eigenen Gefühle mit der neuen Einsicht in Einklang zu bringen und entsprechend umzustellen.

Dann könne es in einem dritten Schritt zu einem Handeln kommen, d.h. dann, den Fernseher öfters kalt zu lassen.

Das klingt natürlich sehr schematisch und einfach. In der Wirklichkeit des Lebens laufen Veränderungen doch viel komplizierter ab und nicht nach diesem einfachen Drei-Schritt-Schema. Vieles geschieht und verändert sich, ohne dass es uns immer so bewusst wird.

Deutlich wird das auch, wenn man sich die vielen Veränderungs- und Wandlungswege verschiedener Personen in der Bibel anschaut:

Da ist ein Abraham, der mit 75 Jahren sich noch dahingehend ändert, dass er aus seiner Heimat in ein ganz unbekanntes Land zieht.

Der Prophet Elija wandelt sich von einem polternden und harten Menschen in einen sanften, hinhörenden Mann.

Der Christenverfolger Saulus wird zum Christusbekenner Paulus.

Maria von Magdala, die von sieben Ungeistern besetzt war, wird die erste Zeugin des Auferstandenen.

Am ausführlichsten jedoch wird die Veränderungs- und Wandlungsgeschichte des Jakob im Alten Testament im Buch Genesis beschrieben. Am Ende bekommt dieser einen neuen Namen - Zeichen für seine Veränderung - Israel (übersetzt heißt das "Gotteskämpfer").

Zu Beginn seines Lebens jedoch macht dieser Jakob seinem Namen, der übersetzt bedeutet "der Betrüger" oder "Überlister", alle Ehre. Er kauft seinem Bruder um ein Linsengericht das Erstgeburtsrecht ab und erschleicht sich dann den Segen seines Vaters. Er muss vor seinem Bruder davonlaufen, da dieser ihn umbringen will. Auf der Flucht hat er den Traum von einer Himmelsleiter. Gott erscheint ihm darin und sagt ihm: "Ich bin mit dir, ich behüte dich, wohin du auch gehst." Dieser Traum ist der Anfang von Jakobs Wandlung und Veränderung. Er sieht, dass er nicht alles mit List und Tücke erkaufen muss, sondern dass Gott allein Segen wirkt.

Schließlich macht er selbst die Erfahrung, betrogen zu werden.

Sein Onkel Laban, bei dem er in Dienst geht, gibt ihm nach sieben Jahren Dienst nicht die versprochene Rahel zur Frau, sondern die etwas ältere und nicht ganz so schöne Lea. Als er nach weiteren sieben Jahren Dienst schließlich Rahel zur Frau bekommt, merkt er, dass sie unfruchtbar ist. Jakob sieht, dass er das Leben nicht selbst in der Hand hat.

Als er sich mit seinem Reichtum auf den Heimweg macht, begegnet ihm sein Bruder. Die Angst vor der Vergangenheit kommt hoch: alles Unversöhnte, alles das, was er bislang verdrängt hat. Es kommt zu einem Kampf am Fluss. Dieser Kampf wird in der Bibel sehr genau beschrieben: ein dunkler Mann ringt mit ihm die ganze Nacht lang. Jakob muss kämpfen. Schließlich wird er verwundet. Als die Morgenröte aufsteigt, bittet der Mann Jakob, ihn loszulassen. Jakob aber sagt: "Ich lasse dich nicht los, wenn du mich nicht segnest."

Das, was ihn verwundet, soll ihn auch segnen. Die äußerste Bedrohung soll ihm auch zum Segen werden. Und so wird er gesegnet und bekommt einen neuen Namen - "Israel - Gotteskämpfer", denn mit Gott und Menschen habe er gekämpft.

Dass wir in diesem Neuen Jahr diesen Segen erfahren, dass wir mit all dem Unversöhnten, Verdrängten und Bedrohlichen in unserem Leben kämpfen können und dann etwas neu und anders wird, wünsche ich uns.

(1.1.1995 – erstmals veröffentlicht in: Rack, Rainer (Hrg.), Gottes Wort im Kirchenjahr 1999. Lesejahr A. Band 1. Advent bis 6. Sonntag, Würzburg: Echter 1998, 81f.)

Fasten- und Osterzeit

2. FASTENSONNTAG ZU: RÖM 8,18-30 UND JOH 3,1-18
(Thematisch „Der Heilige Geist als Schöpfergeist")

„Hoffentlich ist es bald vorbei", dachte ich. ... Ich zweifelte, ob sie das noch lange aushalten konnte. Silke versuchte, wieder Ruhe ins Geschehen zu bringen. „Ja, das ist gemein", bestätigte sie. „Aber danach wird's besser. ..."
„Hoffentlich", dachte ich und versuchte, die aufkeimende Panik zu bekämpfen. Denn so langsam konnte ich dieses Elend nicht mehr mit ansehen. Ich dachte an Begriffe wie „Urgewalt", „tierisch", „barbarisch".

Ich weiß nicht, welche Gedanken oder Vermutungen Ihnen beim Zuhören gekommen sind. Es ist ein Zitat aus dem Buch von Kester Schlenz „Mensch, Papa". Er versucht, seine Erfahrungen bei der Geburt seines ersten Kindes in Worte zu fassen.

Ein Geschehen, das für einen Vater vielleicht unbeschreiblich und unbegreiflich ist.

Eine Frau - die Theologin Helen Schüngel-Straumann aus Kassel - findet andere Worte:
„Es dürfte keine menschliche Erfahrung geben, bei der ebensosehr das, was Raum schafft, mit dem heftigen Atmen verbunden ist, wie der Geburtsvorgang. (Wieder) atmen können, bzw. Erleichterung finden in einer kritischen Situation paßt - im wörtlichen und übertragenen Sinn - auf nichts so präzise wie auf die Geburt. Das hörbare Keuchen bei der Geburt und das erleichterte Luftschöpfen nach gelungener Geburt, die der Frau wieder „Raum schafft" im wörtlichen Sinn, ist zugleich schöpferisch, lebenbringend."

Womit ein Mann Begriffe wie „Urgewalt" oder „tierisch" verbindet, da fallen einer Frau Begriffe wie „schöpferisch", „lebenbringend", „Raum schaffend" ein.

Vor allen Dingen fällt dieser Frau der Bezug von Atmen/Atmen-können zu der Erfahrung „Raum schaffen" ein; Raum schaffen für das Kind, Raum schaffen im Innern des Körpers nach der Geburt.

Einem Israeliten, der vor ca. 2.600 Jahren im babylonischen Exil saß und nicht wusste, wie das Leben für ihn weitergehen sollte, wäre bei dem Hören dieser letzten Geburtserfahrung sicher sofort ein Wort eingefallen: „ruach".

Vielleicht sogar noch ein bisschen mehr: „Finsternis lag über der Urflut und die ruach Gottes schwebte über den Wassern". Und sicherlich wäre ihm - der so viele Bibelworte auswendig konnte - sofort der Satz aus Psalm 104 über die Lippen gekommen: „Nimmst du ihre ruach weg, so schwinden sie hin und werden wieder zu Staub. Sendest Du Deine ruach aus, so werden sie alle erschaffen, und du erneuerst das Antlitz der Erde."

Wir sitzen aber heute weder im Exil, noch vor 2.600 Jahren, noch sind wir Israeliten.

Das Wort „ruach" wäre uns sicherlich nicht eingefallen bei diesen zwei geschilderten Geburtserfahrungen; und auch nicht die zwei Stellen aus der Schöpfungsgeschichte und dem Psalm 104.

Das hebräische Wort „ruach" wird häufig mit „Geist" übersetzt; was aber auch Wind, Atem, Lebenskraft oder Energie heißen kann.

„ruach" ist aber vor allem die „ruach" Gottes, die Schöpferkraft, der Atem Gottes, oder der Schöpfergeist.

Vielleicht ist Ihnen aufgefallen, dass ich <u>die</u> „ruach" Gottes und nicht <u>der</u> „ruach" Gottes sage.

Während im Deutschen Geist ein männlich bestimmtes Wort ist, ist „ruach" im Hebräischen - also im ursprünglichen Sinn - vor allem weiblich bestimmt. Interessanterweise wird „ruach" immer dann weiblich gebraucht, wenn es um lebensfördernde , schöpferische Aussagen geht. Wo der Geist, der „ruach", jedoch Zerstörung im Sinn hat, wird er männlich gebraucht.

Ein zweiter Aspekt, der an die eingangs geschilderte Geburtserfahrung erinnert, ist, dass die „ruach" Gottes verwandt ist mit dem hebräischen Begriff für „Weite/Raum schaffen". Geist heißt „ruach" - „Weite/Raum schaffen" heißt „rewach".

Und die Verbindung scheint einsichtig. Wir merken das, wenn wir - vielleicht nach einer großen Angst - wieder erleichtert aufatmen können. Dann wird das Enge wieder weit, dann spüren wir wieder Lebenskraft, Lebensgeist, Lebensatem.

Die Geburt ist auch das zentrale Bild in den beiden gehörten Schriftlesungen aus dem Römerbrief und aus dem Johannesevangelium.

Paulus - der Schreiber des Römerbriefes - meint, dass nur der Geist Gottes uns helfen kann, die Schöpfung guter Hoffnung bleiben zu lassen. Die gesamte Schöpfung - also nicht nur die Menschheit mit ihrer problematischen Geschichte, sondern auch die Natur - seufze und liege in Geburtswehen bis zum heutigen Tag.

Geburt, das bedeutet, wie wir schon gehört haben eine Krise auf Leben und Tod; dies gerade zur Zeit des Paulus , wo die Mütter- und Säuglingssterblichkeit beträchtlich war.

Eine Krise also für die Schöpfung, für unsere heutige Welt, in der es ebenfalls um Leben und Tod von uns allen geht. So, dass sogar die Substanz dieser Welt auf dem Spiel steht; vor allem die Natur, von der wir leben.

Paulus Hoffnung besteht darin, dass der Geist sich unserer Schwachheit annimmt; so, dass wir neue, verwandelte Menschen werden, die das werden, wozu wir bestimmt sind: mit der Schöpfung im Sinne des Schöpfers umzugehen.

Darauf hofft auch Gott. Hoffte er nicht mehr darauf, wären wir vermutlich schon nicht mehr da. So aber bleibt die Schöpfung trotz allem guter Hoffnung.

Im Johannesevangelium spricht Jesus von derselben Hoffnung der Neugeburt des Menschen durch das schöpferische Wirken des Geistes.

Nikodemus - sein Gesprächspartner - tut sich damit aber schwer und fragt Jesus: „Wie kann das geschehen, diese Neugeburt durch den Geist?"

Jesus gibt ihm keine direkte Antwort, sondern erwidert nur: „Du bist ein Lehrer, ein Rabbi - also einer, der die Hl.Schrift kennt - und du verstehst das nicht?"

Jesus gibt dem Nikodemus damit zu verstehen, dass doch in der Hl.Schrift genug von diesem Geist und seinem schöpferischen Wirken die Rede ist. Das hätte er doch eigentlich gelesen haben müssen.

Und da wären wir wieder bei dem Israeliten, der vor 2.600 Jahren im babylonischen Exil sitzt; und dem aufgeht: von Gottes schöpferischem Geist haben wir uns abgewandt, und sind in der Sackgasse des Exils gelandet.

Wo die Beziehungseinheit von Welt und Gott, von Mensch und Gott zerbrochen ist - und das ist offenbar heute weithin der Fall - da können wir keine neue Schöpfung erwarten; da bleiben - bildlich gesprochen - die Geburtswehen aus.

Die Schöpferkraft Gottes - die „ruach" - kann nur wirken, wo die Welt nicht von Gott abgeschlossen ist; nur da kann sie aus der Enge in die Weite führen und Raum schaffen.

Der Schweizer Pfarrer Kurt Marti hat dies einmal eindringlich so formuliert:
„Das Schicksal der irdischen Schöpfung bleibt mit dem Verhalten der Menschen ver-
knüpft und Gott selber bildet durch Christus und durch seinen Heiligen Geist mit uns
Menschen und mit der Schöpfung so etwas wie ein Biotop - einen Lebensraum - höherer
Ordnung. Das, nur das, ist unsere Chance!"
(7./8.3.1998)

3. FASTENSONNTAG – LESEJAHR A: ZU JOH 4,5-42

Das Leben Jesu, wie es uns von den 4 Evangelisten erzählt wird, ist vor allem durch
Heilungswunder, durch Gleichniserzählungen und durch Lehrreden geprägt. Und immer
ist da eine Menge von Menschen, die ihm fasziniert folgten oder der Kreis seiner Jünger
dabei. Nur viermal wird davon berichtet, wie Jesus ganz allein - ohne Jünger, ohne Leute, die ein Wunder oder sonstiges erwarten - mit Menschen spricht.

Da kommt einmal nachts ein Rabbi namens Nikodemus zu ihm, der sich mit ihm über
die Frage unterhält, wie ein Mensch im geistigen Sinn neugeboren werden könne. An
einer zweiten Stelle kommt ein junger Mann zu Jesus, und unterhält sich darüber, was zu
einem guten Leben notwendig ist. Da sind drittens die zwei Emmausjünger, die mit
Jesus ein tiefes Gespräch über Sinn und Zweck seines Todes führen. Und die 4. Stelle ist
das eben im Evangelium gehörte Gespräch von Jesus mit dieser samaritischen Frau. Und
auch in diesem Gespräch geht es um eine Grundfrage.

Dass dieses Gespräch wirklich so stattfand, wird durch die genaue Zeitangabe - es war in
der sechsten Stunde (also zur Mittagszeit) - unterstrichen; und durch die genaue Ortsan-
gabe des Jakobsbrunnens, der noch heute frisches Wasser aus der Tiefe liefert.

Die Frau, die zum Brunnen kommt, ist nicht zu beneiden. Fünf Männer hatte sie schon,
die entweder gestorben sind oder die sich von ihr scheiden ließen (denn nur die Männer
konnten damals ihre Frauen durch Scheidung verlassen; nicht umgekehrt). Eine tragische Vergangenheit! Und jetzt hat sie wohl kein Vertrauen mehr in irgendeine Ehe und
lebt mit einem „Lebensgefährten" zusammen, wie wir heute sagen.

Eine Frau, die enttäuscht ist in jeder Hinsicht, die keine Ordnung in ihr Leben bekommt,
und die in ihrem Dorf wohl vielfaches Opfer von Tratsch und Klatsch gewesen sein dürfte.

Diese Frau merkt, dass mit Jesus ein Mann sie ernst nimmt. Etwas, was sie wohl noch
nie in ihrem Leben erfahren hat. Denn er spricht sie an. Etwas Undenkbares zur Zeit
Jesu, in der die Frau nur in Abhängigkeit zum Mann etwas wert war. Undenkbar auch,
weil ein Jude, wie Jesus, mit Samaritern, wie dieser Frau, damals nicht sprechen durfte.
Für die Juden waren die Samariter - geschichtlich bedingt - unrein, Ketzer und Menschen mit einem bösen Geist.

Die Frau fasst Vertrauen. Seine Worte gehen ihr zu Herzen. Auch wenn sie nicht alles
sofort kapiert, was Jesus sagt.

Woher soll sie auch wissen, was Jesus mit lebendigem Wasser meint? Lebendiges Wasser, das war im damaligen Verständnis frisches Wasser, welches aus einer Quelle fließt

und in Bewegung ist und ständig erneuert wird; so also, wie das Wasser in diesem Jakobsbrunnen. Woher soll sie gleich wissen, dass Jesus etwas anderes mit „lebendigem Wasser" meint?

Aber die Frau merkt, dass hier einer nicht über den körperlichen Durst nach Wasser redet, sondern einen anderen Durst anspricht. Eine ungestillte Sehnsucht, die in ihren gescheiterten Beziehungen deutlich wird.

Die Frau merkt jetzt, dass Jesus ihr eine ganz andere Quelle zeigen will.

Diese Quelle nennt Jesus „Geist und Wahrheit".

Die Frau tut den ersten Schritt in diese Richtung. Denn sie spricht die Wahrheit. Sie sagt, was ist. Sie gesteht Jesus, dass sie keinen Mann hat. Ihre Lebenssituation, dass 5 Männer sie verlassen haben, wird ihr klar. Sie sieht die Wahrheit ihres Lebens. Sie sieht ihren Durst nach Liebe.

„Die Wahrheit macht euch frei!" sagt Jesus später einmal. Das Wort, das Jesus für Wahrheit gebraucht, heißt wörtlich genommen: Un-Verborgenheit.

In der Wahrheit leben heißt, das, was verborgen in uns ist, offenzulegen. sich und sein Handeln damit zu verstehen.

Ein Jesuitenpater erzählt einmal von einem jungen Mann, der freundlich, sympathisch, begabt war, kurz: alles besaß, was man sich wünschen konnte. Aber als Chef seiner Firma war er der Schrecken seiner Angestellten und Bediensteten.

Eines Tages nahm dieser junge Mann einen weiten Flug auf sich, um den Jesuitenpater zu treffen. Der Jesuitenpater äußert gleich sein Gefühl, dass der Mann ihm etwas verberge. Der junge Mann ist entrüstet darüber, als ob er die lange Reise auf sich genommen habe, um etwas vor dem Pater zu verbergen. Aber auf einmal brach er in Tränen aus, und erzählte dem Pater, was er noch nie jemandem erzählt hatte: sein Vater starb, als er noch ein Kind war und seine Mutter musste niedrige Dienste als Toilettenfrau tun, um das Nötigste für den Unterhalt zu verdienen. Er schämte sich so dafür, dass er es vor allen verborgen hielt, aber irrationalerweise Rache nahm an der ganzen Klasse von Bediensteten.

Un-verborgen die Wahrheit seines Lebens anschauen. Das ist die eine Seite der Quelle, die Jesus der samaritischen Frau nennt.

Wenn Jesus zu der Frau vom Geist spricht, dann ist damit nicht gemeint, was wir vielleicht darunter verstehen. Geist ist nicht das Gegenteil von Materie. Sondern Geist ist im jüdischen Verständnis der Lebenshauch; das, was uns am Leben erhält.

Wenn Jesus der Frau gegenüber von Geist spricht, dann meint er die Quelle des Lebens. Er meint damit: was ist es denn, mit dem du deinen Lebensdurst stillst? Woher beziehst du die Kraft für dein Leben?

Was ist es denn, mit dem wir unseren Lebensdurst stillen?

Von was ernähren wir uns? Welche Quellen graben wir an?

Ist es die Quelle des Ansehens? die Quelle des Erfolgs? des Lobs? der Geltung? die Quelle des Beachtetwerdens? des Geschätztseins oder der Anerkennung?

Oder was ist für uns eine Quelle des Lebens, an der wir trinken können?

Ist es vielleicht das Staunen über Dinge, die wir bewusst und achtsam wahrnehmen: den Sonnenuntergang, den Sternenhimmel oder die vorbeiziehenden Wolken? die Unterhaltung mit Menschen, deren Gesellschaft einfach schön ist? das Genießen eines guten

Buches oder eines guten Films oder einer spannenden Diskussion? eine Arbeit, die Spaß macht? ein Hobby, in das man sich vertiefen kann?

Wir müssen die eigenen Quellen finden, an denen wir trinken können. (vgl. Bernhard v. Clairvaux, und eine entsprechende Erwähnung bei Gustavo Gutierrez)

(6./7.3.1999)

3. FASTENSONNTAG – LESEJAHR B: ZU JOH 2,13-25

Als im Januar 1959 der damalige Papst Johannes XXIII. überraschenderweise am Ende eines normalen Sonntagsgottesdienstes ein Konzil für die Weltkirche ankündigte, da sind einige Bischöfe und Kardinäle in Rom richtig erschrocken. Das klang wohl zu übertrieben und zu radikal für sie. Die Atmosphäre in den Vatikanischen Gemäuern muss danach einige Tage recht frostig und ungemütlich gewesen sein. Schließlich traute sich einer der Kardinäle in das Arbeitszimmer des Papstes und fragte ihn vorsichtig, ob und warum dieses Konzil denn wirklich notwendig sei. Johannes XXIII. gab ihm eine sprichwörtlich gewordene Antwort. Er ging ans Fenster, machte es ganz weit auf und sagte: "Deswegen!"

Die Fenster des Kirchenhauses müssten einmal geöffnet werden, damit frische Luft hereinkommen könne; zu viel Muff hatte sich seiner Meinung nach wohl darin angesammelt.

Mittlerweile haben viele den Eindruck, als ob sich bei dem Öffnen der Fenster ein Durchzug eingestellt habe, so dass viele sich erkälteten und etwas verschnupft sind.

Musste es denn gleich so radikal sein? Oder hätte das ganze Unternehmen II.Vatikanisches Konzil nicht etwas vorsichtiger angegangen werden müssen?

Vielleicht so, wie es die Restauratoren bei der Renovierung des Limburger Doms machten. Jahr um Jahr trugen sie mit kleinsten Werkzeugen die im Lauf der Jahrhunderte übermalten Schichten an den Innenmauern ab, um schließlich auf die ursprünglichen über 700 Jahre alten Malereien vorzustoßen. Was dabei herauskam, waren Schätze an gemalten Glaubenszeugnissen.

Noch mal anders gefragt: ist eine sogenannte "Politik der kleinen Schritte" allgemein nicht sinnvoller, als eine radikale und eindeutige (und vielleicht nicht bis zum Ende überdachten) Entscheidung?

Vielleicht haben die Jünger Jesu nach der im Evangelium geschilderten Tempelreinigung Jesus auch diese Frage gestellt: war dieses radikale Vorgehen wirklich notwendig?

Es ist ja auch ein ungewohnter Zug an Jesus, der hier hervortritt. Nur an ganz wenigen Stellen in den Evangelien wird von einem Jesus berichtet, der auch scheinbar zornig und wütend sein kann: so, als den Pharisäern die Einhaltung des Sabbatgebotes wichtiger erscheint, als die Heilung eines Menschen, und Jesus "voll Zorn und Trauer" über so viel Verstocktheit ist. Oder, als er an anderer Stelle voller Verzweiflung ausruft "O, du ungläubige Generation, wie lange muss ich euch noch ertragen?"

Schließlich sagt Jesus doch von sich, dass er "gütig und von Herzen demütig" sei. Das klingt doch mehr nach Sanftmut und Ruhe.

Wie geht das zusammen: dieser Zorn Jesu mit seiner Gelassenheit und Sanftmut auf der anderen Seite? Es scheint sich zumindest nicht auszuschließen.

Nach den Evangelien-Berichten hatte Jesus diese beiden Seiten. Und der zu Beginn erwähnte, radikal die Kirchen-, sprich: Tempelfenster öffnende Papst Johannes XXIII. galt zu seiner Zeit als Prototyp eines gelassenen Menschen. Der französische Politiker Robert Schumann sagte über ihn: "Er ist der einzige Mensch, den ich kenne, in dessen Gesellschaft man körperlich Frieden spürt."

Beide Seiten - Zorn und Sanftmut - scheinen da möglich und notwendig, wo es jemandem um die Frage und die Entscheidung geht: was hat seinen Platz im Tempel Gottes, im Haus Gottes. Was muss drinnen bleiben, was muss herausgeschmissen werden.

Spätestens hier stellt sich die Frage, was denn genauer mit diesem Tempel, diesem Haus Gottes gemeint sein könnte. Es scheint Jesus nicht nur um den Tempelbau aus Steinen gegangen zu sein, der ausgemistet werden muss.

"Dein Leib war Gottes Tempel" heißt es in einem Beerdigungsgebet. Dieses Bild stammt von dem Apostel Paulus, welches er in seinen Briefen gebraucht hat. Den Leuten seiner Gemeinden sagt er: "Wisst ihr nicht, dass ihr Gottes Tempel seid?"

Wenn es am Schluss des heutigen Evangeliums heißt: "Jesus wusste, was im Menschen ist." dann weiß er, was in diesen Tempel Gottes nicht hineingehört und heraus getrieben werden muss.

Im Tempel von Jerusalem waren es Geldwechsler und Händler. Die sorgten dafür, dass der (äußerliche) Tempelbetrieb funktionierte. Die einen waren dafür da, dass die vorgeschriebene Tempelsteuer von jedem Gläubigen entrichtet werden konnte; die letzteren erleichterten den Ankauf von Opfertieren. Rein äußerlich besehen war da im Tempel also alles in Ordnung. Es funktionierte doch alles so wunderbar. Was wollte dieser Jesus denn?

Was im Menschen ist, das sind vielleicht auch kleine "Geldwechsler" und "Händler". Die Fassade ist doch in Ordnung. Immer nur lächeln, immer vergnügt - wie es innen aussieht, geht niemand was an.

Wer z.B. um die Krankheit des Alkoholismus weiß, weiß auch darum, wie einen der Zorn angesichts dessen packen könnte. Weil nach außen Fassaden aufrecht erhalten werden, gerät der Alkoholkranke immer tiefer in seine Krankheit hinein. Wo nach außen hin ständig gelächelt, alles übergangen, wo gedeckt wird, wo entschuldigt wird, wo die leeren Schnapsflaschen im Schrank übersehen werden - da würde auch Jesus der Zorn packen.

Ich weiß um die kräftezehrende Ausdauer, die da eine Heilung von allen Beteiligten braucht - aber nach außen hin alles in Ordnung zu halten, macht auf Dauer den Menschen kaputt.

Jesus packten Zorn und Trauer, als die Pharisäer auf seine Frage schwiegen, was am Sabbat erlaubt sei: Gutes oder Böses tun, Leben retten oder Leben vernichten.

Vielleicht täte uns dieser Zorn Jesu auch manchmal gut angesichts der Tatsache, dass in so vielen Bereichen uns eine ehrliche Antwort verweigert wird, oder wir sie uns selbst verweigern auf Jesu Frage: "Was ist erlaubt: Gutes zu tun oder Böses, ein Leben zu retten oder es zu vernichten?"

Ich wünsche uns, dass wir den Griff finden, der das Fenster aufmacht.

(1./2.3.1997)

Manche Sätze, die man im Lauf seiner Lebensgeschichte gehört hat, bleiben hängen. Graben sich irgendwo tief ein, und kommen dann und wann hoch. Manche wecken negative Erinnerungen, andere bauen auf, oder stimmen immer neu nachdenklich.

Einer von solchen Sätzen, der sich bei mir eingegraben hat, kam mir angesichts dieses heutigen Evangeliums hoch: „Jesus führt in die Krise."

Ich kann nicht genau sagen, wo ich diesen Satz hörte, aber er blieb hängen; einige Jahre schon: „Jesus führt in die Krise."

Das klingt negativ. Mit Krise und kritisieren verbinden wir zunächst unangenehme Gefühle.

Krise, Krisis ist ein griechisches Wort und bedeutet im eigentlichen Sinn: Scheidung, Unterscheidung, Entscheidung. In einem übertragenen Sinn bedeutet es dann auch Richten oder Gericht.

Von diesem Richten im eigentlichen Sinn von Unterscheidung war eben die Rede. Dreimal wurde das Wort vom „richten", bzw. „kritisieren" von Jesus benutzt. Und das Gericht, wie es Jesus beschreibt, ist eine einzige Krise, eine einzige Unterscheidung: Licht auf der einen, Finsternis auf der anderen Seite; so verhält es sich mit dem Gericht, sagt Jesus.

Jesus führt in die Krise, in die Unterscheidung, in eine Entscheidung.

Genauer sehe ich hier in dieser Stelle des Johannesevangeliums zwei Entscheidungen, bzw. Unterscheidungen: Glauben oder Nicht-Glauben, Zum Licht kommen oder Die Finsternis lieben.

In einem beeindruckenden Briefwechsel, der 1996 in deutscher Übersetzung erschien, stellten sich Carlo Martini und Umberto Eco der Frage: „Woran glaubt, wer nicht glaubt?" Carlo Martini, Jesuit und Mailänder Kardinal und Umberto Eco, Philosoph und bekennender Nichtgläubiger.

Deutlich wurde in dem Dialog der beiden u.a., dass es nicht immer eine klare Unterscheidung zwischen diesen beiden Polen „Glauben" und „Nicht-Glauben" geben kann. Kann ein Gläubiger wirklich so sicher sein, dass er glaubt? Und ist der Nichtgläubige so sicher, dass er nicht glaubt? Die Grenzen sind fließend.

Andererseits wird aber durch diesen Briefwechsel und die auf hohem Niveau formulierten Argumente der beiden deutlich, dass Glaube nicht nur ein Gefühl ist. Glaube hat sich als etwas Vernünftiges zu erweisen. Etwas, das ich gegenüber anderen begründen kann. Getreu dem Motto, das im 1.Petrusbrief formuliert ist: „Seid stets bereit, jedem Rede und Antwort zu stehen, der nach der Hoffnung fragt, die euch erfüllt."

Genauso wird an einem solchen Briefwechsel zwischen Kardinal Martini und dem Philosophen Eco aber auch deutlich, dass zum Glauben die Erfahrbarkeit hinzu kommen muss. Wie erfahre ich Gott, Jesus, Heiliger Geist, Kirche, Auferstehung, Sündenvergebung? Das geht nicht nur durch Erzählen, Erklären und vernünftiges Argumentieren.

Wie erfahre ich die Liebe, mit der Gott „die Welt so sehr geliebt" hat? Wie erhalte ich etwas von der Gewissheit, „nicht zugrunde" zu gehen, d.h. keine letzte Angst haben zu müssen bei allem, was passiert? Wie erfahre ich etwas von dem „ewigen Leben" als einer Wirklichkeit, die mein jetziges Leben schon entscheidend prägt?

Vielleicht ist eine Antwort gegeben in der Formulierung des Johannesevangeliums: „in ihm das ewige Leben haben". In der Lebensverbindung mit Jesus, indem ich etwas in die Beziehung zu ihm investiere, erfahre ich ihn auch. Dann, wenn ich z.b. am Abend den vergangenen Tag noch einmal mit den Augen Jesu anschaue: ohne gleich zu urteilen und zu werten, schaue, wo Kleingläubigkeit und Engstirnigkeit vorherrschend waren, und wo sich in den vergangenen 24 Stunden etwas von Hoffnung und Liebe gezeigt hat. - Ein kleines Beispiel nur dafür, wie eine erfahrbare Glaubensbeziehung wachsen kann.

Vielleicht hat dieses Hineinwachsen in eine Glaubensbeziehung etwas mit der zweiten Unterscheidung zu tun: „Zum Licht kommen - Die Finsternis lieben"

Es ist ja ein einfaches Bild, was uns Jesus hier anbietet: im Licht wird alles aufgedeckt und sichtbar, in der Finsternis bleibt alles im Dunkel und verborgen.

Jesus verdeutlicht dieses Bild noch dadurch, dass er das Wort „Wahrheit" ins Spiel bringt. Licht und Wahrheit gehören zusammen; denn das griechische Wort „aletheia", das für Wahrheit verwendet wird, bedeutet ursprünglich „Un-verborgenheit". Im Licht ist alles unverborgen.

Ich glaube, dass eine entscheidende Krise unserer heutigen Zeit eine Krise der Wahrheit ist. Man muss überhaupt nicht die politischen Vorfälle der vergangenen Monate in unserem Land bemühen, wo aus Lügen und Unwahrheit einfache kleine Fehler wurden. Man muss sich nicht die schönfärberischen Sprüche der Diktaturen unserer Welt anhören. Vielleicht müssten wir auf unseren eigenen Umgang mit Wahrheit schauen.

„Out of the shadows" - „Heraus aus den Schatten" hat die Wahrheitskommission in Südafrika 1998 ihren Abschlussbericht über die Verbrechen der Apartheidära genannt. Wer die Wahrheit sucht, tritt aus dem Schatten, der Finsternis heraus, deckt etwas auf. Dass dies schmerzt und weh tut, hat der südafrikanische Bischof Tutu - als Leiter der Wahrheitskommission - immer wieder betont. Er hat davon gesprochen, dass die Wunden der Vergangenheit noch einmal geöffnet wurden, damit sie nicht eitern, und mit schmerzmildernder Salbe behandelt heilen können. Um, so sagte er, „der wunderbaren Zukunft entgegenzugehen, die Gott für uns bereithält."

Wahrheit schließt notwendigerweise Versöhnung mit ein. Das hat Bischof Tutu immer wieder betont. Versöhnung hat eine religiöse Dimension, eine christliche. Sie hat etwas mit dem Versöhner zu tun, der noch am Kreuz seinen Peinigern vergibt. Für Christen folgt daraus das „Amt der Versöhnung"; also das andauernde Bemühen, Versöhnung zu verkünden und zu stiften, damit Neuanfang möglich wird.

Wer um diese christliche Dimension der Versöhnung weiß, braucht vor der Wahrheit keine Angst zu haben. Sei es die Wahrheit aus der Vergangenheit seiner eigenen Lebensgeschichte, sei es die Wahrheit in den vielfältigen persönlichen Beziehungen.

Jesus führt in die Krise. Eine Krise der Entscheidung zu Glaube, Wahrheit und Versöhnung.

(1./2.4.2000)

*

Was wird Jesus wohl mit dem Finger auf die Erde geschrieben haben? Zweimal ist im Evangelium davon die Rede, dass Jesus sich gebückt hat und mit dem Finger auf die Erde geschrieben hat. Was wird er da wichtiges hingeschrieben haben?

Jesus kommt vom Ölberg. Ein Ort, wo er sich oft zurückgezogen hat, um die Stille zu suchen, neu Kraft zu schöpfen. Und er geht in den Tempel hinein: den Ort, wo er die ganzen Tage vorher auch gewesen ist. Die Leute kennen ihn schon. Sie versammeln sich um ihn, bilden einen Kreis, wollen von ihm Geschichten hören, weil er Geschichten erzählt, die die Menschen verstanden haben. Und schnell ist ein Kreis gebildet. Jesus sitzt in der Mitte und lehrt die Menschen, erzählt ihnen von Gott, Dingen, die sie verstanden haben. Und die Leute sind aufmerksam bei der Sache. Sie hören zu.

Doch auf einmal - ein Aufruhr, ein Lärm. Da kommen Pharisäer herbei und stoßen eine Frau vor sich her. Und der Kreis der Leute geht auf. Die Leute rücken auseinander. Die Pharisäer drängeln sich vor und stoßen die Frau in die Mitte - Jesus vor die Füße. Und da steht sie in der Mitte, bloßgestellt vor aller Augen

Die Pharisäer sind hartnäckig. Sie drängen Jesus und sagen zu ihm:

"Sieh diese Frau! Wir haben sie auf frischer Tat beim Ehebruch ertappt. Und im Gesetz steht: diese Frau gehört sofort gesteinigt. Also - du wirst doch wohl nichts anderes sagen, etwas dagegen haben. Du meinst doch auch, dass die Frau gesteinigt werden muss."

Und die Stimmung kocht hoch. Die Leute schauen auf die Frau und schieben sich an: "Schau nur, die da hat Ehebruch begangen. Die gehört gesteinigt."

Und was macht Jesus? Steigt er mit in die Stimmung ein?

Jesus kniet sich einfach hin und spielt diese ganze Sache erst einmal herunter.

Er kniet sich hin und spielt mit dem Finger im Sand. Er schreibt irgendetwas hin - belanglos, vielleicht auch desinteressiert und denkt sich: was fällt euch eigentlich ein, diese Frau hier so bloßzustellen. Aber die Pharisäer sind hartnäckig, sie wollen etwas von Jesus hören, wollen hören, dass die Frau gesteinigt werden soll und sagen ihm: "Nun sag schon was!"

Und Jesus steht auf - ganz langsam und schaut sie alle der Reihe nach an. Die Leute werden langsam ruhig und er sagt zu ihnen:

"Wer von euch ist schon ohne Sünde. Wer von euch hat denn nicht Dreck am Stecken. Habt ihr denn alle eine reine Weste? Habt ihr nicht alle schon einmal etwas verkehrt gemacht?- So wie diese Frau da? Und da stellt ihr sie einfach so in die Mitte und stellt sie so bloß? Was fällt euch eigentlich ein?"

Und die Leute sind beschämt, sind still und gehen einer nach dem andern heim.

Und nur noch Jesus und die Frau stehen da. Aber auch die Frau bekommt etwas zu denken mit nach Hause. Jesus sagt nicht: es ist alles halb so schlimm, was du da gemacht hast. Er sagt zu ihr:

"Frau, auch ich verurteile dich nicht. Aber geh, und sündige von jetzt an nicht mehr."

Eines der schlimmsten Dinge, was einem wohl passieren kann, ist das Bloßgestellt sein - das Ausgeliefertsein vor den Augen aller anderen; in der Mitte zu stehen, angegafft zu werden und zu denken: ich bin der Sündenbock. So wie es dieser Frau geschehen sein mag.

Was macht Jesus? Er bringt die Leute zum Nachdenken. Er sagt: ihr alle habt Dreck am Stecken, nicht nur diese Frau. Ihr habt gar kein Recht dazu, diese Frau zu verurteilen. Kein einziger von euch. Denkt auch einmal an euch. Jesus bringt die Leute zum Nachdenken.

Vielleicht hat er auch gemeint: Kennt ihr überhaupt die Situation dieser Frau? Vielleicht wird sie zuhause von ihrem Mann geschlagen und hat einen guten Grund, die Ehe zu brechen. Es gibt einen schönen Satz, eine Weisheit der Indianer Nordamerikas: "Verurteile nie einen Menschen, wenn du nicht vorher zwei Meilen in seinen Mokassins, seinen Schuhen gegangen bist." Das heißt : wenn du die Situation eines Menschen nicht genau kennst, hast du gar kein Recht, diesen Menschen zu verurteilen.

Es ist die Ruhe und Persönlichkeit, die Ausstrahlung Jesu, die die Situation, die so aufgeregt, so voller Hass und Aggressivität ist - die Pharisäer wollen ja ein Opfer, sie wollen jemanden steinigen - diese Ruhe Jesu spielt die ganze Situation herunter. Indem er sich bückt und mit dem Finger in den Sand schreibt, spielt er diese ganze Situation herunter Und er nimmt dieser ganzen Szene die Aggressivität, die Wut und den Zorn, die Strenge. Er beantwortet die Strenge der Pharisäer nicht mit eigener Strenge.

Mir fallen einige Beispiele ein, die ähnlich geraten sind:

Denken wir ein paar Jahre zurück: im zweiten Weltkrieg, da gab es in Frankreich Menschen, die mit dem Hitler-Regime zusammengearbeitet hatten - sogenannte Kollaborateure oder Konspirateure.

Und nachdem 1944 die Alliierten nach Frankreich einmarschiert waren, sind viele Leute von denen, die mit den Deutschen und Hitler zusammengearbeitet hatten, auf offener Straße von der Menschenmenge verfolgt worden und gnadenlos und unbarmherzig gejagt und teilweise auf offener Straße gesteinigt und ermordet worden. Da war keiner da, der sich dieser aufgeregten Menschenmenge entgegengestellt hat, der gesagt hat: Halt, ihr alle habt Dreck am Stecken. Was fällt euch eigentlich ein, diese Leute umzubringen. Ihr habt gar kein Recht dazu.

Und eine andere Szene fällt mir ein. Vielleicht haben einige von ihnen dieser Tage den Film mit Heinz Rühmann gesehen "Es geschah am hellichten Tag." Da geht es um einen Mord an einem kleinen Mädchen. Und das Dorf, in dem dieser Mord geschieht, hat einen alten Hausierer als Täter ausgemacht. Obwohl dieser alte Hausierer unschuldig ist. Und dieser alte Mann sitzt in der Gastwirtschaft dieses Dorfes. Das halbe Dorf ist versammelt und auch die Polizei ist da. Und die Polizei ist auf der einen Seite, und das halbe Dorf auf der anderen Seite. Und der alte Hausierer sitzt auf der Seite der Polizei. Und die Menschen aus dem Dorf wollen diesen alten Hausierer umbringen, wollen ihn lynchen. Die Menschenmenge schiebt sich langsam vor und will diesen alten Hausierer umbringen. Da steht der Kommissar auf und sagt: einen Augenblick. Ich gebe euch diesen Mann heraus, wenn mir einer von euch die Schuld von diesem Mann nachweisen kann. Und da stellt sich heraus, irgendeiner hat gelogen, ein anderer hat gar nichts gesehen und der alte Hausierer ist unschuldig. Und die Polizei geht mit dem Hausierer aus der Gastwirtschaft heraus mitten durch die Menge hindurch.

Da hat sich einer entgegengestellt und gesagt: Halt, denkt erst einmal an euch. Ihr habt überhaupt kein Recht dazu, diesen Mann zu verurteilen.

Oder denken wir an das Stammtischgerede. Wenn wir uns so langsam aufschaukeln, wenn die Stimmung hochkocht, wenn wir Stimmung machen gegen die Ausländer, die Türken, die Marokkaner. "Die nehmen uns alles weg." Haben wir da überhaupt ein Recht dazu, diese Leute zu verurteilen? Sie so bloßzustellen vor aller Augen? Wenn da einer aufstünde und sagte: "Was fällt uns eigentlich ein? Haben wir wirklich ein Recht, diese Leute zu verurteilen?"

Wir brauchen Menschen, die zum Nachdenken bringen.

Menschen, die gegen Vorurteile angehen. Menschen, die aufgeregte Situationen voller Aggressivität, voll Wut, voll Zorn beruhigen können. Menschen mit Geduld, Beherrschung und Ruhe.

Menschen, die die Dinge im wahrsten Sinne des Wortes herunterspielen, die sich hinknien und erst einmal mit dem Finger im Sand spielen, so wie es Jesus getan hat.

Wir brauchen Menschen mit Zivilcourage, die sich etwas zutrauen. Menschen, die aufstehen, erst einmal beruhigen und damit die Leute und uns zum Nachdenken bringen.

(4./5.4.1992)

GRÜNDONNERSTAG: ZU EX 12,1-8.11-14 UND JOH 13,1-15

"Warum ist dieser Abend anders als alle anderen Abende im Jahr?" Diese Frage stellt zu Beginn des jährlichen jüdischen Pascha-Mahls der Jüngste am Tisch. Seit über 3000 Jahren - seit ihrem Auszug aus Ägypten - stellen sich die Juden jährlich diese Frage. Und die Antwort, die der Älteste am Tisch gibt, lautet: "Der heutige Abend ist anders als alle anderen, weil wir heute den wichtigsten Augenblick in der Geschichte unseres Volkes feiern. An dem heutigen Abend feiern wir den Auszug der Kinder Israels aus Ägypten; ihren Aufbruch aus der Sklaverei in die Freiheit." Dieses Pascha-Mahl der Juden steht in unmittelbarer Verbindung zu dem letzten Abendmahl Jesu. Jesus hat dieses Pascha-Mahl mit den Jüngern an seinem letzten Abend gefeiert. Und auch an da wurde die Frage gestellt: "Warum ist dieser Abend als alle anderen Abende?" Wir feiern seitdem jedes Jahr an Gründonnerstag diesen Abend.

Warum ist dieser Abend für uns anders als alle anderen Abende im Jahr?

Eine schlichte und einfache Antwort würde lauten:

Der heutige Abend ist anders als alle anderen, weil wir heute zurückdenken und uns erinnern an den Abend vor knapp 2000 Jahren, als Jesus mit den Jüngern zusammen war und mit einem letzten gemeinsamen Essen sich von ihnen verabschiedete; seinen Abschied feierte.

Abschied.

Abschied hat viel mit Erinnerung zu tun; Abschied ist mit Erinnerungen verbunden.:

- wir tragen Erinnerungen in uns an Menschen, von denen wir uns verabschiedet haben: Freundinnen und Freunde, die weggezogen sind, liebe Menschen, die gestorben sind, ...

- wir tragen Erinnerungen in uns an Orte, von denen wir uns verabschiedet haben: an Urlaubsorte, die uns gefallen haben, denken wir gerne zurück; Studien- und Ausbildungsorte tauchen immer mal wieder im Gedächtnis auf.

- der Apostel Paulus erinnert sich in seinem Brief an die Korinther zurück an das Abschiedsmahl Jesu und erzählt es den Leuten in Korinth weiter.
- Jesus spricht während seines Abschiedsessens davon, dass die Jünger sich auch in Zukunft so zusammensetzen sollen zur Erinnerung an ihn.
Erinnerungen sind dann in unserem Leben von Bedeutung, wenn sie unsere Gegenwart beeinflussen und prägen. Das sind Erinnerungen an wichtige Erfahrungen unseres Lebens:
- Trost erfahren zu haben, als es uns schlecht ging.
- etwas geschafft zu haben, obwohl es einem keiner zugetraut hat.
- mit einem neugeborenen Kind das Wunder neuen Lebens in den Händen zu halten.
Im Evangelium und der Lesung haben wir von zwei Erinnerungen der Jünger gehört, die sie in ihrem weiteren Leben geprägt haben; und die sie weitererzählt haben und die weitererzählt werden von Generation zu Generation bis heute.
Die Erinnerung des Paulus in der Lesung an die handgreifliche Gegenwart und Nähe Gottes in den Zeichen von Brot und Wein.
Die Erinnerung, von der der Evangelist und Apostel Johannes spricht, an einen Gott, der um uns und unser Leben besorgt ist, der uns zu-geneigt ist im Zeichen der Fußwaschung. So wie Jesus sich da den Jüngern entgegen- und zu-neigt, so neigt Gott sich uns zu.
Warum ist dieser Abend anders, alle anderen Abende im Jahr?
Dieser heutige Abend ist anders, als alle anderen Abende im Jahr, weil wir heute erinnert werden an die Nähe und Zuneigung Gottes. (8.4.1993)

GRÜNDONNERSTAG: ZU EX 12,1-8.11-14 UND JOH 13,1-15

In dem Kinderbuch "Abschied von Rune" (von Marit Kaldhol und Wenche Øyen) wird von der Freundschaft zwischen einem Mädchen und einem Jungen erzählt. Zarte, etwas verschwommene Bilder versuchen, den knappen Text zu verdeutlichen. Erzählt wird die Nähe zwischen den zwei kleinen Kindern Sara und Rune, ihrem gemeinsamen Spiel. Eines Tages ertrinkt der Junge im See.
Auf ergreifende Art und Weise wird erzählt und gemalt, wie das Mädchen Abschied von ihrem Freund Rune nimmt: das Nicht-Verstehen-Wollen, das Flüchten in den Schoß der Oma, die Erinnerung an den Freund, die Beerdigung, die Blumen am Grab,...
Abschied nehmen - da wird es einem schwer ums Herz. Da breitet sich eine unerklärliche Stimmung aus.
Ich erinnere mich an meine erste Sterbebegleitung an den Unikliniken: eine 58-jährige Frau, die unheilbar an Krebs erkrankt war. In ihren letzten beiden Lebenstagen waren die Kinder ständig am Bett. Es gab kaum gesprochene Worte, die Hand wurde gehalten, viel gemeinsames Schweigen, manchmal ein Gebet. Als die Frau stirbt das Gefühl, dass sich die Kehle zuschnürt, Tränen, die fließen können. Gesten und Zeichen des Abschieds: ein letzter Kuss, ein Kreuz auf die Stirn.

Abschied nehmen: viele mussten es - besonders aus der älteren Generation - von dem Mann oder dem Vater, der als Soldat in den Krieg zog. Menschen auf Bahnhöfen, der Zug fuhr fort - oft ein Abschied für immer.

Abschied nehmen: von einem Lebensabschnitt, wenn die Kindheit zu Ende geht; von dem kleinen Haustier der Kinder, das gestorben ist; von einem Ort, der einem Heimat geworden ist; Abschied nehmen vielleicht auch von meinem ganzen Lebensaufbau, dem, wie ich mir mein Leben vorstellte, plante und dachte und es kam dann doch ganz anders.

Abschied nehmen - da breitet sich eine unerklärliche Stimmung aus.

Eine solche Stimmung scheint auch auf dem Gründonnerstagabend zu liegen. Von zwei Abschieden war in den biblischen Lesungen die Rede:

dem Abschied der Israeliten aus Ägypten und dem Abschied Jesu von seinen Jüngern.

Kein Wort kann da beim Abschied nehmen trösten und helfen; keine Rede wird gehalten.

Nur Zeichen, Handlungen sind da, um den Abschied verkraften zu können:

das Passah-Mahl der Israeliten vor ihrem Schritt in die Wüste, in das Niemandsland, ein Bild für Tod und Abschied;

das Abschiedsmahl Jesu, das Zeichen der Fußwaschung.

Beim Abschied nehmen fehlen die Worte. Da zählt eine letzte Umarmung, ein Händedruck, ein letzter Blick, ein Umdrehen und ein schnelles Fortgehen.

Und dann? Die Schwere des Abschieds bleibt. Was macht es leichter?

Der evangelische Pastor Heinrich Albertz hat einmal im Rückblick auf sein Leben, das von vielen Abschieden gekennzeichnet war, gesagt: "Es sind die Abschiede, die scheinbare Ausweglosigkeit, die zu neuem Leben führen."

Vielleicht liegt darin etwas, was das Abschied nehmen leichter machen kann: dass beim Abschied nehmen die Möglichkeit eines "neuen Lebens", eines neuen Anfangs da ist. Dass z.B. in der Zeit der Trauer neue Erfahrungen gemacht werden können, die hilfreich sind, die im Leben tragen und gelassener machen.

Dies ist die alte Erfahrung des Volkes Israel. Es zog aus Ägypten weg, nahm Abschied, ging in die Wüste und kam an im gelobten, neuen Land Kanaan - mit seinen neuen, ungeahnten, unvorhersehbaren Möglichkeiten, mit "neuem Leben".

Vielleicht gibt es ja irgendwo für jeden nach dem Abschied nehmen auch ein neues Kanaan.

Und da ist das Zeichen Jesu. Auf die ewige Frage, warum muss es dieses Abschied nehmen immer wieder geben, diese Traurigkeit, diese schwere, unerklärliche Stimmung, gibt er keine Antwort mit auf unseren Lebensweg.

Bei seinem Abschied, als alle Beziehungen zerbrechen, als alles zerbricht, was vorher Halt gegeben haben mag, da macht er das Angebot vom zerbrochen Brot. Als Zeichen dafür, dass im Zerbrechen, im Abschied nehmen "neues Leben", ein neues Kanaan stecken kann; dass neues Leben möglich ist.

Im zerbrochenen Brot will Gott uns Menschen innerlich sein und damit ausdrücken und zeigen, dass es neues Leben, ein neues Kanaan in den Abschieden unseres Leben geben kann. In den Abschieden unseres Lebens, wenn ein geliebter Mensch stirbt, wenn wir die heimatliche Umgebung verlassen, wenn wir uns von der Zeit des Kindseins verabschieden, wenn wir einen Lebensabschnitt hinter uns lassen, wenn wir auf Liebgewordenes verzichten müssen.

Ich wünsche uns dann diese Erfahrung eines neuen Kanaan.

(31.3.1994)

GRÜNDONNERSTAG: ZU EX 12,1-8.11-14 UND JOH 13,1-15

Ich erinnere mich noch gut an ein Seminar im ersten Semester Theologie mit dem Titel „Hinführung zum christlichen Glauben". Geleitet wurde es von dem Jesuiten Medard Kehl. In einer der ersten Stunden erzählte er von einem Gelehrten, der zu einem Rabbi sagte: „Jetzt habe ich so viel in Büchern gelesen und studiert, aber Gott ist mir nie begegnet!" Der Rabbi antwortete, und ich habe die Stimme von Pater Kehl ganz deutlich im Ohr, weil diese Antwort ihm so wichtig schien: „Dann hast du dich noch nicht genug gebückt!"

Es gehört – so meine ich – zu den großen „Geheimnissen" des christlichen Glaubens – wenn ich das so bezeichnen darf – dass Gott im Bücken, in der Tiefe, in der Erniedrigung, im Dienen – auch – gefunden wird. „Geheimnis" daher, weil das etwas ist, was nicht leicht begreifbar und im und ins Leben umsetzbar ist.

Dabei ist im christlichen Glauben und in kirchlicher Verkündigung viel vom „Dienst" die Rede. Doch schon Jesus macht auf die Zwiespältigkeit und Uneindeutigkeit dessen aufmerksam, was Dienst ist und als was er verstanden wird – in der Begegnung mit Marta und Maria: „Marta, Marta, du machst dir viele Sorgen, aber nur eines ist notwendig."

Da sind wir mittendrin in dem, was uns in der Vorbereitung auf diese heilige Woche mit dem Benennen von „Orten", an dem „Ort des Dienens" so beschäftigte. Kann Dienen nicht auch Befriedigung der eigenen Profilsucht sein, also die Richtung eines sogenannten „Helfersyndroms" einschlagen?

Und in eine andere Richtung und in ein anderes Extrem gefragt: wo bleibt das Selbst? meine eigene Verwirklichung? meine Bedürfnisse?

Als Schwierigkeit kam für uns hinzu, dass die Haltung des Dienens, die Gesinnung eines Dienenden mit dem Wort „Demut" beschrieben wird. Ein Begriff, der nicht auf Anhieb als Haltung erstrebenswert scheint.

Doch das Johannesevangelium ist ganz klar:

Einerseits sagt Jesus zu Petrus „Wenn ich dich nicht wasche, hast du keinen Anteil an mir." und am Ende sagt er: „Ich habe euch ein Beispiel gegeben, damit auch ihr so handelt, wie ich an euch gehandelt habe."

Da kommt etwas Neues hinzu: bei aller Sklavenarbeit, die Jesus hier als nachzuahmendes Beispiel benennt, geht es auch darum, sich „die Füße waschen" lassen zu können.

Es geht also gleichsam in dieser Evangelienstelle um das doppelte Zeigen von Schwäche: an sich handeln lassen können, die Kontrolle über das Handeln abgeben können – und noch extremer ausgedrückt in der Frage, die im Bild (von dem sich waschen lassenden Mann) deutlich wird: Kann ich anderen zur Last fallen?

Mir selbst scheint hier der Weg zu liegen zur sogenannten „Freiheit eines Christenmenschen". Es geht im Christentum und kann nie darum gehen, eine Unabhängigkeit zu erreichen. Die Freiheit eines Christen ist darin zu suchen, dass ich mich als Abhängiger annehmen kann.

Die zweite Form, das zweite Zeigen von Schwäche, die im Evangelium deutlich wird, ist das Handeln, das „Füße waschen", wie Jesus handelt, um „Anteil an ihm zu haben".

Damit wird auch gleichzeitig die Zielrichtung des Dienens – wie auch immer das aussehen kann – deutlich gemacht: um Anteil an Jesus zu haben. Nicht, um vor anderen mit stolzgeschwellter Brust herumzulaufen, nicht um sich als besserer Christ vorzukommen, oder auch – wie Marta – sich ständig selbst zu bemitleiden wegen der vielen Sorgen und Arbeit. Sondern: um Anteil an Jesus zu haben.

Wo bleibt das Selbst? Was ist mit der Demut?

Der englische Kardinal und Benediktiner Basil Hume meinte einmal:

„Demut ist das Fundament des geistlichen Lebens – in dem Sinne, dass sie der Anfang ist: da wir ja ... dazu neigen, ich bezogen und selbstisch zu sein, und erst lernen müssen, Christus-bezogen und, durch Christus, Gott-bezogen zu werden, damit unser Leben Gott und nicht der Erhebung unserer selbst geweiht sei."

Nun, man könnte sagen: für einen Benediktiner und einen Ordensmann mag das ja in Ordnung sein. Aber für einen – wie auch immer – „normalen" Christen?

Ich merke selbst, dass ich hier an Grenzen stoße.

Aber mir scheint die Demut immer – und gerade in der Arbeit, also auch im „Dienst" – die Frage zu stellen: kannst du von dir absehen? Hast du etwas Größeres im Blick außer deiner Selbstbestätigung oder auch deines Selbstmitleids, wenn es nicht so klappt?

(17.04.2003)

KARFREITAG: ZU JES 52,13-53,12; JOH 18,1 – 19,24

Es gibt ein Jahrhunderte altes lateinisches Lied, das nur am Karfreitag gesungen wird. Während der Kreuzverehrung im Anschluss an die großen Fürbitten. Das "Popule meus".

Den Beginn dieses Liedes möchte ich Ihnen vorspielen.

Eine ergreifende Melodie - ein ergreifender Text. Er lautet:

> *Popule meus, quid feci tibi?*
> *Aut in quod contristavi te?*
> *Responde mihi!*

Übersetzt heißt das:

Mein Volk, was habe ich dir getan? Womit nur habe ich dich betrübt? Antworte mir!

Es ist Gott, der da spricht. Es ist die Frage Gottes an sein Volk, an uns, um die es sich da handelt. Gott fragt.

Das Lied geht so weiter, dass Gott seinem Volk/uns aufzählt, was er denn alles Gutes getan hat; was er uns alles an Gutem gegeben hat: er hat die Israeliten aus der Gefangenschaft in Ägypten befreit; er hat uns seine Schöpfung gegeben.

All das hat Gott an Gutem getan. Und was hat der Mensch gemacht?

Es ist ein eigenartiges, ungewohntes Gottesbild: Gott fragt an.

Gott ist traurig, erschüttert, verletzt, ohnmächtig, bittend und bettelnd, klagend.

Gott fragt sich an, Gott fragt uns an. Das ist genau das Gegenteil von dem, was wir gewohnt sind. Eigentlich haben wir doch die Fragen an Gott:

Warum das Leid in der Welt? Warum stirbt die junge Mutter an Krebs? Warum haben Kinder Leukämie? Warum?

Doch heute, am Karfreitag kehrt Gott einfach alles um, die gewohnten Denkmuster, das gewohnte Gottesbild:

Der allmächtige Gott, seine Allmacht zeigt sich am Kreuz als Ohnmacht.

Alles scheint ihm zu entgleiten.

Ein ungewohntes Gottesbild.

Gott klagt und trauert um all das, was ihm am Herzen liegt:

- die gefährdete Schöpfung, die Welt, die kaputt zu gehen scheint.

Er klagt um die Menschen, um die sich keiner kümmert, deren Menschenwürde angetastet wird im Bloßstellen, im Krieg, in der Armut, im Hunger, im Verrat.

Gott trauert um das Unverständnis der Christen, aller Menschen. "Habt ihr immer noch nicht verstanden?"

Aber Gott tut das nicht mit dem moralischen Zeigefinger; nicht nach dem Motto: schaut, was ihr da gemacht habt!

Sondern er tut dies ohn-mächtig, an-fragend, an-klagend und damit zur Besinnung bringend.

Die ausgebreiteten Arme am Kreuz - es sind fragende Arme.

Gott klagt heute, Gott fragt und Gott bittet: Responde mihi! - Antwortet mir!

Unsere Antwort auf seine Klagen und seine Bitten steht aus.

(17.4.1992)

KARFREITAG: ZU JES 52,13-53,12; JOH 18,1 – 19,24
(zu dem Holzschnitt „Ecce homo" von Walter Habdank)

"Ecce homo!" Seht den Menschen! ¡Aquí tenéis al hombre! idoù ho ánthropos! Behold, the man! Voici l'homme! Ecco l'uomo! Seht den Menschen! - so heißt dieser Holzschnitt von Walter Habdank.

"Seht, ich bringe ihn zu euch heraus!" sagt Pilatus zum Volk.

"Seht, da ist der Mensch!- Seht den Menschen!" sagt Pilatus.

Seht!

Dabei möchte man eigentlich gar nicht hinschauen

auf dieses Gesicht.

Verwüstet ist es, nach allen Regeln der Folterkunst behandelt. Es sieht aus wie eine Totenmaske. Die Augen, in dunklen tiefen Höhlen liegend, sind fast geschlossen. Durch einen kleinen Spalt schielt das Weiß des Augapfels.

Geronnenes Blut von der Stirn bis in den kurzen Bart.

Der Mund ist leicht geöffnet, die Oberlippe im Schmerz hochgezogen.

Die Spottkrone aus Dornen ragt über die Haare.

"Seht, mein Knecht ..." schreibt Jesaja im 1.Satz der 1.Lesung.

"Seht, das Kreuz, an dem der Herr gehangen!" wird nachher zur Kreuzverehrung gesungen.

Seht!

Wir werden aufgefordert hinzuschauen, zu sehen, obwohl man gar nicht hinschauen möchte.

Und was wir heute am Karfreitag sehen, das ist ein ungewohntes, eigenartiges Bild von Gott.

Dieses Gottes-Bild ist eine Frage.

Es ist eine Frage an uns.

Seit Jahrhunderten wird in vielen Kirchen während der Kreuzverehrung nur am Karfreitag das Lied "Popule meus" von einem Chor gesungen.

Der Text lautet:

"Popule meus, quid feci tibi? Aut in quod contristavi te? Responde mihi!"

Übersetzt heißt das: Mein Volk, was habe ich dir getan? Womit nur habe ich dich betrübt? Antworte mir!

Es ist Gott, der in diesem Lied spricht. Es ist Gott, der da sein Volk - uns - fragt.

Es ist der menschgewordene Gott am Kreuz, der uns heute in diesem Text an-fragt: traurig, erschüttert, verletzt, ohnmächtig, klagend, sprachlos, scheinbar keinen Ausweg sehend.

Gott ist traurig über unsere Unfähigkeit zu trauern, die fehlende Bereitschaft, Trauer ausdrücken zu dürfen und ihr Raum zu geben.

Gott ist erschüttert über seine gefährdete Schöpfung, die in ihren Grundpfeilern erschüttert ist und kaputt zu gehen scheint, die immer weniger Lebensmöglichkeiten für unsere Kinder und Enkel bietet.

Er ist verletzt von denen, die das Vertrauen anderer Menschen verletzen und missbrauchen und damit die Würde anderer Menschen verletzen, antasten, mit Füßen treten.

Es ist ohnmächtig gegenüber den brutalen, gemeinen und grausamen Morden in aller Welt von Menschen, die meinen, Macht über andere zu haben.

Er klagt darüber, dass Klagen von Menschen ungehört verhallen.

Er ist sprachlos gegenüber denen, die immer das erste Wort führen, die auf alles eine Antwort haben, die meinen, die Wahrheit für sich gepachtet zu haben- den Fanatikern, den Sektierern, von denen der Unfriede in der Welt ausgeht.

Er sieht scheinbar keinen Ausweg mehr für unsere Welt.

Gott klagt heute, Gott fragt

und Gott bittet: "Responde mihi!" - Antwortet mir!

Unsere Antwort auf seine Klagen und seine Bitten steht aus.

(5.4.1996)

*

Pilatus sagte:"Seht, da ist der Mensch!" - "Ecce homo!" "Seht den Menschen!" sagte er.
Karfreitag 1996 stand das geschundene und gefolterte Gesicht von Jesus hier vorne, das
"nicht mehr wie ein Mensch" aussah; wie es im 4. Gottesknechtslied bei Jesaja hieß.
Heute Nachmittag möchte ich einen anderen Menschen des Karfreitags ansehen. Der
schreiende Hahn über ihm macht deutlich, wer er ist:
Petrus. Er ist es, auch wenn er eben dreimal von sich sagte "Nein!" und damit meinte: ich
bin nicht der, für den ihr mich haltet. Ich will nicht Petrus sein. Ich bin nicht Petrus!
"Ich bin nicht Stiller." mit diesem Satz beginnt der erste bedeutende Roman des Schwei-
zers Max Frisch. Er erzählt vom Kampf eines Mannes namens "White" um seine Identi-
tät. Vom Kampf dieses Menschen, dass er anders sein möchte, als ihn die Menschen um
ihn herum sehen. Und von dem inneren Zwiespalt, dass er anders ist, als er doch sein
möchte. Daher sucht er sein Leben lang nach einem anderen Ich. Am Ende dieses Lebens
erst ist er bereit, anzuerkennen, dass er nicht "White" ist, sondern: er ist Stiller. Damit ist
er auch bereit, seine Unzulänglichkeit und damit sich selbst anzunehmen.
Petrus steht an diesem Punkt, an dem er erkennt, dass alles, was vorher war, wie er vorher war, nicht ganz stimmte. Das Bild zeigt ihn in dieser erschütternden Situation seiner
ungeschminkten Selbsterkenntnis. Alle Masken sind von ihm abgefallen: das forsche
Auftreten; die Begeisterung; das hitzige unbedachte Temperament, mit dem er das
Schwert zieht; der Übereifer, mit dem er sich gerne vor den anderen auszeichnen möchte; die Behauptungen von seiner unbedingten Treue, ...
Petrus sieht förmlich in sich hinein mit fast schon gebrochenen Augen, und es bleibt ihm
nichts anderes, als der Versuch, sich hinter seinen Händen zu verstecken.
Dieser Mensch des Karfreitags macht auch die Tragik unserer Zeit deutlich: dass wir uns
diese Geste nicht mehr leisten, leisten können, leisten wollen, leisten dürfen:
In uns hineinzuschauen - wer möchte schon mit dem Dunklen in sich konfrontiert sein,
wer möchte das schon sehen?
Wer möchte schon Dinge an sich sehen - die jede/r von uns hat -, die Gründe sind, uns
selbst nur noch abzulehnen?

Die Gestalt des Petrus scheint dazu geeignet, all das, alle Fragen, die dieser Petrus stellt,
von uns abzuwälzen. Wir sind nicht Petrus:
haben wir denn jemals geglaubt, ganz alleine die richtige Antwort zu haben; alles andere
ließen wir nicht zählen?
haben wir uns denn jemals für gute Menschen gehalten, die nichts Neues dazulernen
müssen; die keinerlei Erlösung brauchen, um vor sich und anderen bestehen zu können?
haben wir denn jemals getönt: egal, was die anderen machen sollten, ich tue so etwas
Schlimmes bestimmt nie?
haben wir denn jemals gesagt, das war nicht ich, das bin ich nicht?
Über Petrus bricht die Nacht herein. Und er hätte sich sicher gewünscht, dass diese
Nacht am Karfreitag anhalten möge. Was soll schon ein neuer Morgen, den der Hahn mit
seinem Schrei ankündigt? Kraftlos und gebrochen steht er in der Morgendämmerung da.

Vielleicht ist in ihm eine Erfahrung hochgestiegen. Es müsste die Erfahrung sein, die in Jesus lebte - dass wir trotz allem von Gott uns nicht getrennt zu fühlen brauchen. (28.3.1997)

KARFREITAG: ZU JES 52,13-53,12; JOH 18,1 – 19,24
(zu Arvo Pärts „De profundis" und Ernst Alt „Gesang aus der Tiefe")

„JONA - Gesang aus der Tiefe" heißt das Bild des deutschen Künstlers Ernst Alt (das Sie auf der Rückseite finden).
Wie ein Ei hat sich jener große Fisch zusammengerollt, der Jona verschlang, nachdem dieser von den Seeleuten in das stürmische Meer geworfen wurde.
Da hockt Jona - wie ein Baby kurz vor der Geburt im Bauch seiner Mutter.
Der Fisch ist nicht Grab, nicht verschlingender Abgrund für ihn.
Der Fisch wird zum Ort einer Wieder-Geburt aus der Tiefe, in der Tiefe.
Das verschlingende Maul des Fisches wird für Jona zu den Außenbügeln einer Harfe; zur Harfe für ein rettendes Lied, für den Schrei aus der Tiefe seiner Not:
„In meiner Not rief ich zum Herrn .../ Aus der Tiefe der Unterwelt schrie ich um Hilfe..." (Jona 2,3)
Und mitten im Dunkel der Not tut sich eine Ahnung auf, woher denn Hilfe komme.
Aus der Harfe des verschlingenden Fischmauls schießt sein Lied hoch auf: ein rettendes Lied aus der Tiefe seiner Not.
Die Taube Noahs ist die Kundschafterin vom Ende der Not und vom Anfang der Rettung.
Sie kündet an: Die Tiefe der Not ist durchschritten, der Tiefpunkt der Krise durchlitten.
Jona, d.h. aus dem Hebräischen übersetzt: „Taube".
Jona, d.h. seine Geschichte auch als Symbol zu verstehen.
Im Matthäus-Evangelium heißt es:
„So wie Jona drei Tage und drei Nächte im Bauch des Fisches war, so wird der Menschensohn drei Tage und drei Nächte im Schoß der Erde sein." (Mt 12,39ff.)
Die Jona-Geschichte ist Symbol unseres Lebens,
das ausgespannt ist zwischen Geboren-werden und Sterben-müssen,
zwischen Sich-freuen und Trauern
zwischen Abschied nehmen und Heimkehren.
Wir reifen in unserem Leben nur, wir werden nur dann neu geboren,
wenn wir bereit sind, einen Weg in die Tiefe zu gehen,
einen Weg in die Dunkelheit,
einen Weg in die scheinbare Gottferne.
In die Tiefe hinabsteigen, in der Tiefe bleiben,
ist nötig, um den Weg zu neuem Leben zu finden.
Der „Grund" unserer Hoffnung ist nicht hoch oben, unerreichbar,
sondern gründet in der Tiefe, ganz tief in uns.
„Im Seelengrund ist Gottes Grund mein Grund" sagt Meister Eckhart.
„Gott bedeutet Tiefe" sagt der Theologe Paul Tillich.

Das ist eine Seite des Karfreitags.

Arvo Pärt - ein Komponist, der 1935 in Estland geboren wurde - hat den alten Psalm 130, der Grundlage für Jonas Gesang aus der Tiefe ist, 1980 vertont.

De profundis - der Gesang aus der Tiefe.

(10.4.1998)

KARFREITAG: ZU JES 52,13-53,12; JOH 18,1 – 19,24
(zu Christobals „Parce mihi, domine")

Im Oktober 1998 löste die Rede des Schriftstellers Martin Walser in der Frankfurter Paulskirche eine Reihe von verschiedenartigen Auseinandersetzungen in Deutschland aus.

Parallel dazu verfolgen uns seit Monaten die Diskussionen um die Monumentalität des Holocaust-Mahnmals in Berlin.

Jenseits aller parteipolitischen Bewertungen und aller Beurteilung scheint mir bei diesen beiden Auseinandersetzungen eines deutlich zu werden:

die - ungelöste - deutsche - Schwierigkeit, mit Schuld und mit Trauer umzugehen.

Nicht nur im kollektiven Sinn - bezogen also auf das deutsche Volk -, sondern vor allem auf jeden Einzelnen bezogen. Auch wenn sich natürlich beide - Gesellschaft/Gemeinschaft und Einzelner - gegenseitig beeinflussen.

Das, was Alexander und Margarete Mitscherlich vor 30 Jahren in ihrem Buch „Die Unfähigkeit zu trauern" schon beschrieben, scheint mir heute - im Übergang zu einem neuen Jahrtausend - noch ausgeprägter zu sein.

Es fehlt der Raum, über Trauer und auch - damit verbunden - den Umgang mit Schuld zu sprechen.

Vielleicht, weil die Umgebung, in der wir leben, Werte und Ideale betont, die rein diesseitig ausgerichtet sind; Werte und Ideale, die an der Oberfläche bleiben - Trauer dagegen etwas mit Tiefe zu tun hat; mit dem Gehen an die Wurzeln.

Menschen, die trauern, können sich, weil sie sich auf den Tod und den Umgang mit ihm konzentrieren, auf das Leben konzentrieren - dem Leben in seiner ganzen Fülle, und nicht nur mit seinen Oberflächlichkeiten.

Wer Trauer als Teil seines Lebens annimmt, ist auf dem Weg zu einer Spiritualität, einer Lebenshaltung, die wir heute dringend brauchen - im Übergang zu einem neuen Jahrtausend.

In einzigartiger Weise macht uns der Karfreitag darauf aufmerksam.

Karfreitag - Freitag der Klage, der Trauer (so die Bedeutung des althochdeutschen Wortes „kara").

Er ist der einzige Tag im Kirchenjahr, der als einziges die Trauer in den Mittelpunkt stellt.

Trauer um den Tod Jesu.

Aber mit dem Tod Jesu trauern wir ja um all das, was uns Lebensinhalt, Leben in Fülle bedeutet hat und verlorengegangen ist: Menschen, Heimat, Lebenssinn, Hoffnungen, vielleicht der Glaube an Gott selbst.

Wie können wir darum trauern?

Das zu Beginn gehörte Lied „Parce mihi, domine" ist die Vertonung eines Abschnitts aus dem Buch Hiob.

Hiob ist so etwas wie das biblische Leitbild eines trauernden Menschen.

Wir befinden uns - im Hören dieses Textes - mitten drin im Weg eines trauernden Menschen.

Hiob geht auf seinem Trauerweg gerade weg von der bloßen Klage und Verzweiflung über den Tod seiner Familie und über sein Geschick; hin zu einem anklagenden Vorwurf gegen Gott, der das alles herbeigeführt hat. Er stellt sich offen vor Gott hin. Er bringt seine Situation zur Sprache, sein Empfinden, dass Gott ihn bedrängt, er aber Luft holen will.

Hiob ist mitten auf seinem Trauerweg. Und sein Weg in die Tiefe führt ihn später zu einer neuen Lebenshaltung, einer neuen Spiritualität.

Könnten wir diesen Weg - jeder den eigenen - doch gehen.

(2.4.1999)

KARFREITAG: ZU JES 52,13-53,12; JOH 18,1 – 19,24

Jedes Jahr an Karfreitag frage ich mich: wie kann ich das verstehen, dieses Leiden und Sterben Christi? Wie kann ich das feiern? Denn in der liturgischen Sprache heißt dieser Gottesdienst „Die Feier vom Leiden und Sterben Christi".

In diesem Jahr ist ein Mann in mein Blickfeld gerückt, der vor 20 Jahren ermordet wurde.

Oscar Arnulfo Romero war von 1977 bis zum 24.März 1980 Erzbischof von San Salvador in dem kleinen mittelamerikanischen Land El Salvador. Einem Land, das bis in die 90er Jahre hinein von einem grausamen Bürgerkrieg heimgesucht wurde.

Viele, die Bischof Romero persönlich kannten, bezeichnen ihn als „Heiligen", als „San Romero de America". Vielleicht ist er der bekannteste Märtyrer unserer Zeit. Wenige Tage nach seiner Ermordung während eines Gottesdienstes am 24.März 1980 sagte jemand: „Mit Bischof Romero ist Gott durch El Salvador gezogen."

Was mich am meisten umtreibt ist das Wort vom „Martyrium", das sich mit der Lebensgeschichte von Bischof Romero verbindet.

Wenn ich das Leben von Bischof Romero bedenke – in den Erinnerungen seiner Weggefährten, im Lesen seines Tagebuches – glaube ich, dass kaum ein anderer Mensch des 20.Jahrhunderts in seinem Martyrium Jesus so nahe gekommen ist. Dem Jesus, der als Schmerzensmann in der Jesaja-Lesung beschrieben ist, als Hohepriester, der mit unserer Schwäche mitfühlt im Hebräerbrief, ans Kreuz geschlagen ermordet wird.

Es ist erschütternd, die Tagebuchaufzeichnungen von Bischof Romero zu lesen: wie er die Ereignisse und Entwicklungen festhält, mit denen er sich bei der Verkündigung des

Evangeliums konfrontiert sieht; wie er sich im Brennpunkt widerstreitender Kräfte erlebt, und versucht in tiefgreifenden Umbrüchen in Politik, Gesellschaft und Kirche die
befreiende christliche Botschaft bis zur letzten Konsequenz zu leben; wie er versucht,
seine Sprache zu finden angesichts des sprachlos machenden Leids und der Morde an
Christen und Priestern seines Bistums.

Ich frage mich: wo hat in meinem Leben das „Martyrium" seinen Platz? Wo komme ich
Jesus Christus in seinem Leben und Sterben nahe? Komme ich ihm überhaupt nahe?

Es geht hier nicht um eine Leidensverliebtheit. Es geht nicht darum, ein Märtyrer werden zu wollen, und das Martyrium zu suchen.

Mir geht es um eine Anfrage, die Jon Sobrino, ein Weggefährte und Freund Bischof
Romeros, gestellt hat:

„Es gehört wesentlich zum christlichen Leben, dass auf die ein oder andere Weise ernsthaft mit der Möglichkeit der Verfolgung gerechnet wird, und man bereit ist, sich ihrer
Wirklichkeit zu stellen. Denn wenn es überhaupt, auf keinerlei Weise so etwas wie Verfolgung gäbe, müssten die Christen und die Kirchen sich doch sehr ernsthaft fragen,
woher das kommt."

Vielleicht geht es auch um Anfragen, die im Neuen Testament begründet liegen und die
auf dem Hintergrund von Verfolgung und Martyrium schärfer ins Bewusstsein gerufen
werden. Wie verstehen wir Aussagen, wie: Arme, Weinende, Verfolgte werden glücklich
gepriesen; in der Schwäche liegt Stärke; gegen jede Hoffnung hoffen; wer das Leben
gewinnen will, muss bereit sein, es zu verlieren.

Vielleicht umfasst die Frage nach Martyrium und Verfolgung meine gesamte christlich-
menschliche Existenz, mein Leben als ein Zeugnis für Christus. Nicht mehr und nicht
weniger bedeutet ja dieses Wort „Martyrium" – Zeugnis.

Jon Sobrino meint dazu:

„In einer Welt, die außer dem Eigeninteresse nichts mehr ernst nimmt, die beharrliches
Engagement verlacht, also genau das, was zu wirklichem Glück führt und wozu Glaube
und Ethik dringend anhalten – in einer solchen Welt wird Romero zum Symbol dafür,
dass man ein engagierter Mensch und Christ sein kann, der bis zum Ende geht. Darin
besteht sein Martyrium"

Mein Mensch- und Christsein als Martyrium sehen.

Mein Leben als Zeugnis verstehen.

Vielleicht liegt darin das Gemeinsame eines Christenlebens in der Bedrohung und Verfolgung Mittelamerikas und dem Christenleben in Europa.

Deren Zeugnis und das Zeugnis Bischof Romeros umfasst das, warum Jesus verfolgt
wurde, gelitten hat und umgebracht wurde:

Den Armen eine Frohe Botschaft zu verkündigen, und

In seinem Tun sich voll in den Dienst der Verwirklichung des Gottesreiches zu stellen.

Vielleicht ist es zu schwer für uns, das zu begreifen; damit etwas anzufangen.

Oscar Arnulfo Romero, Erzbischof von San Salvador, war der Ausgangspunkt dieser
Überlegungen am Karfreitag, was Leiden und Sterben Christi bedeuten kann.

Mit ihm stehen all die Märtyrer, die selbst gelitten haben und ermordet wurden als Zeugen des Glaubens, heute im Blickpunkt. Und vielleicht ist deren Frage eine ernste Frage
an uns:

„Lebst du so, dass du heute den Tod annehmen könntest? Könntest du dich – wenn es denn sein müsste – vom Leben verabschieden, weil dein Leben für dich stimmig ist?" (21.4.2000)

KARFREITAG: ZU JES 52,13-53,12; JOH 18,1 – 19,24

Während einer Tagung in Freiburg machte mich ein Teilnehmer auf die Freiburger Universitätskirche aufmerksam. Ursprünglich eine barocke Jesuitenkirche stellte sich bei ihrer Renovierung Anfang der 90er Jahre die Frage nach der Gestaltung des Chorraums. Der Schweizer Bildhauer Franz Gutmann bekam den Auftrag, dafür ein Kreuz zu gestalten. Diese fast 20 m hohe Christusskulptur löste nach ihrer Installation viele Diskussionen aus.

Betritt man die Universitätskirche fällt der Blick gleich auf einen langen dunklen Holzbalken, der sich im Chorraum vom Boden her fast bis zur Kirchendecke erstreckt. Daran hängt – genau in der Mitte – aus hellem Holz geschnitzt ein Christuskorpus – ohne ausgestreckte Arme. Vom Eingang her ist kein Gesicht zu erkennen. Man muss sich direkt unter die Skulptur stellen, um diesem Christus ins nach unten geneigte Gesicht blicken zu können.

Es kommt auf den Standpunkt an, wie man zum Kreuz steht.

Es kommt auf den Blickwinkel an, von dem aus man das Kreuz betrachtet.

Liest man die Passionsberichte der Evangelisten fällt auf, wie unterschiedlich sie die Standpunkte zum Kreuz beschreiben.

Bei Matthäus kommen Leute am Kreuz vorbei, schütteln den Kopf darüber und gehen weiter.

Bei Markus sehen einige Frauen von weitem auf das Kreuz.

Bei Lukas stehen die Leute direkt dabei am Kreuz und schauen zu.

Johannes berichtet davon, dass bei dem Kreuz vier Frauen und der Jünger Johannes stehen.

Auch der Blickwinkel, aus dem heraus die Evangelisten das Kreuz beschreiben, ist jeweils ein anderer.

Matthäus und Markus sehen im Kreuz die Gottverlassenheit. Jesus beendet sein Leben mit einem lauten Schrei.

Bei Lukas findet sich das vertrauensvolle „Vater, in deine Hände lege ich meinen Geist." als Jesu letzter Satz am Kreuz.

Und der Blickwinkel des Johannes ist schon ganz auf die Auferstehung gelenkt. Da besteigt ein souveräner Jesus das Kreuz, um sein Erlösungswerk zu vollenden und zu erfüllen.

Welchen Standpunkt nehme ich zum Kreuz ein?

Aus welchem Blickwinkel betrachte ich das Kreuz?

Vielleicht haben Sie schon ähnliche Erfahrungen gemacht, dass Kreuzesdarstellungen in Kirchen aus verschiedenen Blickwinkeln einen ganz anderen Eindruck wiedergeben.

Auf dem Blatt mit dem Gottesdienstablauf finden Sie auf der Rückseite einen ungewöhnlichen Blickwinkel auf das Kreuz. Einen Blickwinkel, den wir in der Regel nicht kennen. Gott sieht zu, wie der Sohn zu Tode gequält wird. Der Blick auf das Kreuz aus der Perspektive Gottes.

Juan de la Cruz – Johannes vom Kreuz – hat zwischen 1572 und 1576 diese Federzeichnung angefertigt. In dieser Zeit war er Beichtvater bei den Karmelitinnen von Avila. Einer Schwester schenkte er das Bildchen, das im Original nur 4 x 6 cm groß ist, zur persönlichen Meditation.

Juan de la Cruz – geboren 1542 als Juan de Yepes – gab sich als Karmelit den Ordensnamen „vom Kreuz". Sein Blickwinkel auf das Kreuz lässt sich nur aus seiner Lebensgeschichte verstehen. Seine Eltern waren eine nicht standesgemäße Heirat eingegangen. Nach dem frühen Tod des Vaters war von dessen wohlhabenden Verwandten keine Hilfe zu erwarten. Diese beiden Umstände – Liebesheirat der Eltern und die Erfahrung von Armut und Not prägten Johannes vom Kreuz nachhaltig.

Durch seine mystischen Schriften zieht sich wie ein roter Faden, die Erfahrung der Gottesferne und Abgeschiedenheit mit der Erfahrung der Liebes-Vereinigung Gott und Mensch zu verschmelzen. In seinem Hauptwerk „Die dunkle Nacht der Seele" beschreibt er in unvergleichlichen Gedichten seine einzigartigen Gotteserfahrungen, die er 1577 während seiner neunmonatigen Einkerkerung im Kloster von Toledo macht. „Gott", so schreibt er, „das Ziel und Ende der Wanderschaft der Seele, ist ihr in diesem Leben nicht mehr und nicht weniger als nächtliches Dunkel."

So schließt dieser Blickwinkel auf das Kreuz beides ein: Gottesferne und „Gotteinung", grenzenlose Liebe Gottes.

Die Frage ist, wie wird aus der „Liebe Gottes" eine Liebe zu mir, wie wird aus der „Erlösung der Menschen" meine Befreiung aus meinen Zwängen, wie wird aus dem „barmherzigen Vater" der Vater meiner misslungenen Vergangenheit und Gegenwart, und wie wird aus dem „ewigen Leben" die Zukunft meines Lebens?

Vielleicht liegt eine Antwort darin, wenn wir das Bild des Johannes vom Kreuz um 90° nach links drehen. Dann stürzt Christus mit dem Kopf voran nach unten. Stürzt jedem Menschen nach bis in die tiefsten Tiefen.

(13.4.2001)

KARFREITAG: ZU JES 52,13-53,12; JOH 18,1 – 19,24

Im Rückblick auf meine bisherigen Predigten zu Karfreitag habe ich festgestellt, dass ich jedes Jahr eine Person in den Mittelpunkt gestellt habe; meist mit entsprechender Musik unterlegt, manchmal anhand eines Bildes.

Begonnen hatte ich mit einem Holzschnitt Walter Habdanks „Ecce homo – Seht den Menschen", den leidenden schmerzerfüllten Jesus. Danach waren es Personen, deren Beziehung zu diesem Jesus im Blickpunkt stand: Simon Petrus, Jona – der kleine Prophet, Hiob, Erzbischof Oscar Romero, Johannes vom Kreuz.

In diesem Jahr ergab sich im Liturgieausschuss die Idee, in den Gottesdiensten der Kar-, bzw. der heiligen Woche, fünf Personen näher zu betrachten, die nach den Evangelien die letzten Tage Jesu begleiteten: Petrus, Judas, Maria, Pilatus, Johannes.

Es ist hilfreich, das eigene Leben mit dem einer anderen Person zu konfrontieren; vielleicht dabei zu entdecken, was mir hilft; eine Erfahrung dabei zu finden, die man selbst gemacht hat, und nun noch einmal anders sieht. Es kann hilfreich sein.

Aber man kann sich auch hinter einer Person verstecken.

Auch das mag manchmal nötig sein.

Aber es nimmt letztlich nichts von der Wahrheit, „im Grunde" sich nirgendwo verstecken zu können. – Das sagt sich so leicht. –

Biblisch gesprochen gilt die Frage Gottes an Adam, den ersten Menschen, der sich im Paradies vor Gott versteckt – „Adam, wo bist du?" – jedem Menschen.

Ich glaube, dass jeder Mensch diese Frage an sich anders empfindet und spürt.

Aber es ist die zentrale Frage Gottes an den Menschen: „Mensch, wo bist du?"

Jeden Tag neu gestellt: am Morgen, wenn ich aufstehe, bis zum Abend, wenn ich ins Bett gehe.

„Wo bist du?" - mit deinen Gedanken, deinen Gefühlen, deinen Empfindungen, deinem Körper, deiner Wachsamkeit, deinem Geist, deinen Erinnerungen, deinen Hoffnungen, deinen Erwartungen, deinen Ängsten, deinen Versuchungen.

Nie in meinem Leben bin ich so hart mit dieser Frage konfrontiert worden wie im vergangenen Sommer während der 30tägigen Exerzitien in der Schweiz.

„Wo bist du?"

Mir ging auf, dass in dieser Frage der ganze Schmerz steckt, oft gerade nicht Du, gerade nicht Ich zu sein –

in der Unterdrückung des eigenen Lebenswillens in vielfältigen Formen,

das Bestätigtwerdenwollen durch andere,

das ganze Minderwertigkeitsgefühl,

die ganze Bevormundung – eingebildete und wirkliche – durch andere;

das Herumreiten auf den Fehlern anderer;

das Antworten suchen auf Fragen, die nicht meine sind,

das Bewundern der Begabungen und Reichtümer anderer.

   Das Kreuz Jesu ist für mich verbunden mit der Frage an Adam „Wo bist du?"

Nicht ohne Zufall wird in der Bibel schon und in den liturgischen Texten der heiligen Woche die Parallele von Jesus und Adam gezogen. An unserem Tabernakelbild hängt Jesus am Lebensbaum. Die Wurzeln dieses Lebenskreuzes sind verwoben mit dem Skelett des „alten Adam".

Am Kreuz zählt nicht anderes mehr – brutal, bitter, hart – als diese Frage „Wo bist du?"

Für Jesus gibt es kein Verstecken.

Ausgestreckt muss er die Frage aushalten.

Für Jesus ging das nur in seiner einzigartigen Verbindung zu seinem Vater-Gott.

Und auch wir, das ist mein Glaube, können diese Frage „Wo bist du?" nur beantworten in unserer jeweils einzigartigen einzuübenden Verbindung zu Gott.

Es ist Schmerz, es ist erschreckend und erschütternd zu erkennen, was vor seinem Tod der hl. Franziskus erfuhr: er ließ sich sterbend nackt auf den Boden legen – nicht mehr und nicht weniger ist der Mensch.

Wer dieses Erschrecken einmal erfahren hat, weiß in jenem Augenblick, dass die Frage „Wo bist du?" nur eine Antwort kennt:

„Hier bin ich, Gott. Nicht mehr und nicht weniger."

(29.3.2002)

KARFREITAG: ZU JES 52,13-53,12; JOH 18,1 – 19,24

Ort am Karfreitag: das Kidrontal mit dem Bach Kidron.

Ganz zu Beginn der Johannespassion heißt es „Jesus ging mit seinen Jüngern hinaus, auf die andere Seite des Baches Kidron."

Er überschreitet den Bach hin zu Getsemani, dem Garten – hin zum Haus der Hannas – hin zum Prätorium des Pilatus – hin zu Golgota. Er geht auf diese andere Seite.

Der Evangelist Johannes erzählt diesen Weg auf der anderen Seite des Kidron anhand von diesen vier Orten: Garten – Haus des Hannas – Prätorium des Pilatus – Golgota.

Jesus geht in aller Klarheit diesen Weg von Ort zu Ort – souverän, ohne Zweifel und Angst, als ob er Station für Station ablaufen und absolvieren würde. Er ist es – so hat man den Eindruck – der bestimmt, was geschieht; der alles in der Hand hat – hin zum Kreuz. Der Bach Kidron – ein Ort der Entscheidung, ein Bild der Klärung und Entschiedenheit.

Neben dem Foto ein Bild von Paul Klee: Hauptweg und Nebenwege.

Wie passt das zusammen?

Das Bild von Paul Klee ließe sich vielfach deuten: die verschiedenen Wege des Lebens, die man geht, manche verzweigen sich, einige enden, manche werden schmaler, manche breiter – zu einer anderen Deutung fällt mir ein Gedicht von Lothar Zenetti ein „Geh nicht den Weg, den alle gehen, die Mehrheit hat nicht recht...", der Hauptweg, die Hauptströmung, mit dem breiten Strom schwimmen? – die verschiedenen Farben auf den Wegen könnten Ausdruck von Gefühlen oder bestimmten Zeitabschnitten sein – der Weg in der Mitte könnte ein Bild für den Sinn des eigenen Lebens sein, die Nebenwege könnten die „Versuchungen" in ihren verschiedensten Formen sein, die einen von diesem Lebenssinn abbringen.

Meine Deutung geht in jene letztere Richtung: der Hauptweg als der klare, entschiedene Weg. Da hat jemand eine Entscheidung getroffen, hat unterschieden, und dann entschieden. Hat vielleicht verschiedene Wege ausprobiert und unterschieden, und hat den Hauptweg erkannt – für sein Leben.

Aber was ist der „Hauptweg"?

Ist er einfachhin die Entschiedenheit, in der Jesus lebte – ausgerichtet auf das Kreuz? Ist er die Entscheidung für Jesus Christus, seinen Lebensweg bis zum Kreuz, seine Auferstehung?

Das klingt richtig. Doch was ist damit gesagt?

In einem dieser Woche veröffentlichten Interview zwischen Wolfgang Huber, dem evangelischen Bischof von Berlin-Brandenburg und Richard Land, einem Vertreter der amerikanischen Baptistengemeinde wird an der Frage nach einer Rechtfertigung des Irak-Krieges deutlich, wie schwierig dieser „Hauptweg" zu bestimmen ist. Und wie schwierig die Frage des Pilatus an Jesus, was denn Wahrheit sei, zu beantworten ist. Beide hochrangigen Vertreter einer christlichen Kirche kommen zu völlig unterschiedlichen Vorstellungen. Der amerikanische Baptistenvertreter sieht sich völlig in der Linie, dass er bestimmen kann, was Gut und was Böse ist und hält den Krieg gerechtfertigt. Ganz anders dagegen der evangelische Bischof, der auf die Feindesliebe zuerst setzt. „Man muss zögern bei der Feststellung, dass wir alle dem gleichen christlichen Glauben angehören." meint der amerikanische Baptist. Aber gibt es denn verschiedene christliche „Hauptwege"? Kann und darf es sie geben? Und gibt es allgemein besehen – auf andere Religionen und Weltanschauungen bezogen – verschiedene Wege zur Wahrheit? Was bedeutet dann die Entschiedenheit Jesu „Ich bin die Wahrheit"? Es ist ja eine Frage, die – bei aller Kritik – auch unseren Papst umtreibt.

Entschiedenheit, Entscheidung hat mit Unterscheidung zu tun. Mir scheinen in letzter Zeit – gerade angesichts der Argumente, die vor Beginn des Irakkrieges im christlichen Umfeld ausgetauscht wurden – vor allem zwei Kriterien wichtig, die mir unterscheiden helfen, ob ich noch auf dem christlichen „Hauptweg" bin. Da ist zum einen die Haltung der Barmherzigkeit – vor aller Einteilung in Gut und Böse und sonstige Kategorien geht es um einen Menschen. Und dieser ist – das ist das zweite Kriterium – Teil am „Leib Christi", Geschöpf Gottes – ohne das Böse dabei leugnen zu wollen. Aber diese beiden Kriterien – Barmherzigkeit und Teilhabe am Leib Christi, der Schöpfung Gottes – müssen die grundlegenden sein. So ist eine Entschiedenheit möglich. Jesus – so heißt es in der Jesajalesung – „trug die Sünden von vielen und trat für die Schuldigen ein". Die Worte vom Gründonnerstag wiederholen sich hier: so handelt auch ihr, wie ich an euch gehandelt habe.

(18.4.2003)

KARFREITAG: ZU JES 52,13-53,12; JOH 18,1 – 19,24

Ein Jünger – in den Gassen von Jerusalem; vielleicht Bartholomäus oder Jakobus, Andreas oder Thomas. Er steht nicht an der Schädelhöhe, Golgota, nicht vor dem Kreuz; hat vielleicht noch von weitem gesehen, wie Er den Kreuzesbalken trug; die Soldaten, die Ihn schlagen und sich über Ihn lustig machen; hat vielleicht gespürt die Mischung aus aufgestautem Hass, Sadismus, Gewalt.

Er kann nicht folgen, kann das nicht ertragen. Er ist nicht Johannes, wie die Frauen, die bei dem Kreuz stehen.

Was geht in ihm vor?

Kann es einen klaren Gedanken geben – außer der Angst, vielleicht bald auch den Weg der Hinrichtung gehen zu müssen? außer dem Entsetzen über dieses grausame Ende?

Ist nicht jeder Versuch, diesem sprachlosen Jünger eine Sprache, diesem Wortlosen ein Wort zu geben, nur als Deutung im Abstand möglich? So, wie die Passionserzählung des Evangelisten Johannes ja auch eine deutende Erzählung im Abstand von mehreren Jahrzehnten ist - die einen ganz und gar überlegenen, machtvollen Jesus zeigt, der gleichsam das Kreuz wie einen Thron besteigt. Und im Ende des Todes ein souveränes „Es ist vollbracht!" spricht. Kein lauter Ruf – wie bei dem Evangelisten Lukas – „Vater, in deine Hände...", oder – wie bei den Evangelisten Matthäus und Markus – „Mein Gott, warum hast du...", und einem dann folgenden lauten Aufschrei.

Vielleicht ist die Leidensgeschichte nach dem Johannes-Evangelium deswegen von der Kirche alljährlich für den Karfreitag ausgewählt worden, weil sie den Schrecken, die Brutalität, den Hass, den Tod immer schon im Licht der Auferstehung, des erlösenden Abstands sieht – und diese damit aushaltbarer, erträglicher macht.

Die Diskussion der vergangenen Wochen um den Film des Regisseurs Mel Gibson zur „Passion Christi" drängt sich auf. „Unerträglich", „nicht auszuhalten", „ein einziger Horror" – so einige Stimmen zu diesem Film. Unabhängig von der Frage, was der Film bezwecken soll, und unabhängig von all dem, was in ihn hinein, und aus ihm heraus gedeutet wird und wurde, ruft er doch die Brutalität, die unvorstellbare Grausamkeit des Kreuzestodes wach. Nicht nur des Kreuzestodes Jesu, sondern jedes Menschen, der damals so hingerichtet wurde; jedes Menschen bis heute, der unbarmherzig Hass und Mordlust ausgeliefert ist.

Was aber ist das „Besondere", das Unfassbare des Kreuzestodes Jesu?

Der Theologe Jürgen Werbick meint anlässlich des Films „Passion Christi", dass diese Frage christlich noch nicht endgültig beantwortet und ausgetragen wurde: ist das Besondere der wegen der Menschensünden erlittene stellvertretende Tod oder der Glaube Jesu, dass Gott auch im entsetzlichsten Leiden nicht von uns lässt?

Eine Spur einer fragmentarischen Antwort ist vielleicht darin zu sehen, dass Jesus – außer in der Johannespassion – in den Evangelien mit den Worten „mein Gott" und „Vater" als letztes stirbt. Bis zuletzt bleibt Er in dieser einzigartigen Beziehung zu Gott – trotz der Erfahrung von Gottverlassenheit.

Der amerikanische Jesuit Matt Lynn meint: „Jesus rettete die Welt nicht, weil der das Kreuz trug; sondern weil er Gottes Liebe erfuhr und sie in gleichem Maße schenkte, als er das Kreuz trug."

Doch sind dies nicht auch wieder Erklärungs- und Deutungsversuche aus einem „erlösenden Abstand"?

Der Jünger in den Gassen von Jerusalem hat vielleicht nur den Schrei der Gottverlassenheit Jesu gehört. Er kennt den „erlösenden Abstand" nicht – das ist sicher und keine Deutung.

Gottverlassenheit – ist das vorstellbar, denkbar, erklärbar, nachfühlbar, erlebbar, aushaltbar?

Was bedeutet das – angesichts der Liebe Gottes zur Welt, deren Besingen in drei verschiedenen Kompositionen die Passionsgeschichte unterbrochen hat?

Ist Gottverlassenheit das, was der Dichter Reinhold Schneider – jener Mann, der im Zweiten Weltkrieg mit seinen Gedichten und Meditationen Hunderttausenden Trost und Hoffnung schenkte – am Ende seines Lebens erfuhr und in seinem letzten Buch „Winter in Wien" beschrieb: „Das Antlitz des Vaters hat sich ganz verdunkelt. ... meine Lebenskraft ist so sehr gesunken, dass sie über den Tod hinweg nicht zu sehnen und zu fürchten vermag ... ." Das ganze Buch kann wie eine einzige „Nacht des Karfreitags" gelesen werden.

Gottverlassenheit.

Die Beschreibung grundloser Tiefe, namenlosen Grauens, qualvoller Angst, ewiger Hoffnungslosigkeit?

Gottverlassenheit.

Verlässt Gott den Menschen, oder verlässt der Mensch Gott?

Wo und wie ist die Entscheidung des Menschen möglich? Das Stoßen an Grenzen mit unserem immer begrenzten Blick; da wir nie das Ganze im Blick haben, wie Gott es haben muss.

Gottverlassenheit.

Sich ganz auf Gott verlassen?

Der Franziskanerpater Richard Rohr, ein tief geistlicher und gottverbundener Mensch, berichtet in einem Interview von seinen Anfällen tiefster innerer Finsternis – vielleicht ähnlich darin den Erfahrungen von Reinhold Schneider. Er sieht diese Phasen zum einen als Anfrage Gottes: „Glaubst du auch, was du lebst und sagst?"

Zum anderen findet er für sich ein Bild: „Wenn du jung bist, fühlst du dich wie auf einem fliegenden Teppich, zusammen mit Gott, alles ist wunderbar – aber im Verlauf des Lebens zieht Gott dir einen Faden nach dem andern aus dem Teppich. Ich werde bald keinen Halt mehr haben. Wenn Gott den letzten Faden herauszieht, dann bist du ganz in seinen Händen. Dann bleibt dir nur noch das Vertrauen, dass dich jemand anders hält und trägt."

(9.4.2004)

KARFREITAG: ZU JES 52,13-53,12; JOH 18,1 – 19,24

In der Aussegnungskapelle des Jesuitenfriedhofs in Pullach bei München finden sich vier große Farbfenster, die der „Malerpfarrer" Sieger Köder gestaltet hat. Jedes Fenster ist jeweils einer Woche der vierwöchigen sogenannten „Großen Exerzitien" des Jesuitengründers Ignatius von Loyola zugeordnet, die unter den großen Themen „Umkehr" – „Leben" – „Passion" – „Auferstehung" stehen.

An den unteren Rand des Fensters „Die Passion Christi" hat Sieger Köder gefesselte Hände gemalt, die auf ein Blatt Papier die Worte schreiben „Beten und glauben. Danke. Dp." Dp. ist die Abkürzung für Delp, den Jesuitenpater Alfred Delp, der diese drei Worte „Beten – glauben – danke" als letzte schriftliche Nachricht drei Tage vor seiner Hinrichtung hinterließ.

60 Jahre ist das nun her – zwei Generationen – und im Zusammenhang mit all den vielen Gedenkfeiern und Gedenkschriften in diesem Jahr 2005 wird immer auch erwähnt, dass es bald keine lebenden Zeugen jener Ereignisse mehr gebe.

Das Christentum hat als bleibend und sinnstiftend vom Judentum die Kategorie der Erinnerung übernommen. Vielleicht nicht in jener Deutlichkeit, die im jüdischen Talmud heißt: „Das Geheimnis der Erlösung heißt Erinnerung." Doch stand diese Kategorie des Erinnerns ausdrücklich über dem gestrigen Gründonnerstag – im gedenkenden Vergegenwärtigen des Paschafestes und des Abendmahles.

Und die Kategorie der Erinnerung wird deutlich in dem Gedenken an die Zeugen, die Märtyrer des christlichen Glaubens – jenen, die den Karfreitag Jesu Christi auf ihre Weise erlebten, durchlitten und starben.   Wenn Christentum - christliches Leben und Glauben – im Grunde Nachfolge Christi ist (oder wie es in dem bekannten geistlichen Buch des Thomas von Kempen heißt: Imitatio [Nachbildung/ - ahmung] Christi), dann schließt diese die „Kreuzesnachfolge" ein; wie auch immer dieses

Wort und dieser Begriff von der Kreuzesnachfolge näher bestimmt werden kann.

Radikal hat P. Alfred Delp sich gegen eine Nachfolge, einen christlichen Glauben „des guten Beispiels und der frommen Ermahnung" gewandt. Der Geist Gottes, so schrieb er, „steht ratlos und findet keinen Eingang, wo alles mit bürgerlichen Sicherheiten und Versicherungen verstellt ist". Die Art und Weise der Gottesbegegnung ist bei Delp nicht die des Habens oder Verfügens, sondern die des Suchens und Ringens, des Vertrauens und Anbetens.

Wer die Fotos einmal gesehen hat, die P. Delp während des Prozesses vor dem sogenannten „Volksgerichtshof" im Januar 1945 zeigen, der wird den Eindruck einer Parallele zum Prozess gegen Jesus nicht los: das „ecce homo" – seht, da ist der Mensch, ausgesprochen und ins Wort gebracht von Pontius Pilatus damals, zeigt den gedemütigten, lächerlich gemachten, bloßgestellten und gefolterten Menschen Alfred Delp; und darin die in ihm wohnende Gewissheit, wie er sie kurz nach seiner Verurteilung zum Tod aufschreibt: „Aber diese vielen spürbaren Erhebungen mitten im Unglück; diese Sicherheit und Unberührtheit in allen Schlägen; dieser gewisse ‚Trotz', der mich wissen ließ, es wird ihnen die Vernichtung nicht gelingen...".

Beten – Glauben – Danken.

Mit welcher inneren Klarheit, mit welcher Form der Hingabe hat P. Delp seine letzten Worte aufschreiben können?

Der Karfreitag – dieser Tag des Scheiterns, dass alles durchkreuzt wird, was bisher galt – wirft zurück auf das, was immer gilt – trotz derer, die Hass, Blindheit, Selbstzufriedenheit, Hochmut, und alles Verwirrende und Diabolische in die Welt bringen – und P. Delp konnte es in Worten fassen.

Immer gilt es – in allem Scheitern, in all seinen verschiedenen Formen und in allem Ans-Ende-gekommen-sein – zu beten, zu glauben, zu danken.

(25.3.2005)

*

Vor vielen Jahren war der 2013 verstorbene Alt-Bischof von Innsbruck, Reinhold Stecher, in einer kleinen Kapelle an einem Berghang Südtirols zum Gottesdienst. Er muss wohl etwas Zeit gehabt haben, denn in einem alten Schrank der Sakristei macht er nachher eine Entdeckung, die er in einem Buch beschreibt:

„Hinter allem möglichen Krimskrams, wie er sich an heiligen Orten zu sammeln pflegt, hinter zerbrochenen Leuchtern, staubigen Papierblumen, abgebrannten Kerzen und einer Menge Spinnweben hat er in der Ecke gestanden und hat mir die fein geschnitzte Hand entgegengestreckt: ein wunderbarer Auferstandener aus der Barockzeit.

Ich hab die Figur auf den Altar gestellt, und durch das runde Fenster in der Westwand ist die Abendsonne draufgefallen. Er war wirklich schön, ganz Freude und Leichtigkeit, wie einer, der alle Last der Welt abgestreift hat. Ich werde ihn nicht mehr vergessen, dieses so bodenlos leichtsinnig verräumte Kunstwerk, und kann nur hoffen, daß er inzwischen nicht den Weg in irgendeine Antiquitätenmesse angetreten hat oder bei Neureichs auf der Kommode zwischen Jade-Buddha und einer Jugendstilvase thront.

Er kommt mir nicht aus dem Sinn, der Auferstandene aus dem alten Schrank, auch heute nicht, nachdem nun so viele Jahre vorbeigegangen sind. ..."

Den Auferstandenen wegräumen: das scheint nicht nur eine Sache irgendeines alten Südtiroler Küsters zu sein. Gewisse „aufgeklärte" Theologen haben schon vor Jahren erklärt: Jesus sei nicht wirklich auferstanden. Das Wort vom auferstandenen Jesus sei nur als Umschreibung und als Zeichen dafür zu verstehen, dass „die Sache Jesu weitergegangen sei"; mehr aber bedeute es nicht.

Und wer 1998 in die Zeitung geschaut hat, der konnte von dem Theologie-Professor Gerd Lüdemann lesen, dass die Auferstehung Jesu nur „ein frommer Wunsch" sei und auf Visionen beruhe.

Da räumt ein Gottesgelehrter ganz ordentlich auf und weg.

Und wenn man diesen Brief des Professor Lüdemann, den er beginnt mit „Lieber Herr Jesus", einmal im Originaltext liest, dann kann man darin wirklich keinen Funken eines persönlichen Glaubens an die Auferstehung mehr erkennen.

Das ist vielleicht das eigentlich Tragische an dieser Sache: dass dies einen Mann trifft, von dem man denkt, dass er doch glauben können müsse.

Dadurch, dass er versucht, den Glauben an die Auferstehung wissenschaftlich zu widerlegen und als „Humbug" darzustellen, macht Professor Lüdemann aber nur deutlich, dass Glaubens-Aussagen eben keine wissenschaftlichen Aussagen sind, und auch nicht sein wollen.

Mir scheint, dass er eine von Antoine de Saint-Exupéry so treffend formulierte Weisheit vergessen hat: „Man sieht nur mit dem Herzen gut. Das Wesentliche ist für die Augen unsichtbar." Der Blick des Glaubens ist ein anderer als der Blick der Wissenschaft. Die reine wissenschaftliche Vernunft hat keinen Blick für den Glauben; aber der Glaube kann sich im Gegensatz dazu auf die Suche nach dem Verstehen machen. Und dem, der glaubt, kann dann immer mehr sichtbar werden, wie vernünftig das Bekenntnis zu Jesus ist, der den Tod überwunden hat.

„Deine Anhänger haben den Glauben an die Auferstehung und Deine Wiederkunft gebraucht, um nach dem Schock von Karfreitag nicht zu verzweifeln... " schreibt Professor Lüdemann in seinem Brief an Jesus.

Natürlich war der Karfreitag für die Jünger Jesu ein Schock und eine Katastrophe. Aber wie soll - so frage ich mich - gerade in dieser Schocksituation der Wunschtraum oder die Vision der Auferstehung entstanden sein? In einer Situation, wo diese Jünger Jesu seelisch „down" und am Boden zerstört waren? In diesen Männern und Frauen, die sich nach der Kreuzigung in irgendwelche Winkel Jerusalems verkrochen hatten, war keine Spur von knisternder Spannung und Erwartung. Und sie wollten die Auferstehung auch gar nicht glauben; liest man die Glaubensberichte von der Auferstehung in den Evangelien, dann heißt es zunächst immer, sie seien voller Furcht und Schrecken darüber gewesen. Und auf die Ankündigungen von Leiden und Auferstehung in den Monaten vor seinem Tod brachten die Jünger Jesus nur Vorwürfe, Unverständnis, Begriffsstutzigkeit oder Ablenkungsmanöver entgegen. Und kann man sich die manchmal wirklich biederen und schwerfälligen Fischer vom See Genezareth als eine Betrugs-GmbH ersten Ranges vorstellen, die den auferstandenen Jesus als Propagandafigur erfand, um auszudrücken, dass die Sache Jesu weitergehe?

Natürlich kann ich Professor Lüdemann nur recht geben und noch einmal sagen, dass es keine „Beweise" im Sinn unserer aufgeklärten Zeit für den Auferstandenen gibt. Am Ostermorgen war niemand „live" dabei, weder SAT 1 noch RTL, und auch ARD und ZDF saßen nicht in der ersten Reihe am Grab. Und es hätte ihnen auch nichts genutzt. Denn die Kameraleute hätten nichts einfangen können, weil die Auferstehung eine Dimension berührt, für die sie keine Sonden und Antennen haben. Die Auferstehung ist keine Wiederbelebung eines toten Körpers.

Angesichts dieses Briefes von Professor Lüdemann und angesichts der Versuche manch anderer „aufgeklärter" Theologen und Wissenschaftler, kommt mir ein Satz von Kardinal Ratzinger in den Sinn, der einmal - in früheren Jahren - sinngemäß meinte: bis er alle fadenscheinigen und komplizierten Begründungen gegen die Auferstehung Jesu akzeptieren sollte, fiele es ihm tatsächlich noch leichter, schlicht und einfach zu sagen: Herr, ich glaube an dich!

Vielleicht ist es aber auch eine Wahrheit, dass eine Glaubensbotschaft, die von neuem Leben spricht, nicht zuerst an den Schreibtisch und in den Kopf und in den Hörsaal gehört.

Der „Ort" ist vielleicht zunächst der Alltag, an dem sich unser Leben ja auch abspielt. Da müsste man den Auferstandenen vielleicht hin räumen und aufstellen. Da, wo Leben ist: wo gefeiert und auch getrauert, wo geredet, gesungen und auch geschwiegen, wo Ratschläge gegeben und Rat geholt wird, wo man zusammenkommt und voneinander Abschied nimmt, wo man sich streitet und sich versöhnt, wo man den Boden unter den Füßen verliert und auch wieder Halt findet, wo man reift und wächst und auch mal wieder in Sackgassen stecken bleibt.

Eine Glaubensbotschaft, die von neuem Leben spricht, gehört nicht zuerst an den Schreibtisch und in den Kopf und in den Hörsaal, sondern an die Seite der Menschen. Und da muss ich Professor Lüdemann einfach entgegenhalten und sagen: was mir den Glauben an die Auferstehung nähergebracht hat, das waren der Umgang und die Begeg-

nung mit Menschen, und nicht der Umgang mit Wissenschaft. Ich sehe in meinem Leben so etwas wie eine Geschichte und eine Tradition der Hoffnung auf neues Leben. Das fängt für mich an mit meinen zwei Großmüttern, die mir ihren schlichten und festen Glauben übergeben, tradiert haben. Das sind Menschen, denen ich begegnen durfte, in deren Gegenwart ich etwas spüren konnte von der Leichtigkeit und Befreiung dessen, was neues Leben heißt. Das sind für mich - als Katholik - aber auch die lange Reihe der Heiligen (egal, ob sie offiziell vom Papst heiliggesprochen wurden oder nicht), die im Anschluss an die Apostel für die lebendige Glaubensbotschaft von der Auferstehung gelebt haben und oft dafür ermordet wurden; bis in unsere heutige Zeit hinein. Und ganz besonders geprägt hat mich das Zeugnis des guatemaltekischen Journalisten José Calderon, der wenige Monate vor seiner Ermordung 1984 schrieb: „Es heißt, man drohe mir mit dem Tod. Mich selbst regt das aber nicht sonderlich auf. Seit meiner Kindheit flüstert mir jemand immer wieder die unerschütterliche und zur Ewigkeit einladende Wahrheit ins Ohr: 'Fürchtet euch nicht vor denen, die euren Körper zwar töten, euch aber nicht das Leben nehmen können.' ... Wir täuschen uns. Uns Christen droht nicht der Tod. Was uns 'droht', ist die Auferstehung. Denn Er ist nicht nur der Weg und die Wahrheit, sondern auch das Leben, obwohl man Ihn oben auf dem Müllberg der Welt gekreuzigt hat ...“
Für mich ist das keine Projektion oder Einbildung oder Wunschtraum. Für mich ist der auferstandene Jesus das Leben und ich wünsche uns, dass wir die Zeit erkennen, wann wir den Auferstandenen wieder herausholen müssen aus irgendwelchen dunklen Winkeln unserer Seele, zwischen den Spinnweben unserer Gleichgültigkeit und den zerbrochenen Leuchtern vergessener Lebenswerte. Dann wünsche ich uns, dass dieser Auferstandene so leuchtet, wie jene barocke Figur auf dem Altar in der Abendsonne der Südtiroler Berge.
(12.4.1998)

OSTERNACHT – LESEJAHR B: ZU MK 16, 1-8

Seit der Trennung der christlichen Kirche in ein evangelisches und ein katholisches Bekenntnis beschäftigen die Folgen nicht nur die Theologen beider Kirchen.
Die Folgen können wir an scheinbar kleinen Dingen sehen: noch immer steckt in manchen Köpfen die Vorstellung, dass die eine bzw. die andere Konfession die „bessere" oder „vollwertigere" sei; Kinder im 3.Schuljahr fragen regelmäßig verwirrt, ob sie nun katholisch oder evangelisch seien; Familienmitglieder mit verschiedener Konfession stehen manchmal vor Zerreißproben. Und diese sind nicht immer so lustig, wie in einer Familie, wo die Mutter katholisch und das Kind evangelisch war. Irgendwann hatte das Kind gehört, dass es mit Kaiserschnitt zur Welt gekommen war, und stellte der Mutter dann die Gretchenfrage: „Werden alle Evangelischen im Schneidersitz geboren?"
Eine weitere Folge der Trennung in eine evangelische und eine katholische Kirche haben wir eben ganz unscheinbar gehört, als das Osterevangelium vorlas. Ich meine allerdings nicht, dass mit der Lutherübersetzung und der Einheitsübersetzung verschiedene sprachliche Fassungen der Urtexte von Altem und Neuem Testament zu hören sind, und

vorhin den in der evangelischen Kirche üblichen Luthertext. Es geht vielmehr um einen einzigen Vers aus dem Osterevangelium.

„Und sie gingen hinaus und flohen vor dem Grab; denn Zittern und Entsetzen hatte sie ergriffen. Und sie sagten niemanden etwas; denn sie fürchteten sich."

Dieser Vers 8 aus dem 16.Kapitel des Markusevangeliums klingt in der „katholischen" Einheitsübersetzung so: „Da verließen sie das Grab und flohen; denn Schrecken und Entsetzen hatte sie gepackt. Und sie sagten niemand etwas davon; denn sie fürchteten sich." Das klingt ja doch sehr ähnlich.

Allerdings hören katholische Ohren diesen Vers im katholischen Gottesdienst nie. Er hat einfach keinen Platz bekommen. Nach der Leseordnung, die 1969 der „Römische Liturgierat" erarbeitet hat, werden von allen vier Evangelien – Matthäus, Markus, Lukas, Johannes – die vollständigen Erzählungen von Leiden und Auferstehung Jesu im Gottesdienst im Laufe von drei Lesejahren vorgetragen. Aber Vers 8 aus dem 16.Kapitel des Markusevangeliums ist da als einziger einfach weggefallen. Und das ist schon Jahrhunderte so, dass diese zwei letzten Sätze des Markusevangeliums am Osterfest nie vorgelesen wurden. Offensichtlich passten sie nicht zur Osterfreude.

Was die Nachricht des Engels „Er ist auferstanden; er ist nicht hier." auslöste bei den drei Frauen, den ersten Zeuginnen der Auferstehung ist: Schrecken, Entsetzen, Zittern, Furcht, Flucht; aber keine Osterfreude, wie sie die drei anderen Evangelien als Reaktion auf die Auferstehungsbotschaft beschreiben.

Ein merkwürdiger Kontrast. Auch merkwürdig deshalb, weil das Markusevangelium mit dem Satz beginnt: „Anfang der Frohen Botschaft von Jesus Christus, dem Sohn Gottes..." – „...und sie sagten niemand etwas davon, denn sie fürchteten sich." Wenn man dies zusammenliest – diesen ersten und letzten Satz des Markusevangeliums – dann steckt da vielleicht die ganze Spannung unseres Glaubens, unseres Christseins dahinter.

Frohe Botschaft und Furcht, Schrecken und Flucht.

Zum einen erleben wir diese Flucht ja buchstäblich zunehmend vor und während der Ostertage, wenn die Reisebüros und die Autobahnen ausgelastet sind. Eine Flucht vor der Auferstehung.

Vielleicht hängt sie auch damit zusammen, dass Ostern gegenüber Weihnachten das anstrengendere Fest ist. Ostern ist unbegreiflicher gegenüber einem schutzlos geborenen Kind in der Krippe.

Ein zweiter Gedankengang: Da ist eine frohe Botschaft – aber wir sagen niemand etwas davon, denn wir fürchten uns und suchen Ausflüchte.

Das Bekennen, das Zeugnis des eigenen Glaubens ist ja doch schwieriger geworden. Messdiener erzählen manchmal, wie sie in der Schule ausgelacht werden wegen ihres kirchlichen Dienstes.

Angst und Furcht vor einem klaren Glaubenszeugnis kann es geben in einer sogenannten „Erlebnisgesellschaft", in der wir hier in Deutschland weitgehend leben. Sie macht sich z.B. bemerkbar im Suchen nach einem gesellschaftlich hohen Rang, Erfolg, Ansehen und Einfluss oder in der Suche nach neuen Stimulationen und „Kicks" für das momentane Erlebnisbedürfnis.

Das Fernsehereignis im März 2000 – „big brother" - ist da nur <u>ein</u> Spiegel für unsere derzeitige Gesellschaftsform: Desinteresse am politischen Geschehen, Kritiklosigkeit im

Umgang mit neuen Techniken, und das Gesetz heißt: „Du musst den anderen ausstechen!"

Ich möchte hier nicht einer christlichen „Kontrastgesellschaft" das Wort reden. Das könnte ja wieder eine neue Flucht – vor der „bösen Welt" – bedeuten. Aber vielleicht müssten einige Kontrastpunkte stärker unser Glaubensleben in der „Erlebnisgesellschaft" prägen: z.B. eine so „unmoderne" Lebensausrichtung, dass es einen dieses Leben übersteigenden Sinn in Gott und seinem kommenden Reich gibt – in Absetzung zu einer Richtschnur wie: „Du musst den anderen ausstechen!"

Diese Lebensausrichtung und Lebensweise fordert das ein, was der Erfurter Bischof Joachim Wanke – aufgrund der Erfahrung des Christseins in der DDR – einmal mit dem „demütigen Selbstbewusstsein" des Christen umschrieb.

Und schließlich ein dritter Gedankengang: Da ist noch etwas, das die Spannung unseres Glaubens - Frohe Botschaft und die Erfahrung von Angst, die lähmt und sprachlos macht - ausmacht.

Da ist das Glück, mit seinem Glauben immer wieder nach Hause zu kommen; aber auch die Schwierigkeit, die Unsicherheit und Anstrengung des Glaubens an Christus.

Der Glaube an Christus, den Auferstandenen, ist bergendes Glück und quälende Frage zugleich. Und manchmal ist dieser Glaube mehr ein Suchen und Tasten „in dem rauhen, umrißlosen, nebelhaften Land der Vergeblichkeit", wie es der katholische Theologe Karl Rahner einmal ausdrückte.

Der Glaube, der Glaube an die Auferstehung ist nicht einfach und billig zu haben. Er braucht auch Anstrengung und Tiefgang. Er braucht den weiten Weg von Jerusalem weg nach Galiläa, der den drei Frauen am leeren Grab noch bevorsteht. Es ist ein weiter Weg über Gebirge, Tiefebenen und Flüsse, durch Hitze und Kälte. Aber nur dort in Galiläa, so sagt der Engel den drei Frauen, „werdet ihr ihn (den Auferstandenen) sehen, wie er euch gesagt hat."

Und manchmal, da gestehe ich es mir ein, überkommt auch mich auf meinem Weg im Alltag von Galiläa die Versuchung der Resignation, der Flucht vor dem leeren Grab und der Auferstehungsbotschaft. Manchmal frage ich mich innerlich „Vielleicht ist die Resignation doch ein Gesichtspunkt.", obwohl ich genau das Gegenteil als eine Maxime vor Augen haben möchte.

Die Osterbotschaft des Engels beginnt mit „Entsetzt euch nicht! – Erschreckt nicht!"

Das Glück und die Freude der Auferstehung erlebe ich immer wieder in der Überwindung von Angst, in dem tiefen Glauben, dass letztlich nichts und niemand mich verletzen kann. Denn Christus hat diese todbringenden Mächte, wie Überforderung, Verzweiflung, die wachsenden Schutthalden des Wissens, die äußeren Reize und Signale, die einen kaum zu sich selbst kommen lassen, die Gleichgültigkeit gegenüber Leid und Tod, und viele mehr überwunden.

Und dann merke ich manchmal, dass es da noch eine geheimnisvolle Strömung auf dem Weg von Jerusalem nach Galiläa gibt, die Gnade genannt wird. Sie macht mir bewusst, dass es neben meinem guten Willen auf dem Weg von Jerusalem nach Galiläa voranzukommen noch die Macht dessen gibt, der die Herzen anrührt und das Ziel aller Dinge ist.

(23.4.2000)

„Und wer von uns kann schon sagen, wie damals...: Ich habe den Herrn gesehen. ... Wer von uns kann so kühn und lebendig allem begegnen, was ihm widerfährt und ist so verwandelt und losgelöst, weil er es weiß: Ich habe den Herrn gesehen. ...“ Hanns-Dieter Hüsch, Kabarettist und der evangelischen Kirche sehr verbunden, hat das einmal gefragt.

Wer von uns heute morgen kann das sagen: „Ich habe den Herrn gesehen“?

Nicht so wie damals, sondern auf seine/ihre einmalige Weise.

Denn die Erfahrungen mit dem auferstandenen Jesus waren für jeden, der ihm begegnete, anders, jeweils einmalig: Maria Magdalena erkennt Seine Stimme, die zwei aus Emmaus erkennen Ihn im Brotbrechen, zwei Frauen hören ein Erdbeben, einige Jünger erkennen Ihn in einem reichen Fischfang.

Woran ist der Herr heute zu erkennen? Worin gibt Er sich heute zu erkennen? Was können wir heute von Ihm hören?

Diese Antworten müssen doch gesucht werden. Denn sonst ist Ostern wirklich nichts anderes als das Fest von Eiern, Osterhase und Frühlingsanfang.

Aber nicht das Fest, an dem sich Gott zeigt; an dem Gott zeigt, wie Er ist – als der, der auferweckt vom Tod zum Leben.

„Kühn und lebendig allem begegnen, was ihm widerfährt...“ sagt H-D Hüsch.

Als ich gestern morgen die Fotos und Nachrichten aus Israel in den Zeitungen sah und las, drängte sich mir der Schrecken vom 11.9. auf. Die israelischen Medien nannten die Trümmer des Selbstmordattentats am Passahfest „Israels Ground Zero“. Ground Zero – Grund Null – erstmals so genannt der Ort, wo das World Trade Center stand. Kein Grund mehr – bodenloses Entsetzen – Angst durch und durch.

„Kühn und lebendig all dem begegnen, was ... widerfährt“

Die Welt habe sich an diesem Tag verändert, sagten manche Politiker am 11.9. Das legt fast die Vorstellung nahe, als ob es eine „schlimmste Katastrophe“ gibt.

Wer legt fest, was schlimmer ist? Günter Grass neuer Roman, Im Krebsgang, enthüllt die Wahrheit über 9.000 Tote auf einem deutschen Flüchtlingsschiff. Die Völkermorde – Genozide genannt – des vergangenen und neuen Jahrhunderts. Entscheidet die Anzahl der Ermordeten über den Grad einer Katastrophe? Was ist mit der Mutter, die ihren erhängten Sohn im Dachgebälk entdeckt? Was mit dem Vater, der sein eigenes Kind überfährt? Und was ist mit den kleinen alltäglichen Katastrophen, von denen wir oft sagen: „Solang's nicht schlimmer kommt!“ Was ist „schlimmer“?

„Kühn und lebendig allem begegnen, was ... widerfährt...“

Ist dieser Satz angesichts von kleinen und großen und schlimmsten Katastrophen nicht frommes Geschwätz?

An dieser Frage entscheidet sich der Glaube.

Wenn es frommes Geschwätz ist, dann können wir jetzt weiter ein Frühlings-, Osterhasen- oder Eierfest feiern.

Aber wie kann ich, Frau oder Mann, Kind oder Jugendlicher oder Senior, „kühn und lebendig allem begegnen, was mir widerfährt"?

Wie kann ich denn sagen: „Ich habe den Herrn gesehen."?

Was alle Erfahrungen mit dem auferstandenen Jesus, trotz ihrer andersartigen, jeweils einzigartigen Begegnung, gemeinsam haben, ist eine neue Weise des Sehens.

Aus „gehaltenen" Augen werden „offene" Augen; auf einmal wird etwas gesehen, was vorher auch da war, aber nicht gesehen wurde.

Wie geht das?

Meine Antwort, und meine eigene Erfahrung, klingt einfach und doch schwer zugleich.

Wer es schafft, einmal einen ganzen Tag – nur für sich – am besten im Schweigen – ohne Bücher, Fernsehen – ohne Gedanken an gestern und morgen – ohne Sorgen um Familie oder Beruf oder Weltpolitik oder die Entstehung des Weltalls – am besten in der Natur – zu sein;

der wird erahnen, was eine neue Weise des Sehens ist.

Einfach und doch so schwer. Was ist wichtig?

„Wer von uns kann schon sagen, ich habe den Herrn gesehen...?"

Wir können es.

Und dann „kühn und lebendig allem begegnen, was widerfährt." (31.3.2002)

OSTERNACHT

Ein Mann stieß während einer Wanderung auf einen Adlerhorst und nahm ein Adlerei mit. Zuhause legte er es im Hühnerstall einer gewöhnlichen Henne unter. Der kleine Adler schlüpfte mit vielen Küken aus und wuchs zusammen mit ihnen auf. Sein ganzes Leben benahm er sich wie ein Huhn, kratzte in der Erde nach Würmern und Insekten, gluckte und gackerte. Denn er dachte, er sei ein Huhn im Hinterhof. Der Adler wurde sehr alt. Eines Tages sah er einen herrlichen großen Vogel über sich schweben. „Wer ist das?" fragte der alte Adler seinen Nachbarn. „Das ist der Adler, der König der Lüfte. Aber reg dich nicht auf. Du und ich sind von anderer Art."

Also dachte der Adler nicht weiter an diesen Vogel und was ihn aufgeregt hatte. Er starb in dem Glauben, ein Huhn im Hinterhof zu sein. (diese Geschichte erzählt Anthony de Mello in „Der springende Punkt")

Je mehr ich darüber nachsann, wie eine Osternachtpredigt aussehen könnte, ohne das Osterevangelium gehört zu haben und das „Christ ist erstanden!" und das „Halleluja!" – denn das kommt erst später – umso mehr fiel mein Blick auf das gerade gesungene Lied: „Aufwärts froh den Blick gewandt – was einen noch gefangen hält, o werft es von euch ab – steigt frei mit ihm hinan, zu lichten Himmelshöhn."

Wie eine Anweisung an den alten Adler, der im Hinterhof bei den Hühnern hocken bleibt: „Aufwärts froh den Blick gewandt – was einen noch gefangen hält, o werft es von euch ab – steigt frei mit ihm hinan, zu lichten Himmelshöhn."

Wenn das so einfach wäre.

Wenn das so einfach wäre, sich aus seinen „Gräbern" herausholen zu lassen, in die man hineingeraten ist oder in denen man hockt – den Gräbern von Mutlosigkeit und Trauer, von Neid und Lieblosigkeit, von Kälte und Kraftlosigkeit; von scheinbar so finsteren Zeiten, die an mittelalterliche Glaubenskriege zwischen Islam und Christentum und Judentum erinnern, mit blindem Hass und lebensverachtendem Terror.

In der scheinbar horrorähnlichen Lesung aus dem Buch Ezechiel von Knochen und Gebein, die plötzlich mit Sehnen und Fleisch und Haut überzogen werden, bekommen diese „Gräber" einen Namen: „Unsere Hoffnung ist untergegangen. Wir sind verloren." Um dann den Propheten Ezechiel im Namen Gottes sagen zu lassen: „Ich hole euch aus euren Gräbern herauf."

Wie kann das geschehen? Licht ins Dunkel, vom Tod ins Leben, Leben aus dem Nichts – all das, was wir bisher an Gebet und Lesung gehört und gesungen haben? Wie kann das wirklich in uns dringen, dass es nicht nur gehört wird mit den Ohren, sondern uns innerlich erfüllt, anspricht, unser Leben wirklich hell macht, froh, glücklich, ganz leidenschaftlich ausfüllt? Dass es mehr ist als nur ein einfacher Mutmacher im Sinn eines „Na los, so schlimm wird's schon nicht werden. Auf Winter kommt Frühling!"

Was hätte der Adler denn hören, tun, sehen, glauben, geschehen lassen müssen, damit er „abwerfen kann, was ihn gefangen hält", „frei in lichte Himmelshöhn steigen" kann, „aufwärts froh den Blick" wenden kann?

Vor einiger Zeit hörte ich, dass die Geschichte vom Adler vielleicht einen anderen Ausgang genommen haben könnte.

Der Mann, der dem Adler im Hinterhof Hühnerfutter zu fressen gab, erhielt eines Tages Besuch von einem naturkundigen Mann. Der meinte: „Dieser Vogel dort ist kein Huhn, er ist ein Adler." „Ja", sagte der Mann, „das stimmt. Aber jetzt ist er kein Adler mehr, sondern ein Huhn." – „Nein", sagte der andere, „er ist immer noch ein Adler, denn er hat das Herz eines Adlers, und das wird ihn hoch hinauffliegen lassen." Beide beschlossen daraufhin, eine Probe zu machen. Der naturkundige Mann nahm den Adler, hob ihn in die Höhe und sagte beschwörend „Du bist ein Adler, du gehörst dem Himmel; fliege." Der Adler saß auf der Faust und blickte um sich. Als er die Hühner nach Körnern picken sah, sprang er zu ihnen hinunter. – Der naturkundige Mann gab jedoch nicht auf. Er stieg mit dem Adler auf das Hausdach und wollte ihn zum Fliegen bewegen. Aber wieder sah der Adler die Hühner Körner picken und sprang zu ihnen herunter. – Daraufhin nahm der naturkundige Mann am nächsten Morgen den Adler und brachte ihn aus der Stadt an den Fuß eines hohen Berges. Die Sonne stieg gerade auf. Der Mann sagte: „Du bist ein Adler. Du gehörst dem Himmel. Fliege." Der Adler blickte umher, zitterte, als erfülle ihn neues Leben – aber er flog nicht. Da ließ ihn der Mann direkt in die Sonne schauen. Und plötzlich breitete der Adler seine Flügel aus, erhob sich und flog höher und höher und kehrte nie wieder zurück.

Der Adler muss alles loslassen, was ihn am „Fliegen" hindert.

Er muss alles in Kauf nehmen, was ihn „Adler" sein lässt.

Er muss an sich handeln lassen. Er muss wegkommen von den „Mächten und Gewalten" des Hühnerhofes. Er muss in die Sonne schauen.

Es gibt diese Augenblicke im Leben, in denen man nicht genau benennen kann, „was" es war und „was" einen bewegt hat, so zu handeln und nicht anders: einen Streit zu beenden, eine dumme Bemerkung zurück zu halten, sich von Neid nicht bestimmen zu lassen.

Es sind die Augenblicke im Leben, wo scheinbar „knöcherne" Begriffe wie Selbstlosigkeit oder Liebe „Fleisch und Blut", „Sehnen und Haut" bekommen. Der Weg dahin ist für die einen länger, für die anderen kürzer, für die dritten scheint er wie verschüttet. – warum, das weiß Gott allein, und es muss uns so nicht kümmern.

Es sind die Augenblicke, wo uns eine Sonne aufgeht. Das ist der Beginn von Ostern – das „Halleluja!" kommt noch.

(11.04.2004)

OSTERSONNTAG – LESEJAHR B: ZU JOH 20, 1-18

Frühling 94 - nicht Frühling dieses Jahres - sondern Frühling 94
Johannes war am Ende.
Er saß in seiner kleinen Hütte am Hafen von Ephesus. Vom Schreiben waren ihm die Finger zittrig, die Augen noch schwächer geworden.
Seit dem Tag, als einige Leute aus Ephesus zu ihm gekommen waren und ihn gebeten hatten, doch aufzuschreiben, was er von diesem Jesus aus Nazareth erfahren hatte, waren viele Wochen vergangen. Er hatte versucht, sich zu erinnern, was ihm wichtig war. Hatte nachgedacht und in seinen Erinnerungen gekramt und dann wieder aufgeschrieben.
Und jetzt war er am Ende, war wie ausgepumpt.
Gerade hatte er den Satz aufgeschrieben: "An dem Ort, wo man Jesus gekreuzigt hatte, war ein Garten mit einem neuen Grab, in dem noch niemand bestattet war. Dort legten sie Jesus hinein."
Ja, auch damals war er wie am Ende. Alle Hoffnungen auf diesen Jesus aus Nazareth schienen mit seinem Tod begraben zu sein: die Hoffnung, dass Menschen sich ändern und wandeln können, wenn sie seine befreiende Art des Lebens erfuhren; die Ängste, die das Denken und Leben nicht mehr beherrschten; das Aufatmen-Können, wenn man in seiner Nähe war; die Sorgen, die man sich machte, waren nicht mehr so wichtig.
Ja, in ihm war Leben. Und dieses Leben war wie ein Licht für die Menschen, die ihn kennenlernten.
Und dies alles schien damals vorbei, als man ihn kreuzigte. Es war eine ganz dunkle Zeit für all die Frauen und Männer, die mit Jesus gezogen waren, ihn begleitet hatten. Ganz dunkel war es für sie alle. Kein Trost von außen war da. Eine schlimme Zeit.
So wie damals vor gut 60 Jahren, hatte er jetzt das Gefühl, am Ende zu sein. Er war mit seinen Gedanken ganz in dieser dunkelsten Zeit seines Lebens.
Wie konnte er jetzt von jenem unfassbaren Ereignis schreiben an dem Morgen, als er mit Simon ans Grab lief? Wie sollte er das Wichtigste überhaupt, das, was ihn aus dieser

dunkelsten Zeit seines Lebens herausholte, in Worte fassen? Er konnte es nicht - zu sehr war er in dieser dumpfen, traurigen und schweren Stimmung.

Johannes sah hinaus auf den Hafen von Ephesus: Schiffe kamen an, einige wurden ausgeladen, einige fuhren mit vollen Segeln aufs Meer hinaus. Er sah die Weite des Meeres; da gab es kein Ende.

Plötzlich sah er einen Schmetterling vorbeiflattern. Er setzte sich auf den Ginsterstrauch, der vor Johannes' Hütte stand.

Johannes betrachtete den Schmetterling: "Ein seltsames Tier", dachte er. "Zunächst ist es eine graue Raupe, die auf dem Boden herumkriecht. Dann hüllt sie sich in eine dicke Hülle aus feinen Fäden, stirbt ab, streift die alte Form und Art des Lebens ab und wird zum Schmetterling. Eine ganz neue, ganz und gar befreite, leichte Form des Lebens entsteht. Da verwandelt sich etwas.

Und als Johannes dieses Bild vor Augen hat, verwandelt sich auch bei ihm etwas. Er sieht jenen Morgen vor sich:

Maria war frühmorgens zum Grab gegangen, um Jesus' Leichnam zu salben. Er hatte ihr noch gesagt, dass es kaum Zweck hätte. Die römischen Wachleute würden ihr bestimmt nicht den Stein vom Grab wegwälzen.

Wenig später war sie aufgeregt zurückgekommen: der Herr sei nicht im Grab, das Grab sei leer, man habe ihn wohl woanders hingelegt.

Simon und er waren sofort losgelaufen. "Das Grab leer? Was war da geschehen?" Diese Fragen waren ihm beim Laufen durch den Kopf gegangen. Und dann stand er da am Grab -allein. Der etwas behäbige Simon brauchte etwas länger. Er sah hinein ins Grab und sah die Leinenbinden liegen. Er blieb draußen, ging erst mal nicht hinein; blieb draußen am Stein stehen. Er musste nachdenken - er, der Denker von Anfang an: Leinenbinden, die nicht mehr gebraucht wurden, die den Toten nicht festhalten können; der Stein, der weggewälzt war, so dass Licht ins Dunkel fällt. "Johannes, denk nach!" so hatte er sich gesagt. Was hat Jesus beim letzten Essen gesagt? Wie waren die Worte? "Kurze Zeit, dann seht ihr mich nicht mehr, und wieder eine kurze Zeit, dann werdet ihr mich sehen." Und hatte er nicht öfters davon erzählt, dass er getötet, aber am dritten Tag auferstehen werde? Drei Tage waren vorbei?! Er musste Ruhe bewahren, nachdenken. Simon war inzwischen ins Grab hineingegangen. Jetzt ging auch er hinein: der große, dunkle Raum - jetzt überkam es ihn wieder, das Dunkel der letzten Tage, die Hoffnungslosigkeit und Schwermut. Aber er hatte das Gefühl, dass dieser Ort kein Ort von Schrecken und Angst mehr war. Es war etwas verwandelt, er konnte es nicht in Worte fassen. Zu Simon konnte er darüber auch nichts sagen. Er sah etwas von dem Licht.

Nachdenklich waren sie beide nach Hause gegangen.

Eigentlich glauben konnte er jenes unfassbare Ereignis erst, als Maria bei ihm wenige Stunden später geklopft hatte. Er war immer noch ganz ins Nachdenken versunken, als Maria zu ihm sagte: "Ich habe den Herrn gesehen!"

Mit ergreifenden Worten hatte sie von der Begegnung erzählt. So deutlich, dass Johannes auch jetzt das Gefühl hatte, er sei selbst dabei gewesen, als Jesus Maria erschien. Ein Wort nur war es gewesen, der Ruf ihres Namens: "Maria!" Da hatte es sie durchzuckt wie ein Blitz und im gleichen Augenblick, innerhalb einer Sekunde, war ihr klar: er lebt! Das Todbringende, Verletzende, Zerstörerische, Sadistische, Böse wird nicht die Oberhand behalten. Sie hatte den Herrn kennenlernen dürfen als letzte, unzerstörbare Wirklichkeit ihres Daseins. Sie, die ganz tief in der Dunkelheit, der Traurigkeit und Verzweiflung steckte, hatte im Ruf ihres Namens erfahren: es gibt noch Hoffnung über die Tödlichkeit menschlichen Tuns hinaus; es gibt noch Halt und Zukunft, weiter als bis wohin das Denken reicht.

Als Johannes damals Maria erzählen hörte, wurde ihm klar, was es brauchte, um zum Glauben an Jesu Auferstehung gegen alles Tödliche zu kommen: einen Boten, der sagt, dass gerade dort, wo wir nur Totes sehen, Leben aufblüht; einen Menschen, aus dem das Licht Gottes leuchtet.

Ja, als er in das Dunkle und Enge des Grabes hineingegangen war, da sah er vor sich seine eigene Angst, seine Traurigkeit, seine verdrängten Wünsche und Bedürfnisse, seine Dunkelheit, seine Resignation, sein Selbstmitleid. In dieses "Grab" war Licht gekommen. Noch immer war all das für ihn unfassbar. Oft hatte er in seinem Leben gezweifelt, war mutlos geworden, hatte keine klaren Gedanken fassen können, war unsicher geworden, orientierungslos, ihn plagte die Frage, ob sein Leben nicht sinnlos sei und dann fühlte er sich am Ende.

Doch dann hörte er - so wie damals Maria die Stimme hörte - seinen Namen rufen: "Ach, Johannes!"

Johannes blätterte zurück an den Anfang seines Evangeliums. Ja, es stimmte, was er da ganz am Anfang geschrieben hatte vor vielen Wochen. Das war trotz allem sein Glaube, das war seine Erfahrung, das wollte er weitergeben, das sollten die Menschen wissen, das musste in alle Gräber der Welt hineingerufen werden: "In ihm ist das Leben und das Leben ist das Licht der Menschen. Und das Licht der Auferstehung leuchtet in der Finsternis." Gesegnete Ostern.

(3.4.1994)

3.SONNTAG DER OSTERZEIT – LESEJAHR C: ZU JOH 21,1-14

"Total normal"! So lautete 1989-1991 der Titel einer Fernsehserie. Darin wurden Szenen gezeigt, in denen ein Kamerateam in bestimmte normale Situationen hineinplatzte und diese durcheinanderbrachte und lächerlich machte.

Ein Beispiel: eine Werbeveranstaltung bei einer Kaffeefahrt, wie wir sie kennen. Die Menschen sind in einem Saal zum Kaffeetrinken versammelt und vorne auf der Bühne steht jemand, der Werbeprodukte verkaufen will. Da handelt es sich dann meistens um Pfannen, Töpfe, warme Decken, usw. - Artikel, die dann viel teurer verkauft werden, als sie es sonst normalerweise im Kaufhaus sind. Und in diese Werbeveranstaltung platzt nun das Kamerateam dieser Sendung und bringt alles durcheinander. - Total normal.

Unvorhergesehenes bricht in die Normalität ein, Unvorhergesehenes bringt Gewohnheiten durcheinander.

Total normal! So könnte man auch die Situation der Jünger am See Genezareth beschreiben. Die Auferstehung Jesu liegt mittlerweile einige Zeit zurück. Die Jünger gehen wieder dem nach, was sie gemacht haben, als sie Jesus noch nicht kannten: sie fischen.

Sie gehen wieder ihrem Alltagsgeschäft nach. Und zu dieser Normalität des Alltags gehört auch die Erfahrung des Scheiterns: sie haben die ganze Nacht nichts gefangen.

Und in diese totale Normalität der Jünger kommt nun Jesus. Aber nicht so, dass er alles durcheinander bringt, dass er nur kurze Zeit da ist, und so etwas Außer-Gewöhnliches. Jesus kommt, schaut den Jüngern bei der Arbeit zu, er setzt sich mit ihnen hin und isst mit ihnen; teilt mit ihnen Fisch und Brot. Jesus teilt mit den Jüngern die Normalität des Alltags. Jesus, der Auferstandene, ist im Alltag der Jünger mit dabei.

Jesus, der Auferstandene, in unserem Alltag, in unserer Alltäglichkeit!

Das war auch das Thema des Hungertuchbildes von Misereor in diesem Jahr (das in der Fastenzeit. Das Bild ist betitelt "Der Auferstandene begleitet das Volk Gottes auf seinem Weg." Das Volk Gottes, das sind wir, und unser Weg ist unser Alltag.

Dieses Bild in seiner Buntheit und Vielfalt zeigt in der Mitte Jesus, den Auferstandenen. Um ihn herum gruppiert sind die Menschen und Völker Lateinamerikas.(Dieses Bild wurde in Lateinamerika gemalt). Die Menschen und Völker in Geschichte, Gegenwart und Zukunft, mit ihren alltäglichen Problemen: die Straßenkinder, die Landarbeiter, die Indianerinnen, die Ordensfrauen, die Bischöfe, die Indios. Sie alle sind gruppiert um Jesus, den Auferstandenen. Um ihn gruppiert sind aber auch Menschen, die für ihren Glauben getötet wurden:

Oscar Romero, der Erzbischof von El Salvador, 1980 ermordet. Luis Espinal, Jesuit und Missionar in Bolivien, 1980 ermordet. Chico Mendes, brasilianischer Gummizapfer, 1988 ermordet.

Die Menschen in ihrem Alltag, und Jesus als Auferstandener dabei.

Für die Menschen und Christen in Lateinamerika ist diese Aussage sehr wichtig: Jesus ist als Auferstandener in unserem Alltag dabei.

Ein lateinamerikanischer Befreiungstheologe, Jon Sobrino, schreibt:

"Die Gewissheit von der Nähe und Gegenwart des auferstandenen Jesu in allem gibt eine innere Kraft, die verändert und aus verängstigten freie Menschen macht."

Jesus als Auferstandener in unserem Alltag dabei, gibt uns eine innere Kraft, die verändern kann. Können wir diese Erfahrung der Menschen Lateinamerikas nachvollziehen?

Spüren wir diese innere Kraft,

wenn ich den kranken Vater auf dem Sterbebett pflege,

wenn ich in der Schule schon wieder einmal ungerecht vom Lehrer behandelt wurde,

wenn ich im Arbeitslabor Untersuchungen durchführe,

wenn ich die Mehlschwitze für die Bratensoße anrühre,

wenn ich im Gestank der Fabrik stehe,

wenn ich vom Schwiegersohn schon wieder als "alt und vergesslich" bezeichnet worden bin,

wenn ich als Streikposten vor dem Fabriktor stehe?

Ich wünsche uns diese Erfahrung.

(2./3.5.1992)

In seinem Lied „Du hast es nur noch nicht probiert" beschreibt der Liedermacher Gerhard Schöne den Mut, etwas zu tun, was eigentlich unmöglich scheint. Etwas zu tun, von dem andere vielleicht sagen würden: du bist ja verrückt! das klappt nie! das macht man nicht!

Da singt Gerhard Schone von jemandem, der einen Diplomatenkonvoi mit der Hand anhält, den aussteigenden Staatsmann in den Arm nimmt und ihm die Meinung sagt. Der lädt ihn prompt zum Abendessen ein.

Im Refrain singt Gerhard Schöne dann immer wieder "Du hast es nur noch nicht probiert, und darum glaubst du's nicht."

Die Aussage des Liedes ist, sich etwas zuzutrauen und für sich ungeahnte Möglichkeiten zu entdecken. Aber genauso ist die Aussage, dass das eigentlich etwas Verrücktes ist: einen Diplomatenkonvoi anzuhalten, den Mut zu haben, dem Staatsmann die Meinung zu sagen. Ja, verrückt ist das schon.

Und verrückt ist auch das, was da von diesen sieben Fischern am See Genezareth - am See Genezareth - im Evangelium erzählt wird.

Die ganze Nacht haben sie die Netze ausgeworfen - zu einer Zeit, in der am ehesten mit Erfolg zu rechnen ist. Aber kein einziger guter, genießbarer Fisch ist ihnen in diesen langen kühlen Nachtstunden ins Netz gegangen. Und da kommt ein Mann, von dem sie nicht recht wissen, wer es ist, und sagt ihnen am frühen Morgen, dass sie die Netze noch einmal auswerfen sollten. Zu einer Zeit, in der jeder erfahrene Fischer weiß, dass das die ungünstigste Zeit zum Fischfangen ist. Und merkwürdigerweise gehorchen die sieben dieser Anweisung und verrückterweise fangen sie 153 Fische entgegen aller Erfahrung und wider besseres Wissen. (Die Zahl kann übrigens stimmen, denn nach jedem Fischfang wurden die Fische einzeln aussortiert, gezählt und danach aufgeteilt.)

Die Frage kann sich da stellen: wie kommen diese sieben Jünger Jesu dazu, so etwas Verrücktes zu tun? Was hat sie motiviert und bewegt? Und allgemeiner ist hier vielleicht die Frage zu stellen: was treibt Menschen dazu - entgegen aller Erfahrung - etwas zu tun, was scheinbar unmöglich ist, was einem nie jemand zugetraut hätte? Was hält z. B. vor zwei Jahren jenen jungen Mann, der von Bord eines Ozeandampfers fiel, viele Tage in der Weite des Ozeans über Wasser, bis ihn ein Schiff an Bord nimmt? Was ließ die Astronomen Kopernikus und Galilei, entgegen der Meinung ihrer zeitgeschichtlichen Umwelt annehmen, dass die Erde um die Sonne kreist, was für das 16/17. Jahrhundert eine unmögliche Behauptung war? Oder sei es nur das einfache Beispiel eines mittelmäßigen Fußballspielers, der bei der allerletzten spielentscheidenden Torchance den Ball auflegt und einen Freistoß aus 30 m Entfernung verwandelt. Was trieb jenen jungen Pfarrer aus Leipzig vor sechs Jahren dazu, kurz entschlossen sich vor Tausende hinzustellen und die Worte zu finden, damit die Proteste gegen die SED nicht in Gewalt eskalierten?

Andererseits gibt es das scheinbar Unmögliche, das mit entsetzter Fassungslosigkeit einhergeht: die unbeschreibbaren, unfassbaren Schrecken der Konzentrationslager zeigen die andere Seite der Medaille dessen, was wider alle Vernunft, Erfahrung und Einsicht geschehen kann. Was hat die Lagerleiter getrieben, immer gezielter neue unvorstellbare Möglichkeiten sich auszudenken, Menschen grausam zu ermorden?

Gerade in diesen unfassbaren Schrecken der Konzentrationslager hat ein Mann versucht, auf die gestellte Frage, was Menschen denn dazu bewegen kann, scheinbar Unmögliches zu tun, eine Antwort zu finden.

Dem jüdischen Professor Viktor Frankl stellte sich im KZ Dachau vor allem die Frage, wie er dieses unfassbare Grauen überleben könne. Er suchte nach einer inneren Kraft die ihn motivieren könnte, nicht aufzugeben und zu überleben - obwohl das scheinbar unmöglich damit rechnen musste, ermordet zu werden.

Frankl hatte das Glück, nicht ermordet zu werden.

Den zweiten Grund, dass er überlebte, sieht er in jener inneren Kraft, die er fand. Er stellte sich vor, dass ihn im Leben noch etwas zu erwarten habe; dass er trotz allem noch eine Aufgabe zu erfüllen habe, dass er noch einen Sinn in seinem Leben zu erfüllen habe. Für Frankl war dies konkret ein Buch, das er unbedingt noch schreiben wollte, und das er schrieb unter dem Titel "...trotzdem Ja zum Leben sagen". Diese Vorstellung, vom Leben noch etwas zu erwarten, so schreibt er dort, kann die Kraft geben, scheinbar Unmögliches möglich zu machen. Er schreibt aber auch, dass man sich das oft nicht selbst sagen kann. Es müsse einem oft gesagt werden, dass man noch etwas zu erwarten hat. Es muss einem gesagt und zugetraut werden, dass scheinbar Unmögliches möglich ist.

Die sieben Jünger brauchen das Zutrauen und die Aufforderung des Mannes am Ufer "Nehmt die rechte Seite vom Boot und fangt da!" Vielleicht hatten die sieben es ja auch vor, es noch mal auf der rechten Seite zu probieren. Aber da sie von der Vernunft her wussten, dass das Unsinn war und vielleicht auch keine Lust mehr hatten, taten sie es nicht von sich aus. Der kopflastige Verstand widersprach dem eigenen Gefühl. Die sieben brauchen das Zutrauen, dass es noch etwas zu erwarten gibt für sie - ein großer Fang. So wird scheinbar Unmögliches möglich an diesem frühen Morgen. So erkennen sie auch erst, welcher Mann das war, der ihnen sagte: "Macht's so!" Jesus als Auferstandener So gehen ihnen die Augen auf und sie erkennen, dass Leben stärker als Tod ist. Ich wünsche uns dieses Zutrauen, damit auch uns die Augen aufgehen können.

(29./30.4.1995)

6.Sonntag der Osterzeit – Lesejahr A: zu Joh 14,15-21

16 Kerzen brannten am 3.Mai 2002 auf den Treppenstufen vor dem Erfurter Dom. Sie brannten im Gedenkgottesdienst für die 16 Opfer des Amoklaufs im Erfurter Gutenberg-Gymnasium.

Im Lauf des Gottesdienstes wurde eine 17.Kerze entzündet. Ausdruck, wie es der evangelische Landesbischof sagte, einer Hoffnung gegen den Augenschein, einer Bitte um Trost in der Trostlosigkeit. Die 17.Kerze – keine Kerze für den Mörder.

Hätte eine 17.Kerze für den Mörder entzündet werden sollen?

Was wie eine theoretische Frage klingt, verfolgt noch immer die Bevölkerung in der Schweizer Kantonsstadt Zug. Dort hatte am Vormittag des 27.September 2001 ein Mann 14 Mitglieder des dortigen Kantonsparlaments erschossen, und anschließend sich selbst.

Im zentralen Trauergottesdienst wurden 14 Kerzen für die 14 Ermordeten entzündet. Der katholische Bischof Kurt Koch kam dann auf die 15.Kerze für den Mörder zu sprechen. Sie anzuzünden sei jetzt eine Überforderung. Er übergab die 15.Kerze unangezündet dem katholischen Regionaldekan von Zug – mit der Bitte, sie zu entzünden, wenn er den Zeitpunkt dazu für richtig halte.

Bis heute steht die 15.Kerze unberührt im Eingang des Zuger Pfarrhauses. Bis heute erhält der Zuger Regionaldekan Post für und gegen das Entzünden dieser Kerze.

Kann sie jemals entzündet werden? Wann ist der richtige Zeitpunkt gekommen?

Diese dramatischen Fragen müssen gestellt werden können angesichts des heutigen Evangeliums.

Ich erkenne heute in diesem Evangelium zunächst zwei Grundaussagen.

Da wird einmal von Jesus eine ganz scharfe Trennung vorgenommen: „die Welt" – „Ihr aber".

Und zum zweiten wird am Beginn und am Ende dieses Evangeliumsabschnittes – sozusagen als Rahmen – von Jesus gesagt: die Liebe zu ihm (d.h. die innige, vertrauensvolle Beziehung zu ihm) drückt sich im Halten seiner Gebote aus.

D.h. zunächst einmal, dass diese Liebe mehr ist als ein bloßes Gefühl, mehr ist als eine gute Stimmung. Sie ist Tat – das Halten von Geboten.

Aber wie ist das mit den Geboten von Jesus – „Liebt eure Feinde!" – „Betet für die, die hinter euch her sind!" – „Leistet dem, der euch etwas Böses antut, keinen Widerstand!"? Ich kann das nicht so recht einordnen – angesichts des Massakers von Erfurt.

Was ich merke – und was auch die suchenden, behutsamen, um Begreifen bemühten Worte der Rednerinnen und Redner in der Erfurter Trauerfeier zeigten: ich darf es mir nicht zu leicht machen.

Worte wie „Wir müssen uns mehr umeinander kümmern." von Bundespräsident Rau oder die Rede von der „Tugend der Mitmenschlichkeit" von Ministerpräsident Vogel – bleiben sie Appelle? Werden sie bleiben? Ein Kommentator schrieb von einem „Ruck", der in der leisen Trauerfeier von Erfurt zu spüren gewesen sei. Wird dieser „Ruck" von der Fähigkeit zu trauern bleiben?

„Gott wird euch einen Beistand geben, der für immer bei euch bleiben soll – es ist der Geist der Wahrheit, den die Welt nicht sieht und nicht kennt."

Es gibt einen Geist der Wahrheit – von Gott gegeben – der für immer auf dieser Erde ist und bleibt, solange sie besteht.

Vielleicht – wirklich nur vielleicht – ist das, was in den vergangenen Tagen durch das Massaker von Erfurt in Deutschland und auch das Massaker von Zug in der Schweiz ausgelöst worden ist – die Suche nach Antworten, der Ausdruck von Trauer, die Frage nach Sinn - ein Hinweis auf diesen von Gott gegebenen Geist der Wahrheit – auch ein Geist der Unterscheidung.

Es wird ja versucht, hier etwas zu sehen, etwas zu erkennen, was vielleicht so nicht gesehen und erkannt worden ist und wird.

Der Erfurter Bischof Joachim Wanke hat angesichts der vollen Gottesdienste zu solchen Ereignissen gesagt:

„Vielleicht spricht sich darin das sonst im Alltag verschüttete Wissen aus, dass es inmitten des ‚falschen' Lebens ‚richtiges' Leben gibt, geschenktes, von Gott geschenktes Leben – auch für die Toten."

Geschenktes Leben.

Vielleicht ist es das, was immer wieder einzuüben ist. Ich kann Leben nicht nehmen, ich kann mir Leben nur schenken lassen.

Das ist ja dem Menschen von Anfang an gesagt. Im Bild der Erzählung vom Paradies heißt es: die Früchte vom Baum des Lebens und der Erkenntnis kann ich mir nicht nehmen – sie sind geschenkt.

Schwer annehmbar in einer Welt, die Machbarkeit und Leistung an erster Stelle sieht.

Was ist mit der 17.Kerze – was ist mit der 15.Kerze?

Was können sie ausdrücken? Versöhnung, Vergebung, Feindesliebe?

Im Psalm 130, der die Dramatik eines unbegreiflichen Unglücks widerspiegelt, und der Psalmbeter seine Situation umschreibt mit „aus der Tiefe rufe ich", heißt es am Ende: „Ich warte voll Vertrauen auf dein Wort."

(4./5.5.2002)

6.Sonntag der Osterzeit – Lesejahr B: zu Joh 15,9-17

Über 25 Millionen Mal wurde jenes Buch von Erich Fromm weltweit verkauft, das den Titel trägt "Die Kunst des Liebens". Es endet mit dem Satz "Der Glaube an die Möglichkeit der Liebe …ist ein vernünftiger Glaube, der sich auf die Einsicht in das wahre Wesen des Menschen gründet."

Auch wenn über 25 Millionen Menschen dieses Buch und diesen letzten Satz gelesen haben, kann man doch nicht sagen, dass es im Umgang untereinander liebevoll zuginge. Mit anderen Worten: die Einsicht in das wahre Wesen des Menschen, nämlich, ein liebendes Wesen zu sein ist das eine - das Umsetzen dieser Einsicht ist das andere.

Nirgendwo wird dieser Unterschied zwischen Anspruch und Wirklichkeit deutlicher, als am heutigen Evangelientext.

Dreimal fordert Jesus seine kleine Gemeinde der Jünger um ihn herum auf: Bleibt in der Liebe! Liebt einander, wie ich euch geliebt habe! Liebt einander!

Aber schon in diesem kleinen Kreis gab es Spannungen, und wie viel mehr in der Urgemeinde und den Gemeinden, die Paulus gründete. Er musste mit seinen Briefen ständig versuchen, Wogen zu glätten, Streitereien zu schlichten und auf die Worte Jesu von der Liebe zueinander hinzuweisen. Und der Verfasser des 1.Johannesbriefes, aus dem einiges in der Lesung zu hören war, versucht in seiner Gemeinde gegen Irrlehren und Streitigkeiten hervorzuheben "wir wollen einander lieben".

Dass der Umgang in unserer Gemeinde immer von "Liebe" geprägt ist, wird heute morgen wohl auch niemand behaupten.

Realistischerweise werde ich hinzufügen müssen: Da wird auch das heutige Evangelium mit der dreimaligen Aufforderung Jesu, einander zu lieben, nichts ändern.

Dabei muss das der Kern dessen gewesen sein, was Jesus am Herzen lag. Nur hier und hier das einzige Mal verwendet er das Wort "mein Gebot". Ein Wort, mit dem er sonst wohl sehr vorsichtig umgegangen ist. Aber hier sagt er sinngemäß ganz klar und deutlich: "wenn es überhaupt ein Gebot gibt, von dem ich sagen könnte, dass es mein Gebot, meine Weisung an euch ist, dann heißt das: Liebt einander, wie ich euch geliebt habe." Wie hat er das? Wie hat Jesus geliebt? Wie ist Jesus liebend mit Menschen umgegangen? Ich möchte als Beispiel an drei Begegnungen Jesu mit Menschen erinnern. Es sind die ersten drei Begegnungen, die im Johannesevangelium geschildert werden. Eben jenem Evangelium, in dem das Gebot "Liebt einander!" aufgeschrieben ist.

Die erste Begegnung ist die mit zwei Jüngern, die von Jesus fasziniert sind und ihn fragen: "Rabbi, wo wohnst du?" Und Jesus antwortet: "Kommt und seht!" Zu lieben besteht darin, zu sehen. Es bedeutet, einen Menschen, eine Situation, eine Sache so zu sehen, wie sie wirklich ist, und nicht, wie man sie sich vorstellt. Was man nicht einmal sieht, lässt sich schwer lieben. Was hindert uns am Sehen? - Unsere Beeinflussbarkeit, unsere Vorurteile, unsere Erwartungen. Sehen ist mit das Schwierigste, was ein Mensch leisten kann. Man braucht dazu einen wachen Geist. Aber wer macht sich schon die Mühe, jeden einzelnen zu sehen, jedes Ding, wie es im gegenwärtigen Augenblick ist?

Die zweite Begegnung Jesu mit Menschen, die folgt, ist die Hochzeit in Kana. Der Wein geht aus. Und Jesus verwandelt auf diesem Fest Wasser in Wein. Zu lieben besteht darin, Wasser in Wein zu verwandeln. Wasser ist zwar ein Bild für Lebenspendendes, Wachstumsförderndes, Durstlöschendes. Hier aber stehen 6 Krüge für die religiöse Reinigung - es ist also abgestandenes Wasser - schal geworden, der rechte Geschmack fehlt. Der Wein gibt diesem Wasser neuen Geschmack Zu lieben besteht darin, dem Leben einen neuen Geschmack geben zu wollen; die tiefe Sehnsucht nach Verwandlung zu haben.

Die dritte Begegnung Jesu mit Menschen im Johannesevangelium ist die Vertreibung der Händler aus dem Tempel. Als Jesus in den Tempel geht, findet er dort Verkäufer und Geldwechsler. Mit einer Geißel aus Stricken und eindeutigen Worten wirft Jesus sie dort heraus. Kann man hier noch von einem liebevollen Umgang Jesu sprechen? Zu lieben heißt hier vielleicht das, was Paulus in seinem Hohelied der Liebe sagt: "Sie freut sich nicht über das Unrecht!" Zu lieben besteht darin, zwar Geduld zu haben, aber nicht alles zu erdulden. Sie besteht darin, nötige Kritik offen auszusprechen, Konflikte offen anzusprechen. Liebe kennt auch das "Nein!" - wie Kinder ohne diese Grenze eines Nein nicht liebesfähige Menschen werden können. Liebe ist nicht Friede, Freude, Eierkuchen. Was aber, wenn genau das Gegenteil der Fall ist? Wenn ein Konflikt so groß ist, dass man am anderen nichts Gutes mehr sehen und gelten lassen kann? Die Lebenswirklichkeit lehrt, dass es unlösbare Konflikte, endgültig zerstörte Beziehungen gibt. Wie steht es da mit der Liebe - in diesem Fall eher der Feindesliebe - , dem Verzeihen, dem Sich-Versöhnen?

Der Innsbrucker Pastoraltheologe Hermann Stenger meint dazu: "Vielleicht geht da manchmal nur noch eines: Gott nicht hindern zu wollen, dass er meinem Feind vergibt, auch wenn ich selber nicht vergeben kann."

Liebt einander! Das sagt Jesus zu uns, damit - wie es wörtlich heißt - "eure Freude vollkommen wird". Vollkommene Freude also ist quasi die Belohnung, das Ziel dieser Liebe, wie sie sich beispielhaft in den drei Begegnungen Jesu mit Menschen zeigte.
Freude hat etwas Gelöstes, Freies, Unverbissenes, Unverkrampftes, etwas vom Glück.
Dafür könnte es sich doch schon lohnen, zu versuchen sich an dieses Gebot Jesu zu halten: "Liebt einander!"
(4.5.1997)

7.Sonntag der Osterzeit – Lesejahr C: zu Joh 17, 20-26

IN zu sein, scheint heutzutage ein erstrebenswertes Ziel unserer Gesellschaft zu sein. IN sein, d.h. dabei sein, dazugehören, auf dem neuesten Stand zu sein, die neueste Mode zu besitzen, die aktuellste Musik zu hören, das schnittigste Auto zu fahren, in dem Schnellrestaurant mit den Buchstaben M.D. zu essen, die wichtigsten Leute zu kennen, u.v.m.
Wer das nicht macht der ist OUT, der steht außen vor, ist ein Außenseiter und gehört nicht dazu.
Das merken schon kleine Kinder: wenn sie den allseits beliebten Spielcomputer "Game boy" nicht besitzen, dann sind sie OUT. Und Jugendliche wissen ganz gut, welche Turnschuhe sie tragen müssen, um IN zu sein.
IN zu sein, das scheint auch für Jesus ein erstrebenswertes Ziel zu sein. Er formuliert es sehr eindringlich und ausdrücklich im eben gehörten Evangelium: achtmal gebraucht er die Formulierung IN zu sein:
Wir sollen IN Gott sein, wie Gott Vater IN Gott Sohn ist und Gott Sohn IN Gott Vater ist.
Wir sollen eins sein, wie Gott Sohn IN uns ist und Gott Vater IN Gott Sohn ist. Wir sollen IN der Einheit sein und die Liebe soll IN uns sein, damit Gott Sohn IN uns ist.
Das IN-Sein, vom dem Jesus spricht, bezieht sich auf das Wort vom Eins-Sein. Mit diesen verschiedenen Formulierungen des IN-Seins, versucht Jesus zu erklären, wie wichtig es ihm ist, eins zu sein, bzw. in der Einheit zu leben. Was sagt dieses Wort von der Einheit aber aus? Was bedeutet es, eins zu sein?
Wenn in der Bibel von Eins-Sein und Eins-Werden die Rede ist, dann ist immer von zwei Bedeutungen die Rede: zum einen spricht sie von der Einheit einer Gemeinschaft; so formuliert der Prophet Jesaja im 7.Jhd. v.Chr. den Wunsch nach der Einheit und Sammlung der zerstreuten Juden/ aller an Gott Glaubenden (Jes 11,12).
Die zweite Bedeutung bezieht sich auf die innere Einheit des einzelnen Menschen - der Apostel Paulus schreibt in seinem Epheserbrief davon, dass Gott den einen, heilen und ganzen Menschen wolle (Eph 2,15).
Denken wir an Beispiele, wie eine Einheit aussieht, dann fällt uns als Deutschen vielleicht unsere jüngste Geschichte ein. Einheit in diesem Zusammenhang hieße dann -

ganz neutral - nicht getrennt und nicht geteilt zu sein. Zugleich macht die "deutsche Einheit" deutlich, dass viele Gegensätze und unterschiedliche Meinungen dazugehören. Ein Ökosystem ist eine aus einer Lebensgemeinschaft und deren Lebensraum bestehende natürliche ökologische Einheit. Wird diese Einheit - z.B. unsere Erde als Ökosystem - durch widernatürliche Veränderungen von Seiten der Lebensgemeinschaft (uns Menschen) gestört - wie z.B. durch Abholzen des Regenwaldes, übermäßigen CO_2-Ausstoß, usw. - so hat das unabsehbare Folgen für den Lebensraum, die wir in Klimaveränderungen und verstärktem Hautkrebs-Aufkommen durch das Ozonloch zu spüren bekommen. Und vom Menschen selbst wird oft auch als eine Geist-Seele-Materie-Einheit gesprochen. Damit wird ausgedrückt, dass der Mensch keine Maschine ist, die beliebig funktionieren kann. Seelische und körperliche Vorgänge im menschlichen Organismus stehen in enger Wechselwirkung. Das wird deutlich in Sprichwörtern wie: auf den Magen schlagen, jemandem etwas husten, Bauchschmerzen bei einer Entscheidung haben, sich etwas zu Herzen nehmen.

Deutlich wird in jedem dieser drei Beispiele, dass Einheit und Eins-Sein heißt, bei aller Gegensätzlichkeit nicht getrennt, nicht geteilt zu sein: die zwei deutschen Staaten, Lebensgemeinschaft und Lebensraum, Seele und Körper.

Nicht getrennt, ungeteilt zu sein heißt im Lateinischen Individuum. Die Psychologie bezeichnet den Prozess des Menschwerdens, des Reifens, Wachsens, Fehlermachens und Lernens als "Individuation". Menschwerdung hat so etwas mit Nicht-getrennt-Sein, Ungeteilt-Sein, also mit Eins-Sein, Eins Werden zu tun. Der Psychologe C.G. Jung hat gegen Ende seines Lebens einmal gesagt: "Die Individuation, das Menschwerden, bzw. Eins-Werden ist das Leben in Gott!"

Das Eins-Werden, das Eins-Sein ist das Leben in Gott!

Da ist wieder das Wort vom IN-Sein, das Jesus so eindringlich gebraucht: IN Gott zu sein.

Das heißt nicht: jedem aktuellen Trend nachzulaufen, bis zur Selbstverleugnung zu versuchen, überall dazuzugehören, ständig danach zu schauen, was "man" so tut, sagt und denkt, Angst davor zu haben, ein Außenseiter zu sein. Vielleicht ist das IN Gott sein am besten zu vergleichen mit dem ungeborenen Kind, das im Bauch der Mutter liegt (Gott selbst spricht ja in der Bibel an einigen Stellen davon, dass er für uns wie eine Mutter ist): So geborgen, so geschützt wie ein Kind in der Mutter zu sein, die Gewissheit zu haben, dass ich ernährt werde und mich nicht sorgen muss, ein Grundgefühl zu bekommen, dass das Leben schon gelingen wird und dass ich gewollt und wichtig bin, so wie ich bin.

Die Welt soll das alles erkennen, meint Jesus im Evangelium. Nichts nötiger braucht unsere Welt, als dass wir Menschen eins IN Gott Menschen werden.

(27./28.5.1995)

*

Vielleicht kennen Sie dieses Spielzeug: Eine Tierfigur, die mit Schnüren durchzogen ist. Diese Schnüre sind an einem Knopf festgemacht und wenn man den drückt, dann fällt die ganze Tierfigur in sich zusammen, dann fehlt jede Spannkraft. Lässt man den Knopf wieder los, dann kommt wieder Spannung in die Figur und stellt sich wieder auf.

Vielleicht suchen Sie auch manchmal einen solchen Knopf bei sich, der scheinbar irgendwo eingedrückt und festgeklemmt scheint - die ganze Kraft zum Leben scheint einem zu fehlen. Morgens fällt es einem schwer aufzustehen. Die Lust zu allem fehlt, und am liebsten würde man den ganzen Tag im Bett verbringen. Man fühlt sich so saft- und kraftlos wie diese eingeknickte Tierfigur. Der "innere Antrieb"- wie man so schön sagt - scheint einem zu fehlen.

Vielleicht ist es der Beruf, den man gewählt hat. Von dem man vor Jahren überzeugt war, den man mit Begeisterung gelernt hat, für den man studiert hat. Und auf einmal fragt man sich: ist es das? Was hat mich damals so fasziniert? Feuer und Flamme war man damals und jetzt ist man ausgebrannt.

Oder es ist der Partner, mit dem man zusammenlebt. Die ersten Jahre des Verliebt seins, der Leichtigkeit, der gegenseitigen Begeisterung sind vorbei. Und auf einmal fragt man sich: was hat mich am anderen damals fasziniert, angezogen? Da fehlt auf einmal etwas. Doch so einfach wie bei diesem Spielzeug lässt sich der Knopf nicht lösen und loslassen, der einem wieder Spannung, Halt, Kraft, Begeisterung gibt.

Ein wenig wie diese Tierfigur stelle ich mir die Jünger vor, die da am Abend - 2 Tage nach Jesu Tod - in ihrem Jerusalemer Häuschen zusammen sind: eingeknickt, enttäuscht, verwirrt über das, was Maria Magdalena morgens am leeren Grab erlebt hat. "Sie hatten Angst" heißt es. Und alle Türen nach außen waren zugeschlossen, eingeschlossen haben sie sich. Sie wollten nichts mehr sehen und hören.

Ihnen scheint abhanden gekommen zu sein, was ihnen bisher Lebensprinzip und Lebenssinn gewesen war.

Ihnen scheint der zu fehlen, der für sie Lebensprinzip in den letzten 3 Jahren war.

Von seiner ersten Erwähnung in der Bibel an, wird der Heilige Geist immer wieder als die innere Spannkraft, der innere Antrieb, das Lebensprinzip beschrieben.

In der Beschreibung der Schöpfung des Menschen heißt es: "Da formte Gott, der Herr, den Menschen aus Erde vom Ackerboden und blies in seine Nase Lebensatem. So wurde der Mensch zu einem lebendigen Wesen." (Gen 2,7)

Dieser Lebensatem wurde von den frühchristlichen Theologen - den Kirchenvätern - schon als das Urbild für den Heiligen Geist angesehen.

Wir leben vom Atmen, vom Einatmen und Ausatmen. Die Lungen führen in der sogenannten "Inspiration", in der Aufnahme von Sauerstoff, dem Blut die erneuernde Lebenskraft zu, die vom Herzen in alle Zellen verteilt wird. In der sogenannten "Exspiration" stößt der Atem dagegen die verbrauchte Kohlensäure aus.

Das Lebensprinzip heißt also Nehmen (Einatmen) und Geben (Ausatmen).

Gott nun bläst uns diesen Lebensatem ein, ohne den wir kein lebendiges Wesen sind.

Jesus bläst die Jünger an mit diesem Heiligen Geist.

Dieses Anblasen, Einblasen erinnert uns daran, dass unser Lebensprinzip im Aus- und Einatmen besteht.

Vielleicht richten wir unsere Aufmerksamkeit in unserem Leben oft zu wenig auf dieses Einatmen und Nehmen und sind mehr dabei auszuatmen und zu geben:

- wir denken für andere mit,
- wir sind ständig für unsere Kinder, Eltern, Freunde da
- wir stecken unsere ganze Energie und Zeit in Arbeitsprojekte
- wir müssen überlegen, wie wir gut mit Konflikten in unserem Umfeld umgehen
- wir müssen genau planen, dass der Haushalt funktioniert
- ...

dann bleibt uns irgendwann die Luft aus und wir knicken zusammen und ein wie dieses Spielzeugtier.

Dann können wir nicht mehr frei durchatmen und leben "eng", d.h. in Angst, so wie die Jünger in Jerusalem.

Jesus will uns mit heiligem Geist anblasen, damit wir bei allem Geben und Ausatmen das Einatmen, das Nehmen nicht vergessen.

Um ausatmen und geben zu können, brauchen wir letztlich diesen heiligen Geist, diesen heilenden Atemzug für unser Leben. Wir brauchen die Gaben dieses Heiligen Geistes, von denen uns sieben genannt werden: Weisheit, Einsicht, Rat, Stärke, Erkenntnis, Frömmigkeit und Gottesfurcht.

Einen solchen Atemzug voll Weisheit oder voll Stärke mitten im Leben zu tun, das wäre Pfingsten.

(25./26.5.1996)

PFINGSTEN – LESEJAHR B: ZU JOEL 3,1-5; APG 2,1-11; JOH 20,19-23

„Durch Deutschland muss ein Ruck gehen!"

Vielleicht haben einige noch jenen Satz des ehemaligen Bundespräsidenten Roman Herzog im Ohr, den er in seiner Berliner Rede „Aufbruch ins 21.Jahrhundert" im April 1997 aussprach.

Die Reaktionen auf seine Rede waren sehr gespalten. Viele teilten seine Meinung von dem „Gefühl der Lähmung über unserer Gesellschaft" nicht. Einige fanden seine Rede zu moralisierend mit Appellen wie „Ich rufe auf zu mehr Entschlossenheit!...Ich mahne zu mehr Verantwortung!...Ich rufe auf zur inneren Erneuerung!"

„Durch Deutschland muss ein Ruck gehen!"

Aber es ist die Frage, wer oder was diesen Ruck verursacht, wer diesen Ruck in Bewegung bringt.

„Du musst dir einen Ruck geben!" haben Sie wahrscheinlich alle schon einmal gehört. Aber was ist es, was einen da antreibt oder „anruckt"?

Wenn der ehemalige Bundespräsident Roman Herzog nach einem Ruck in Deutschland suchte, dann glaube ich, fragte er auch danach, was denn eine Gesellschaft im Innersten zusammenhält.

Und er nennt dann sogar in seiner Rede drei Dinge, die er für eine heutige Gesellschaft notwendig hält:

Tatkraft, Gemeinschaftsgeist und die Fähigkeit, Visionen zu entwickeln.

Diese drei Dinge werden auch dem Heiligen Geist zugeordnet und mit diesem in Verbindung gebracht.

Der Heilige Geist ist die Tatkraft, Kraft zur Tat, mit der Jesus seine Jünger – im Bericht des Johannesevangeliums - anhaucht und mit der diesen nie die Luft ausgehen soll, ihren Weg weiterzugehen.

Der Heilige Geist ist der Geist, der – in der Lesung aus der Apostelgeschichte - Gemeinschaft stiftet, so dass Menschen, die verschiedene Sprachen sprechen, einander verstehen.

Der Heilige Geist bringt – in der Beschreibung der Geistausgießung durch den Propheten Joel - junge Menschen dazu, Visionen zu haben.

„Ich werde von meinem Geist ausgießen über alles Fleisch!" lässt Petrus in seiner Pfingstpredigt Gott sagen und er nimmt damit Bezug auf die Worte des Propheten Joel.

Über „alles Fleisch" ist der Geist ausgegossen, und damit gemeint ist die gesamte Welt.

Wir brauchen den Heiligen Geist nicht in die Mauern unserer Kirchen oder in die engen Grenzen von pastoralen Räumen eingesperrt zu denken. Sondern dieser Heilige Geist hat eine weltgeschichtliche und gesellschaftliche Bedeutung. Er ist ausgegossen über die ganze Welt und er zeigt sich z.B. da, wo Menschen Visionen haben oder Menschen eine Sprache miteinander sprechen, die Verständnis erzeugt.

Wenn der Heilige Geist über die ganze Welt ausgegossen ist, muss ich aber auch gewillt sein, ihn nicht nur dann zu entdecken, wenn er unter ausdrücklich religiös-christlichen Etiketten auftritt.

Wenn er wirklich das innerste Prinzip der Welt ist, dann muss er unabhängig und unbeeindruckt davon sein, ob einer Christ, Jude oder nicht-religiös ist.

In einzigartiger Weise hat der Theologe Karl Rahner solche Erfahrung und Wirken des Heiligen Geistes erfasst und gemeint:

„Da ist einer, dem geschieht, dass er verzeihen kann, obwohl er keinen Lohn dafür erhält. ... Da ist einer, der einmal wirklich gut ist zu einem Menschen, von dem kein Echo des Verständnisses und der Dankbarkeit zurückkommt. ... Da ist einer, der verzichtet, ohne Dank, Anerkennung, selbst ohne ein Gefühl innerer Befriedigung. ... Wo das geschieht, da erfahren wir, was wir Christen den Heiligen Geist Gottes nennen. ..."

Der Heilige Geist ist letztlich der Ruck, der durch einen geht, wenn man verzichtet ohne Dank, Anerkennung oder ein Gefühl innerer Befriedigung.

Er ist der Ruck, der durch einen geht angesichts von Resignation neuen Mut zu schöpfen.

Er ist der Ruck, der durch einen geht, wenn man jemandem seine Zeit widmet, ohne an die Dinge zu denken, die man noch dringend erledigen müsste.

Dass gleich die Dachbalken hier oben zittern, wie damals in Jerusalem, dass der Pfingststurm uns fortreißt, ohne dass wir uns bewegen, damit sollten wir heute nicht rechnen.

Aber vielleicht rechnet Gott noch immer mit uns.

Und vielleicht rechnet er mit unserem Mut zum Wagnis, zum Experiment und zum Aushalten von Widerspruch. Er rechnet vielleicht damit, dass wir auf etwas vertrauen, was keiner auf dieser Welt vom Verstand her beweisen kann; nämlich auf den Heiligen Geist. Diesen Ruck wünsche ich uns.

(11.6.2000)

Herrenfeste

Es lebten einmal drei alte fromme Männer auf einer Insel im russischen Meer. Der Ruf ihrer Heiligkeit und Frömmigkeit war so verbreitet, dass Menschen aus der ganzen Umgegend mit ihren Booten zu der Insel fuhren, um sich von diesen drei frommen Männern Rat zu holen. Dieser Ruf drang auch in die weit entfernte Bischofsstadt. Und der Bischof machte sich auf, um auch einmal diese drei Männer zu besuchen.

Als der Bischof mit dem Boot auf der Insel landete, kamen ihm schon die drei alten Männer entgegen, denn sie hatten davon gehört, dass der Bischof sie besuchen wolle. Sie aßen zusammen und dann entstand eine kleine Pause. Schließlich begann der Bischof zu fragen: "Ich habe davon gehört, dass ihr Gotteserfahrungen macht, dass ihr Gott erfahrt. Ja, dass ihr ihn schauen und sehen könnt. Könnt ihr mir davon erzählen."

Die drei alten frommen Männer schauten sich an, dann begannen sie zu erzählen: "Wir freuen uns an Gott, wenn die Sonne scheint; wir freuen uns an Gott, wenn der Regen rauscht; wir freuen uns an Gott, wenn es im Frühling beginnt zu blühen und zu grünen; wir freuen uns an Gott, wenn im Herbst die Blätter fallen; wir freuen uns an Gott, wenn der Tag beginnt und wir freuen uns an Gott, wenn die Nacht uns umfängt. Viel Freude, für die wir dankbar sind."

Der Bischof wurde still. Aber er schien nicht so ganz mit der Antwort zufrieden zu sein. Schließlich fragte er weiter: "Ja, und betet ihr auch; und was betet ihr?"

Die drei alten frommen Männer wurden etwas verlegen, schließlich sagten sie etwas leise: "Ja, wir beten auch. Wir beten: wir sind drei- ihr seid drei - macht uns frei."

Der Bischof war entsetzt. Ein solch primitives und einfältiges Gebet hatte er schon lange nicht mehr gehört. Nein, das konnte nicht so bleiben. Und er machte sich sofort daran, den drei alten frommen Männern das richtige Beten beizubringen. Die drei Männer waren auch mit Eifer bei der Sache.

Als nach einigen Stunden die drei Männer schließlich das Vaterunser beten konnten, fuhr der Bischof zufrieden wieder nach Hause. Als er mit seinem Boot einige hundert Meter von der Insel entfernt war, sah er plötzlich die drei alten frommen Männer über das Wasser auf ihn zukommen. Der Bischof ließ das Schiff beidrehen. Als die drei Männer nur noch wenige Meter vom Boot entfernt waren, sagten sie: "Herr Bischof, wir haben vergessen, wie das Gebet weitergeht: geheiligt werde dein Name... und dann?" Der Bischof warf sich auf die Knie und sagte: "Betet nur so weiter, wie ihr immer gebetet habt. Gott hört euch. Er hat Freude an euch." Und die drei alten frommen Männer kehrten erleichtert zu ihrer Insel zurück.

- Eine Geschichte auch zum Schmunzeln. -

Wie, wer oder was ist Gott? - es ist dies die Frage, die den Bischof umtreibt. Die ihn zu den drei alten frommen Männern auf der Insel treibt. Er hatte ja davon gehört, dass diese drei Männer Gott erfahren sollten, dass sie Ihn schauten. Und er wollte wissen, wie das denn gehe. Welchen Gott sie denn sähen.

Wie, wer oder was ist Gott? Es ist dies eine Frage, die Menschen seit zehntausenden von Jahren beschäftigte. Und es gab Antworten für und gegen die Existenz Gottes.

Wie, wer oder was ist Gott? ist auch die Frage an dem heutigen Dreifaltigkeitssonntag.

Zwei Dinge scheinen mir als Antwortversuch dabei wichtig, die in der Geschichte und den biblischen Lesungen genannt werden.

Da ist zum einen zu sagen, dass wir über Gott selbst keine großen Worte machen können. Wir können nicht klar und hundertprozentig sagen, wer Gott ist. Wir können nur sagen, dass er ist. "Ihr seid drei!" ist die einfache Aussage der drei alten, frommen Männer.

In der Lesung heißt es von Gott nur: "er ist der Gott im Himmel und auf der Erde - Keiner sonst!" Gott ist Gott - keiner sonst. Mehr können wir nicht sagen und reden.

Reden können wir nur - so hat einmal der Theologe Karl Rahner gesagt - von Gottes "heiliger Unbegreiflichkeit".

Wir können uns an Gott nur herantasten, versuchen, uns mit Annäherungen und Vergleichen ihn für uns etwas begreifbarer zu machen. Z.B. indem wir sagen, dass Gott für uns wie die Luft sei, ohne die wir nicht atmen und leben könnten. Der Apostel Paulus hat es so ausgedrückt: "In ihm leben wir, bewegen wir uns und sind wir." (Apg 17,28)

Zum anderen: Gott können wir erfahren.

Moses spricht in der Lesung von der Erfahrung des Volkes Israel, dass es Gott im Donner habe reden hören. Gott habe sich im Leben des Volkes Israel gezeigt in Zeichen und Wundern.

Die drei alten frommen Männer erfahren Gott im Scheinen der Sonne, im Fallen des Regens, im Frühjahr, wenn es beginnt zu blühen und grünen und im Herbst, wenn die Blätter fallen.

Und die drei Männer machen am Ende die Erfahrung, dass sie übers Wasser gehen können, d.h. dass sie getragen sind, auch wenn ihnen der feste Boden unter den Füßen fehlt.

Es ist dies wohl eines der unbeschreiblichsten und unbegreiflichsten Dinge im Leben: wie erfahre ich Gott in meinem Leben?

Im letzten Satz des Matthäusevangeliums eben hieß es: "Ich bin bei euch alle Tage bis ans Ende der Welt."

Als Moses, von dem in der Lesung die Rede war, Gott nach seinem Namen fragt, erhält er die Antwort, dass der Gottesname bedeute: Ich bin der, der ich da bin.

Vielleicht sollte es uns ja darum gehen zu suchen, wie das in unserem Leben sein kann: Gott ist der, der da ist. Vielleicht sollte es uns darum gehen in unserem Leben, zu fragen und zu suchen, wie das sein kann:

Gott ist da, wenn mir der Boden unter den Füßen wegrutscht.

Gott ist da, wenn ich die Mathearbeit in der Schule verhaue.

Gott ist da, wenn ich die Zündkerzen am Auto auswechsle.

Gott ist da, wenn ich morgens durchs Fabriktor gehe.

Gott ist da, wenn ich die Gläser in der Küche abtrockne.

Gott ist da, wenn ich vom Schwiegersohn wieder einmal als "alt und vergesslich" bezeichnet werde.

Gott ist da der, der da ist.

(28./29.5.94)

Mit Reden ist das so eine Sache. Egal ob sie im Bundestag gehalten werden, bei der Eröffnung einer Ausstellung oder als Dankeswort bei einer Verabschiedung.

Der Redner findet meist keinen Punkt. Die Rede wird ausschweifend, schwafelnd, langweilig. Es bleibt nichts hängen!

Wir hier in Zeilsheim haben da unsere eigenen Erfahrungen gemacht. Ich denke an die Abschiedsfeier von Pfarrer Leber oder die Einführungsfeier von Pfarrer Reichert.

Auch eben im Evangelium haben wir eine Rede gehört, bzw. einen Ausschnitt aus einer Rede. Einen Ausschnitt aus der Abschiedsrede Jesu, die er vor seinen Jüngern kurz vor seiner Kreuzigung und seinem Tod gehalten hat. Auch die letzten Sonntage haben wir Teile aus dieser Rede als Evangelium gehört. Heute schließt dieser Zyklus.

Ich weiß nicht, wie viel bei ihnen von dieser Rede Jesu hängengeblieben ist. Bei mir ist es vor allem der Anfang. Da hieß es:

"Wenn aber jener kommt, der Geist der Wahrheit , wird er euch in die ganze Wahrheit führen."

Vom Geist der Wahrheit ist da die Rede.

Ich frage mich, wann dieser Geist der Wahrheit der Wahrheit denn endlich kommt. Der Geist der Wahrhaftigkeit, von dem Jesus spricht. Sind wir nicht unendlich weit entfernt davon?

Ich denke an den Umweltgipfel in Rio. Da treffen sich Politiker aus aller Welt und halten große Reden, machen große Versprechungen; obwohl doch jeder weiß, dass all dies nicht eingehalten wird und unsere Erde weiter ausgebeutet und zerstört wird. Geist der Unwahrheit.

Oder bei der Arbeit. Da mag es einen Arbeitskollegen geben, mit dem ich zu tun habe, der immer freundlich und zuvorkommend mir gegenüber ist; der dann andererseits bei meinem Vorgesetzten Lügen über mich verbreitet und mich anschwärzt und schlecht macht. Geist der Unwahrheit.

Oder es gibt Bischöfe, die einerseits den Schutz des ungeborenen Lebens so betonen, sich andererseits aber nicht scheuten, das Morden von Menschen - von geborenem Leben - im Golfkrieg zu rechtfertigen. Auch da ist Geist der Unwahrheit.

Oder ich selbst. Wenn ich andere nicht ernst nehme mit ihren Sorgen und Problemen, indem ich sage "das wird schon wieder", obwohl ich genau weiß, dass es nicht so einfach schon wieder werden wird. Auch da Geist der Unwahrheit.

Ich frage mich, wann kommt der Geist der Wahrheit und Wahrhaftigkeit, von dem Jesus spricht.

Mir fällt eine Geschichte ein von einer Frau, der im Traum versprochen wurde, dass Gott sie besuchen werde. Am anderen Morgen macht die Frau ihre Wohnung sauber, putzt alles, denn Gott soll ja zu Besuch kommen. Auf einmal klingelt es und ein Bettler steht vor der Tür, der etwas Geld braucht. Die Frau aber sagt: Nein, ich habe jetzt kein Geld. Gott kommt heute zu mir zu Besuch. Ein wenig später klingelt es wieder und ein Obdachloser steht vor der Tür, der Einlass erbittet. Und wieder sagt die Frau: Nein, das geht nicht. Gott kommt heute zu mir zu Besuch. Und ein drittes Mal klingelt es und ein Kranker steht vor der Tür. Und wieder sagt die Frau: Ich habe keine Zeit. Gott kommt heute zu mir zu Besuch.

Und es wird Abend und die Frau wartet noch immer auf Gott. Als sie schlafen geht, erscheint ihr wieder Gott im Traum. Und die Frau sagt ärgerlich: du wolltest mich doch heute besuchen. Und Gott sagt zu ihr: dreimal habe ich bei dir geklingelt. Dreimal hast du mich nicht hereingelassen.

Vielleicht verhält es sich ähnlich wie in der Geschichte mit Gott, mit dem Geist der Wahrheit.

Wenn wir nicht in jeder alltäglichen Situation versuchen, den Geist der Wahrheit zu suchen, im Geist der Wahrheit zu leben, kommt er nicht.

So könnte der Geist der Wahrheit kommen:

wenn ich einem todkranken Menschen nicht ins Gesicht lüge und sage "ist doch alles halb so schlimm", sondern ihm ermögliche, die Wahrheit, dass er sterben wird, mit ihm gemeinsam auszuhalten und zu ertragen.

Im Geist der Wahrheit leben könnte heißen, dass ich mir bewusst mache, dass unsere Erde mit der Vielfalt von Pflanzen, Tieren, Wäldern, der Luft einmalig ist und wir keine zweite Erde in Reserve haben; und dann dementsprechend lebe: nicht jeden km mit dem Auto fahre, Papier und Glas getrennt im Müll sammle, nicht unnötig Strom vergeude.

Im Geist der Wahrheit leben könnte heißen, dass ich mir bewusst mache: ich habe Grenzen und Fehler, kann nicht für alles zuständig sein und brauche nicht andere zu bevormunden.

Eva Strittmatter, eine ostdeutsche Schriftstellerin, hat den Geist der Wahrheit in einem Gedicht einmal so beschrieben:

"Freimut zu bekennen: / Ich bin ich. / Ich werde auf meinem Wege gehen / und werde sagen, was ich da gesehen,/ und keiner überredet mich, / das Schwarze auch nur grau zu nennen, / geschweige denn weiß. Es ist an der Zeit, / zum Wort, das uns anvertraut ist, zu stehen. / Es mag mir ruhig Schaden geschehen. / Geschieht nur dem Geist der Wahrheit kein Leid."
(13./14.6.1992)

FRONLEICHNAM: ZU MT 28,16-20
(thematisch „Mit Gottes Verheißung in die Zukunft")

In Schneidhain begehen wir – 1999 - den 50. Jahrestag der Einweihung unserer Kirche - Goldenes Kirchenjubiläum. Und solch ein Jubiläum bringt es mit sich, sich an den Weg zu erinnern, den die Kirchengemeinde in diesen 50 Jahren zurückgelegt hat. Viele von den alten Schneidhainerinnen und Schneidhainern werden sich heute vielleicht erinnern an Fronleichnamsfeiern, an dem das halbe Dorf - schon von morgens 5 Uhr an - auf den Beinen war; erinnern an eine Zeit, in der Gemeinde und Ort ganz eng miteinander verknüpft waren. Und ich denke, solche Erinnerungen tragen auch ältere Menschen aus anderen Kirchengemeinden in sich.

Wer sich erinnert an das, was war, wird sich aber - vielleicht - auch Gedanken darüber machen, was sein wird mit seiner Kirchengemeinde, seiner Kirche ... Wird sich fragen, was in Zukunft sein wird.

Mit einer ganz kurzen und scheinbar simplen Antwort hat Karl Rahner, einer der bedeutendsten Theologen dieses Jahrhunderts, auf die Frage nach der Zukunft von Kirche einmal geantwortet:

„Die Kirche der Zukunft wird sehr viel anders aussehen, als sie heute sich darbietet." so sagte er.

Das klingt einfach. Aber die Antwort macht auch deutlich, was es manchmal so schwer macht, in die Zukunft zu blicken, sich auf Zukünftiges einzulassen: „Sie wird <u>sehr viel anders</u> aussehen." sagt Karl Rahner. Anders, das bedeutet Veränderung, Neues, Unbekanntes.

Und hier wird etwas deutlich, was menschliches Leben grundsätzlich prägt, und was jeder bei sich auch merken kann: Wir kennen zwar einerseits eine Art „Werdewillen" in uns, eine Freude daran, zu reifen, zu wachsen, etwas zu entwickeln und entstehen zu lassen; aber da ist andererseits auch die „Werdescheu", die Angst vor dem Risiko, dem Werden und dem Wagnis vor dem Neuen und Anderen.

In einer schönen Geschichte erzählt der Brasilianer Paulo Coelho von einem spanischen Hirten, der 2 mal von einem Schatz träumt, der für ihn bestimmt sei. Menschen sind da, die ihn bestärken, sich auf den weiten Weg zu machen, den er nicht kennt. Und er macht sich auf den Weg, lässt alles zurück und findet am Ende seinen Schatz. Sehr einprägsam beschreibt Paulo Coelho immer wieder die Verzweiflung und die Angst auf dem weiten Weg; aber auch die innere Kraft, die es ermöglicht, sich auf den Weg zu machen.

Solche Hoffnungsgeschichten, dass der Werdewille stärker als die Werdescheu ist, kennen wir längst aus der Bibel. Die Geschichten von Abraham, Jakob oder Paulus erzählen von der Hoffnung, trotz aller Fehlschläge im Blick auf den eigenen Traum, das einem vorherbestimmte Ziel, ewig Hoffende zu sein, um schließlich anzukommen.

Nun ist das in der Regel mit dem Traum, dem Ziel, der Zukunftsrichtung ja gar nicht so einfach. Gott führt uns nicht - wie Abraham - in der Nacht aufs freie Feld und zeigt uns, auf was wir in der Zukunft loslaufen sollen. Selten haben wir den klaren Traum des Jakob von einer Himmelsleiter mit der Zusage „Ich bin mit dir." Und das Damaskuserlebnis des Paulus, das klar macht, wo es hingeht, wird uns auch selten geschenkt.

Ein Jugendlicher hat es mal formuliert: „Mein Lebensziel zu finden, ist meiner Meinung nach das Schwerste, was es im Leben gibt."

Wenn es das für das eigene Leben schon ist, wie soll das dann mit dem Ziel und der Zukunft von Kirche aussehen.

„Mit Gottes Verheißung in die Zukunft" - das wäre schön; und auch nur so kann es gehen. Aber was ist Gottes Verheißung, Seine Zusage, Sein Versprechen? Wie sieht Gottes Verheißung für mich persönlich und für die Kirchengemeinde aus?

In eindrücklicher Weise bringen uns die eben gehörten 5 Verse aus dem Matthäusevangelium nahe, was mit Gottes Verheißung alles gemeint ist, was sie bedeutet, und was mit ihr verknüpft ist.

Die 11 Jünger auf dem Berg sind zum einen Sinnbild für die Kirche, für die Gemeinschaft der an Jesus Glaubenden.

Aber die 11 sind auch jeder für sich Sinnbild für uns persönlich. Da war ja keiner wie der andere, sondern eine bunte Vielfalt war da zusammen: der eifrige, aber auch kneifende Petrus, Thomas, der nur glaubt, was er sieht, der gewaltbereite Simon Zelot, die forschen Jakobus und Johannes...

Und so stehen sie da am Berg. Und jeder von ihnen erlebt Zweifel, Rückbesinnung, Aufbruch und Zuversicht.

Zweifel - „Einige aber hatten Zweifel." Die Verheißung, die Zusage, die Zukunft ist ja selten ein klar umrissenes Ziel. Abraham wusste nur von einem Land, das ihm dann schon gezeigt würde. Zweifel, wo es hingehen soll und was werden soll, gehören dazu. Und Glaube ohne Zweifel, wäre Gewissheit, die es so nicht gibt.

Rückbesinnung - Aber wir fangen ja nicht bei Punkt Null an. Es gibt ja eine Geschichte des Glaubens, in der wir ein Teil sind. Und es gibt ja Haltpunkte, auf die wir uns verlassen können. So erinnert Jesus am Berg die 11 an das, „was ich euch geboten habe". Rückbesinnung ist also notwendig. Rückbesinnung auf die „Grundlinien" des Glaubens. Und das sind ja manchmal gar nicht so leicht verdauliche und nachvollziehbare Brocken: ständige Versöhnungsbereitschaft - „nicht 7mal, sondern 77mal sollt ihr vergeben" - , eine recht verstandene Gelassenheit - „sorgt euch nicht um euer Leben!" -, oder das Vertrauen ins Gebet - „Bittet, dann wird euch gegeben!".

Aufbruch - Und weil Jesus darum weiß, dass dies zu verstehen und umzusetzen schwer fällt, gibt er den 11 Jüngern gleichsam einen wörtlichen „Schubs": „Darum geht jetzt..." sagt er. Der Mensch ist eingespannt zwischen Werdescheu und Werdewille. In dieser Spannung zu erkennen, wann die Zeichen auf „Aufbruch" stehen, ist, so glaube ich, eine lebenslange Aufgabe.

Zuversicht - Die Zuversicht, dies tun zu können, wächst aus dem Wort Jesu „Ich bin bei euch alle Tage..." Sie wächst für den, der mit diesem Wort lebt, es sozusagen „verkostet", wie es die christliche Mystiker sagten; wer es immer wieder in Bezug bringt zu seinem Alltag und in dieser Wirklichkeit, der allein entscheidenden Wirklichkeit des Glaubens, lebt.

Das ist Gottes Verheißung für die Zukunft.

Dazu bedarf es jedoch des Hörens von unserer Seite.

„Könnten wir doch hören", heißt es in Psalm 85,

„dass Gott Friede zusagt, dass Güte und Treue einander begegnen, Gerechtigkeit und Friede sich küssen, und unser Land seine Frucht gebe und unsere Erde Nahrung gebe, allen"

Könnten wir doch hören auf Gottes Verheißung! Wir können es.

(3.6.1999)

Das sogenannte „Dienstgespräch" des Pastoralteams ist „mehr" als diese nüchterne Bezeichnung vielleicht vermuten lässt.

Wir beginnen es jeweils mit einer kurzen Betrachtung der biblischen Lesung vom Tag. Gestern morgen hieß es in der Lesung aus dem Matthäus-Evangelium: „Hütet euch, eure Gerechtigkeit vor den Menschen zur Schau zu stellen. ... Dein Almosen soll verborgen bleiben. ... Die Leute sollen nicht merken, wenn du fastest, sondern nur dein Vater, der auch das Verborgene sieht."

Wenn man diese wenigen Sätze dem Leitwort dieser Fronleichnamsfeier „Ihr sollt ein Segen sein" gegenübergestellt, dann scheinen sich beide „Positionen" (wenn man sie so nennen kann) auf den ersten Blick auszuschließen.

„Ihr sollt ein Segen sein" scheint wenig damit zu tun zu haben, sich zurückzuziehen, sich zu verbergen, und nichts merken zu lassen von seiner inneren Haltung, seinem Glauben. Dieses Leitwort erinnert vielleicht zunächst eher an die – im guten Sinne – Zu-Mutung von Jesus: „Ihr seid das Licht der Welt! Ihr seid Salz der Erde!" Zwei doch sehr eindrückliche Umschreibungen für die Aufgabe von Christen, von Kirchengemeinden: Licht für die Welt, Salz für die Erde zu sein. Das scheint doch ein offensives, unverborgenes Auftreten in der Öffentlichkeit geradezu herauszufordern. Flagge zeigen, den „Fronleichnam" – den „Leib des Herrn" (wie dieses Wort mittelhochdeutsch heißt) in die „Welt" tragen, der „Welt" zeigen. Nach der Genesis-Lesung sollen „alle Geschlechter der Erde", also die ganze Welt, durch Abraham Segen erlangen.

Die ganze Welt! Klingt das nicht zu viel?

Heißt es nicht – auch vom Bundespräsidenten kürzlich – die Kirche solle bescheidener auftreten, sei nur noch eine Stimme in der Vielfalt der Gesellschaft. Und wie steht das Christentum in Bezug zu den verschiedenen Weltreligionen? Ist es „mehr", „besser" für die Welt?

Die Widersprüchlichkeit, in der ich mich selbst immer wieder als ein Teil der Kirche erlebe, wurde mir deutlich in den Berichterstattungen über den Ökumenischen Kirchentag in Berlin. Ihm ist ja das Leitwort „Ihr sollt ein Segen sein" entliehen. Kommentaren, wie z.B. in der „Süddeutschen Zeitung" über eine „verpasste Chance" des Kirchentages, Außenwirkung zu zeigen, standen begeisterte Berichte und Erfahrungen von Teilnehmern gegenüber.

Eine scheinbar widersprüchliche Außen- und Innenwahrnehmung.

In einem Wort der deutschen Bischöfe zum Ökumenischen Kirchentag hieß es: „Unsere Gesellschaft wird nicht durch spektakuläre Aktionen für das Evangelium interessiert, sondern allein durch Menschen, die „anders" sind – eben, weil sie Jesus Christus und seine Verheißung kennen und aus ihr leben."

Vielleicht scheint das eine (erste) Antwort auf die Frage zu sein, wie „verborgen bleiben" und „Segen sein" zusammen kommen kann, bzw. aufeinander bezogen ist. „Verborgen bleiben" als Umschreibung dessen, „anders" zu leben.

Ist es wirklich so, dass wir als Christen in unseren Kirchengemeinden aus der Verheißung von Jesus Christus her „anders" leben (was immer das konkret heißen mag)? Oder ist es nicht manchmal so, wie es Bischof Kamphaus kürzlich formulierte, dass wir unseren Glauben wie eine zentnerschwere Last mit uns herumtragen?

Was bedeutet es z.b., dass ein Glaubenskurs mit dem Titel „Neu anfangen" und dem Angebot, ein lebendiges, existentielles, umfassendes Christsein einzuüben, nur von zwei – von knapp 5.000 erwachsenen Gemeindemitgliedern – wahrgenommen wurde?

Stellen wir uns noch Fragen, wie sie z.b. bei den französischen Bischöfe in einem vielbeachteten Hirtenbrief zu finden sind: „Wie können wir den Glauben anbieten? Wie tauschen wir den Glauben aus? wie kann Glaube und Alltag mehr zueinander kommen? Was bringt mich täglich neu mit Gott in Berührung?"

Tun wir diese Fragen gleich als „zu fromm" und zu wenig praktisch ab? Sind sie zu anspruchsvoll? Wie hoch darf / muss der Anspruch des Christentums, einer Kirchengemeinde sein – um dann „ein Segen sein" zu können?

Im vergangenen Jahr stellte die Wochenzeitschrift „Christ in der Gegenwart" in einer Artikelreihe verschiedenen Persönlichkeiten aus Kultur, Politik und Religion die Frage „Was schätze ich am Christentum?" Alle Antwortenden schrieben mehr oder weniger persönliche Erfahrungen. Als einzige stellte die Schriftstellerin Gabriele Wohmann die Frage selbst in Frage: „Kann man das Christentum einfach abwägend bloß ‚schätzen'? Ist diese Empfindung nicht viel zu matt? Die Frage weist das Christentum als etwas Nebengeordnetes aus, als ein Angebot unter vielen, zur beliebigen Verfügbarkeit heruntergekommen. Für Sören Kierkegaard ist der (christliche) Glaube ‚die höchste Leidenschaft in einem Menschen'."

„Höchste Leidenschaft in einem Menschen"!

Mir scheint dies der Punkt zu sein, an dem ich beginne, ein Segen zu sein. Das muss der Ausgangspunkt sein, um als Kirchengemeinden ein Segen sein zu können.

Nichts anderes bedeutet es, so meine ich, wenn Jesus den Zwölf im Evangelium sagt: nehmt nichts mit auf den Weg (den Weg des Glaubens, den Weg, Reich Gottes, das Evangelium), zu verkünden als nur diese „höchste Leidenschaft", „die Kraft und die Vollmacht", alle Dämonen, alle Ungeister und Abergeister dieser Welt auszutreiben – in sich, in einer Kirchengemeinde, in der Welt.

Und diese „Leidenschaft" ist ja da. Fernab von jeder Beschönigung oder falscher Einschätzung. In der vielfältigen Vorbereitung dieser Fronleichnamsfeier habe ich es erlebt oder in seelsorglichen Gesprächen in der vergangenen Zeit, in „Exerzitien im Alltag", wie in verschiedenen Gruppen unserer Gemeinden, in Fragen von Schulkindern oder Firmlingen, wie im stillen Gebet zuhause.

Es gilt, diese Leidenschaft nur immer wieder auszurichten auf den, der allein uns sendet. So, wie wir es heute in der Prozession sinnbildlich tun – im Gehen ausgerichtet auf Ihn. Dabei im tiefsten Sinne uneigennützig und in gewissem Sinne demütig, nicht dem Machbarkeitswahn zu verfallen – aber selbstbewusst und ohne Resignation jeder Art die derzeitige Situation anzunehmen, um neu für Gottes Kommen bereit zu sein, ein Segen zu sein.

(19.6.2003)

*

1993 schlossen sich einige Diözesen - darunter auch das Bistum Limburg - zusammen, um eine breit angelegte Werbeaktion für die katholische Kirche durchzuführen. (2018 warb das Bistum Münster mit der Kampagne "Für dein Leben gern".) Der Hintergrund waren sicherlich auch die beängstigend zunehmenden Zahlen an Menschen, die aus den Kirchen austreten. Ein anderer Aspekt war aber auch, einer breiten - nicht nur christlichen - Öffentlichkeit deutlich zu machen, was Kirche tut, macht und leistet. Unter dem Motto "Kirche - wir sind nicht nur sonntags für sie da" wurden so Plakate gedruckt, die die Themen "Gewalt unter Kinder und Jugendlichen", "Probleme in Partnerschaft und Ehe", "Sinnsuche" und einiges andere aufgreifen.

In der Kritik an dieser Werbeaktion wurde vor allem auch der Punkt diskutiert, ob Kirche sich SO in der Öffentlichkeit präsentieren dürfe, ob Kirche überhaupt werben dürfe (und sich damit in eine Reihe mit Cola-, Alkohol-, Zigaretten-, Automobilproduzenten zu stellen). Damit wird die Frage angesprochen, die sich seit Jesu Leben, Tod und Auferstehung durch die Geschichte des Christentums gezogen hat und zieht: wie verhalten sich Kirche und Öffentlichkeit zueinander? Wie ist das Verhältnis von christlich-kirchlichem Leben und der öffentlich-gesellschaftlichen Situation? Hat Kirche, hat Christentum etwas zur öffentlich-gesellschaftlich-politischen Situation zu sagen? (wie eben z.B. zu Gewalt, Scheidung, Sinnverlust - wie die Werbeaktion nahe legt) Unbestreitbar ist die Aussage, dass wir als Kirche, als Gemeinde, als Christen nicht im luftleeren Raum leben. Wir sind Teil einer Ortsgemeinde mit einem Ortsvorsteher, einem Bürgermeister, eines Kreises, eines Landes, eines Staates, eines Kontinents, einer Welt. Wir stehen und leben automatisch in einem gesellschaftlich-politischen Umfeld. Das wird auch in den Evangelien deutlich gemacht: das Weihnachtsevangelium beschreibt zuerst das politische Weltgeschehen mit der Steuererhebung unter dem Kaiser Augustus und dem Statthalter Quirinius, in das hinein Jesus geboren wird. Ebenso beschreibt der Evangelist Lukas auch genau die politisch-gesellschaftliche Situation am Beginn des Wirkens Jesu: da ist es die Regierungszeit des Kaisers Tiberius und des Statthalters Pontius Pilatus.

Fronleichnam ist das einzige Hochfest, das diesen Aspekt begreiflich und anschaulich macht: Jesus wird im Brot hineingetragen in unsere öffentlich-gesellschaftlich-politische Situation, auf die Straßen, die wir begehen und befahren - am Krankenhaus vorbei, wo die Angst, das Leid, Verzweiflung und Hoffnungslosigkeit sich an einem Punkt verdichten, an der Konrad-Adenauer-Anlage vorbei, die von ihrem Namen her ausdrückt, mit welcher politischen Geschichte wir Bürger*innen der BRD sind.

Bestreitbar ist sicherlich, wie weit sich das eine und das andere zueinander verhalten. Sprich: was hat Kirche, die christliche Religion zur gesellschaftlich-politischen Situation zu sagen? Politiker z. B. reagieren des Öfteren sehr ungehalten, wenn Kirche sich eindeutig zu gesellschaftlichen Problemen äußert. Deutlich wurde und wird das, wenn es um das sogenannte "Kirchenasyl" geht: Menschen, die durch die neuen staatlichen Asylgesetze trotz drohender Folter und Ermordung in ihrem Heimatland dorthin abgeschoben werden sollen, wurde und wird von einzelnen deutschen Kirchengemeinden Asyl gewährt; bekommen Heimatrecht in Kirchenräumen, wie Pfarrhäusern und Gemeindezentren. Was der christdemokratische Bundesinnenminister scharf ablehnte, wurde seinerzeit vom Vorsitzenden der Deutschen Bischofskonferenz, Karl Lehmann, befürwortet und als christlich gutgeheißen.

In guter Erinnerung habe ich selbst noch die Aussage eines Vorstandsmitgliedes der damaligen Hoechst AG, welcher mir nach einer Werksbesichtigung sinngemäß sagte: "Machen Sie in Ihrer Gemeinde nur schöne Gottesdienste für die Menschen, die chemische Industrie geht sie da nichts an!" Spätestens nachdem im Frankfurter Stadtteil Schwanheim bei einem Chemieunfall vor zwei Jahren ein roter Farbfilm auch einen Teil der Kirchengemeinde überzog, kann dieser Satz so nicht stimmen.

Im Evangelium eben wird nichts davon gesagt, dass Kirche und Gemeinde sich nur einseitig um ihre Gottesdienste zu kümmern hat. Da wird von zwei Seiten gesprochen: Jesus hat einen Blick für die Not der Menschen, die nichts zu essen haben, und er wirft dann einen Blick zum Himmel, indem er Brot und Fische segnet und austeilen lässt. Es gehören beide Blicke zusammen: der Blick für die Not der Menschen und der Blick zum Himmel. Jesus sagt nicht: Ruft die Welthungerhilfe an! Schickt die Leute zum Sozialamt! - wie es die Jünger gerne tun wollten - sondern: "Gebt Ihr Ihnen zu essen!" Als Gemeinschaft der Christen haben wir nur dann Gemeinschaft mit Jesus, wenn der Blick auf die Erde einhergeht mit dem Blick zum Himmel.
(15.6.1995)

CHRISTKÖNIGSSONNTAG – LESEJAHR A: ZU MT 25,31-46

„Allgemeine Ethik" heißt das Hauptwerk von Friedo Ricken, dem 1934 in Bad Homburg geborenen und dort aufgewachsenen Jesuiten und derzeitigen Münchner Philosophieprofessor.

Als erster Satz steht in diesem Buch: „Das menschliche Leben besteht aus einer Abfolge von Entscheidungen." Und weiter ist zu lesen: „In einer Entscheidung wählen wir zwischen verschiedenen Möglichkeiten des Verhaltens oder Handelns. Entscheidungen sind unausweichlich. Wir können zwischen verschiedenen möglichen Handlungen oder Verhaltensweisen wählen, aber wir können nicht wählen, ob wir überhaupt wählen sollen. Auch wenn wir eine Handlung unterlassen, haben wir eine Entscheidung gefällt. Auch wenn wir glauben, in einer bestimmten Angelegenheit keine Entscheidung zu fällen, haben wir eine Entscheidung gefällt: die Entscheidung, in dieser Sache nichts zu unternehmen und den Dingen ihren Lauf zu lassen."

Leben besteht aus einer Abfolge von Entscheidungen.

Dagegen steht die doch oft anzutreffende Unentschiedenheit, etwas in der Schwebe zu lassen, keine klare Entscheidung zu treffen, unverbindlich zu bleiben, nach allen Seiten offen zu sein und zu bleiben. Aber - um sich das einmal bildlich vorzustellen: wer nach allen Seiten offen ist, der kann nicht ganz dicht sein.

Ricken meint, auch wenn wir keine Entscheidung fällen, auch wenn wir etwas offen lassen und offenbleiben, haben wir eine Entscheidung gefällt: die nämlich, unentschieden zu sein, den Dingen ihren Lauf zu lassen, etwas in der Schwebe zu lassen, passiv zuzuschauen, nicht einzugreifen.

Vielleicht hat diese Art Unentschiedenheit etwas mit der Zwiespältigkeit des menschlichen Wesens zu tun.

Etwas zu tun damit, dass wir uns als Menschen erfahren, die im Innersten schon unentschieden, zwiegespalten sind.

Johann Wolfgang von Goethe hat in seiner Tragödie „Faust" dies treffend beschrieben: „Zwei Seelen wohnen, ach! in meiner Brust, Die eine will sich von der andern trennen;..."
Der Schweizer Autor Max Frisch schreibt in seinem Roman „Stiller" über die zwei Ichs in einem Menschen: das eine Ich ist das, was man nach außen ist und das andere Ich ist das, was man gerne sein möchte. Ähnlich hat der katholische Theologe Karl Rahner formuliert: „Der in uns, der wir tatsächlich sind, grüßt schmerzlich den, der wir sein wollen." Der evangelische Theologe Dietrich Bonhoeffer fragt sich in seinem im Berliner Gefängnis entstandenen Gedicht „Wer bin ich?" „Bin ich das, was andere von mir sagen, oder bin ich nur das, was ich selbst von mir weiß?"

Lässt sich mit dieser Unentschiedenheit und Zwiespältigkeit im Wesen des Menschen die Entscheidungslosigkeit, das Unentschieden-Bleiben-Wollen im alltäglichen Leben erklären oder entschuldigen?

Als Josua - der Nachfolger des Mose - vor 3 000 Jahren mit den Israeliten in das verheißene Land einzog, ergaben sich mit der Zeit gewisse Schwierigkeiten. Zwischen den Bewohnern des Landes Kanaan und den Israeliten kam es zu Beziehungen, die zu der Frage führten: Welchem Gott können wir jetzt vertrauen? Den Göttern, den Baalen in Kanaan, oder dem Gott, der aus der Knechtschaft Ägyptens befreite? Oder ist dieser nur ein Gott neben anderen, mit einer bestimmten Zuständigkeit? Oder ist er einer, der die anderen unter sich hat? Dann müssten auch die Baale -entsprechend - verehrt werden.

Es entstand eine Situation, die in eine Krise führt. Eine Krise im wahrsten Sinne des Wortes; denn es bedeutet „Entscheidung".

Josua versammelt alle Stämme Israels und will, dass sie eine klare Entscheidung treffen: „Für den Herrn und für seinen Dienst." (Jos 24,22) Als diese eindeutige Entscheidung gefallen ist, kann Josua sterben.

Ähnlich lautet die letzte Verfügung des Mose vor seinem Tod: „Leben und Tod lege ich dir vor, Segen und Fluch. Wähle also das Leben, damit du lebst." (Dtn 30,19)

Die zwei möglichen Wege des Menschen beschreibt auch der Psalm 1 mit den Begriffen „Weg der Gerechten" gegenüber dem „Weg der Frevler". Heil und Unheil - die Entscheidung für eine dieser Möglichkeiten zieht sich wie ein roter Faden durch die Geschichte des Volkes Israel.

Die Bibel kennt dabei keine Unverbindlichkeit und Beliebigkeit. Der Gott der Bibel hält nichts davon. Er ist ein parteilicher Gott. (Wie es beispielsweise der Jesuit Martin Maier formulierte.)

Jesus selbst ist auch parteilich. Er führt Menschen in die Entscheidung: „Was willst du, das ich dir tun soll?" fragt er Kranke. „Euer Ja sei ein Ja, euer Nein ein Nein" sagt er gegen alle Beliebigkeit. Und er spricht von zwei Wegen, die es gibt und sagt: Geht auf dem schmalen Weg, der zum Leben führt.

Die letzte große Rede vom Weltgericht, die Jesus kurz vor seiner Kreuzigung hält, führt uns drastisch die zwei Möglichkeiten, die zwei Wege des Menschen vor Augen, die eine Grundentscheidung notwendig machen. Es gibt einen Weg, der ins Unheil führt, und es gibt einen Weg zum Leben. Und die Entscheidung, die ich fälle, wird radikal ernst genommen, ob ich - bildlich gesprochen - als „Schaf" oder als „Ziege" enden will.

Es ist die Grundentscheidung für eine Achtsamkeit, eine wache Aufmerksamkeit, oder eine Grundentscheidung für eine Achtlosigkeit oder Beliebigkeit im Leben, die in dieser Rede vom Weltgericht offenkundig wird.

Die Achtlosigkeit und Beliebigkeit drückt sich in dem erstaunten Bewusstwerden aus, dass nicht gesehen wurde, gesehen werden wollte, was um einen herum im Leben passierte. Dass die „Zeichen der Zeit" nicht erkannt wurden: Hungrige, Durstige oder Fremde stehen als Beispiel für das, was nicht wahrgenommen wurde, wer übersehen wurde.

Es wurde einfach übersehen, dass vielleicht über das bequeme Sich-Einrichten, die Gemütlichkeit im ganzen Haus, das Einbauen neuer Schlösser, damit das Glück sich sicher fühlt, die Sorge um den Zweit- oder Drittwagen hinaus es noch jemanden oder etwas gibt, um das sich gesorgt werden muss.

Gesorgt werden muss sich um eine Grundentscheidung der Achtsamkeit, die sich ausrichtet nach der Gerechtigkeit. Jesus sagt zweimal, dass der Weg zum Leben ein Weg der Gerechten ist. Die sogenannten „Schafe zu seiner Rechten" sind die Gerechten. Und Gerechtigkeit drückt im ursprünglichen biblischen Sinn die rechte Ordnung in der Beziehung von Menschen untereinander aus. Von daher sind Achtsamkeit und Gerechtigkeit von ähnlicher Bedeutung. Es geht um die rechte Beziehung und Wachsamkeit gegenüber anderen und anderem.

Schon Ende der 1990er Jahre besagten Umfragen, dass fast drei Viertel der Deutschen fürchteten, die Gesellschaft werde kälter und egoistischer, nur 9% erwarteten künftig mehr Solidarität. In Umfragen von 2019 wird betont, dass der Hang zum Sozialen allerdings eher zu- als abnehme, trotz scheinbar wachsenden Hasses, Rassismus und Egoismus, vor allem in Internetforen.

Wie sieht der gesellschaftliche Weg in Deutschland aus? Ist er im biblischen Sprachgebrauch ein „Weg zum Leben"?

Ist andererseits nicht auch eine Unentschiedenheit und Beliebigkeit auszumachen, die zwar bejammert, was ist und kommen wird, aber keine Grundentscheidung dagegen trifft. Ist es nicht dieses beiläufige Wahrnehmen, dass da doch etwas war mit zerstörter Ozonschicht, Klimaveränderung, Mobbing am Arbeitsplatz, wachsender Kluft zwischen Armen und Reichen, mit dem Unterton: was kann ich da schon tun?

Viele Initiativen und viel gesellschaftliches Engagement drücken eine Grundentscheidung der Achtsamkeit aus. Dies ist - trotz allem - ein Zeichen der Wachsamkeit und Wahrnehmung von Not. Und es macht uns deutlich, dass wir die Entscheidung treffen können, welchen Weg wir gehen.

„Wähle also das Leben!"

(16.11.1997)

*

„Ich glaube nicht daran, dass Jesus einmal wiederkommen wird. Da haben wir schon 2000 Jahre lang umsonst drauf gewartet." sagte ein Jugendlicher vorgestern Abend. Wir hatten uns zum ersten Mal mit allen Jugendlichen getroffen, die sich zum Firmkurs angemeldet hatten.

Der Hintergrund seiner Aussage war ein Lied der Musikgruppe „Die Toten Hosen", was in Kleingruppen angehört worden war. „Wünsch dir was" heißt es.

Das Lied erzählt von verschiedenen Hoffnungsbildern und von einer Zeit, in der das Wünschen wieder hilft.

Ein anderer Jugendlicher, der ein Fan der Musikgruppe ist, meinte, dass der Text nur ironisch gemeint sei. Wir kamen dann zu der Frage, was denn jeder persönlich aus dem Liedtext ironisch ansehen und nicht ernst nehmen könnte. Das war recht viel: Der Glaube, dass die Welt sich nochmal ändern wird, dass die Menschheit mal in Frieden lebt, jeder jedem mal vergibt, dass Gut über Böse siegt, dass es einen großen Sieg für die Gerechtigkeit gebe und die Erde der Planet der Liebe sein wird.

Dieser Realismus der Jugendlichen war einerseits erschreckend.

Auf der anderen Seite blieben für die Jugendlichen positiv aus dem Liedtext übrig: der Glaube an die Ewigkeit, an wahre Freundschaft, dass irgendjemand uns auf unseren Wegen lenkt; und die Aussage: „Habt ein letztes Mal Vertrau'n. Es kommt die Zeit, in der das Wünschen wieder hilft."

In einer ganz eigenen Art standen sich so Realismus und Hoffnung gegenüber.

Und in einer ganz eigenen jugendlichen Art war das eine Auseinandersetzung mit dem Text, der uns heute am Christkönigssonntag vorgelesen worden ist: Jesus kommt, ruft alle Völker zusammen und trennt sie nach dem Prinzip der Gerechtigkeit, bzw. nach dem Prinzip, was dem Wort und Leben Jesu entsprechend gelebt worden ist.

Womit uns die Rede von der sogenannten „Endzeit" konfrontiert sind nicht mehr und nicht weniger unsere eigenen Hoffnungen; und im Besonderen sind es die Hoffnungen und Erwartungen auf das, was denn „nach dem Ende" kommt.

Den christlichen Kirchen ist schon manchmal der Vorwurf gemacht worden (gerade auch vor der Jahrtausendwende), dass sie zu wenig über diese sogenannten „letzten Dinge" sage. Gerade angesichts vieler Endzeiterwartungen von Sekten und esoterischen Gruppen.

Ein Grund für dieses Schweigen mag sicherlich daran liegen, dass in der Kirchengeschichte mit eschatologischen Höllenpredigten Angst eingeflößt wurde. Die Unterzeichnung der gemeinsamen Erklärung zur Rechtfertigungslehre 1999 hat jene Zeit ins Bewusstsein gehoben, als mit der Angst der Menschen vor dem Jenseits und dem Ende durch kirchliche Ablassbriefe Geschäfte gemacht wurden.

Meine eigenen Vorstellungen von dem, was kommen wird, was denn „Ewigkeit" und „Unendlichkeit" bedeuten, haben mir seit meiner Kindheit Angst gemacht. Meist kamen die Gedanken nachts vor dem Einschlafen von der angsteinflößenden Unermesslichkeit der Ewigkeit. Es war für mich ein Gefühl der Haltlosigkeit. Vielleicht aus dem Grund, dass ich mir diese Ewigkeit bildlich überhaupt nicht vorstellen konnte. Ewigkeit war für mich etwas Dunkles und Bedrückendes.

Dabei kennt die Kirche, kennen wir viele Bilder für die Ewigkeit, und sie können in ihrer Aussageabsicht etwas Tröstliches ausdrücken.

Das ist mir selbst vor einiger Zeit in der Schule aufgegangen. In einer Klasse hatte ich unter dem Thema „Sterben und Tod" von der Offenbarung des Johannes erzählt. Er beschreibt da sehr anschaulich eine neue Stadt, die am Ende sein wird, wo keine Tränen, keine Schmerzen, keine Trauer mehr sein werden. Dieses Bild hatte sich einem Kind so sehr eingeprägt, dass es Monate später seine Oma damit trösten konnte, als der Opa gestorben war. „Du brauchst doch gar nicht zu weinen, Oma. Der Opa hat's doch gut. Er ist doch jetzt in der Stadt." meinte es. Die Mutter hat es mir später erzählt.

Aber was ist dann Tröstliches an diesem Bild von dem wiederkommenden Christus, der am Ende die Völker in ewig Gerettete und ewig Verdammte aufteilt?

Die Vorstellungen davon sind bei uns sicherlich durch viele Darstellungen der christlichen Kunst beeinflusst. Ich denke an Michelangelos „Jüngstes Gericht" in der Sixtinischen Kapelle oder Luca Signorellis „Sturz der Verdammten" im Dom von Orvieto.

Vielleicht hilft es bei der Suche nach einer Antwort schon weiter, sich zunächst klar zu machen, dass weder ein Papst, noch Kardinäle, Bischöfe oder Theologen zu Gericht sitzen werden, sondern Jesus Christus selbst und allein.

Und Jesus war kein Höllenprediger. Sicher hat er von der Hölle gesprochen und die endzeitlichen Vorstellungen seiner Zeit geteilt. Aber nirgendwo zeigt er ein direktes Interesse an der Hölle.

Insofern ist die Scheidung der Völker in jene, die „die ewige Strafe" und jene, die „das ewige Leben" erhalten ein Bild dafür, wie Jesus richtet. Jeder Mensch wird in die entscheidende Krise seines Lebens geführt. Das Leben jedes Menschen wird unausweichlich dem Maßstab Jesu unterstellt. Und ein Maßstab ist der genannte: „Was ihr für einen dieser Geringsten getan habt."

Jesu Scheidung, von der die Rede ist, ist eine endgültige Unterscheidung zwischen dem, was dem Wort und Leben Jesu entsprechend gelebt worden ist und dem, was dem Wort und Leben Jesu widerspricht. Es wird uns die Wahrheit unseres persönlichen Lebens aufgehen, das, was von unbedingter Beständigkeit und Gültigkeit über den Tod hinaus ist. Aber auch das, was nur Schein an uns ist, vertuschter Egoismus oder abgelehnte Liebe.

D.h. die Rede vom Endgericht erzählt von keinem „Himmel oder Hölle"-Kinderspiel. Sondern letztlich steht dahinter Jesu Vorstellung, dass es für alle Menschen nur eine Zielbestimmung gibt: den Himmel - als endgültiges Ankommen aller noch so verworrenen Lebenswege im Leben Gottes.

(21.11.1999)

CHRISTKÖNIGSSONNTAG – LESEJAHR B: ZU JOH 18,33B-37

In dem Märchen "Des Kaisers neue Kleider" erzählt Hans Christian Andersen von einem Kaiser, dessen einzige Beschäftigung es war, ständig neue Kleider zu kaufen und sie stündlich zu wechseln. Eines Tages kommen zwei Weber - in betrügerischer Absicht - zu ihm und bieten ihm die prächtigsten Kleider an, die er je gesehen habe. Das Besondere an diesen Kleidern aber sei, dass sie für jeden unsichtbar wären, der dumm sei oder für seinen Beruf nichts tauge. Der Kaiser sagt sofort zu; diese Kleider muss er haben. Denn dann hat er ja die Macht, die Klugen von den Dummen zu unterscheiden.

Die zwei bekommen viel Geld, um Stoff und Seide zu kaufen; stecken dies aber in die eigene Tasche und weben an leeren Webstühlen. Nach vielen Tagen schließlich melden sie, dass des Kaisers neue Kleider nun endlich fertig seien. Der Kaiser geht aufgeregt in die Kleiderkammer und sieht - nichts. Wie erschrocken ist er da. Ist er etwa dumm? Taugt er etwa für sein Amt nichts? Nein, das darf nicht wahr sein! Und so lobt er in höchsten Tönen die Kleider, die gar nichts zu sehen sind: "Exzellent, wunderbar!" Die beiden Weber ziehen ihm umständlich seine neuen Kleider an und der König zeigt sich nun seinem Volk mit seinen neuen Kleidern. Auch das Volk will nicht für dumm gehalten werden und bestaunt die wunderschönen Kleider des Königs. "Wie schön das sitzt! Unvergleichlich!" Auf einmal meldet sich ein kleines Kind und ruft "Aber der Kaiser hat ja gar nichts an!"- Der Vater des Kindes meint "Hört die Stimme der Unschuld, das Kind hat die Wahrheit gesagt." Und es verbreitet sich im ganzen Volk, bis auch der Kaiser hört "Er hat ja gar nichts an!" Und dem Kaiser ist so, als ob das Volk recht habe und beginnt zu frieren.

Was kennzeichnet einen Kaiser, bzw. König?

Was macht einen König zum König, einen Kaiser zum Kaiser?

Zwei Dinge scheinen es nach dem eben gehörten Märchen zu sein, die wichtig sind:

Zum einen ist es der Umgang mit Macht und zum anderen der Umgang mit der Wahrheit.

Der Kaiser meint ja, dass er mit seinen neuen Kleidern die Macht habe, Kluge von Dummen zu unterscheiden und eignet sich auch dieses Machtmittel an.

Und schließlich nimmt er es dabei mit der Wahrheit nicht so ganz genau. Was er sieht, bzw. nicht sieht, darf einfach nicht wahr sein.

Um genau diese zwei Dinge - Umgang mit Macht und Umgang mit der Wahrheit - ging es auch im eben gehörten Evangelium. Pilatus möchte von Jesus ja unbedingt wissen, was denn dessen Königtum ausmache und da bekommt er zwei Antworten.

Zum einen sagt Jesus, dass sein Königtum nicht von dieser Welt sei. Und er meint damit, dass er seine Macht nicht so einsetzt, dass andere dabei Schaden nehmen. Es sind nicht die Machtmittel, wie Waffen, Soldaten, Lügen, die Jesus gebraucht. Sein Umgang mit Macht sieht anders aus.

Zum anderen sagt Jesus, dass er ein König ist, der für die Wahrheit Zeugnis ablegt, der für die Wahrheit kämpft. Und er meint damit, dass auch das wahr ist, was einfach nicht wahr sein darf. Das Wort, das Jesus für Wahrheit verwendet, heißt im Urtext "aletheia" und heißt eigentlich "Unverborgenheit". Wahrheit ist also das, was nicht verborgen ist, was nicht unerkannt, für jeden ein-sehbar ist.

Wie gehen wir mit der Wahrheit um? Wie gehen wir mit Macht um? Was oder wer hat Macht über uns? Oder anders: Wer oder was bestimmt über unser Leben?

1993 erregte ein Mord in England die Gemüter auf der ganzen Welt. Da hatten zwei zehnjährige Jungen den zweijährigen James Bulger aus einem Kaufhaus entführt und auf grausame Art und Weise umgebracht. Nach Presseberichten hätten diese beiden kurz vorher einen Videofilm angesehen, der brutal und gewaltverherrlichend war. Die Frage, die sich - neben der Frage nach den Ursachen von Gewalt - stellt, ist, wie stark denn Medien (wie Fernsehen, Comics, Video, Illustrierten, usw.) Macht auf uns ausüben und uns und unsere Wirklichkeit bestimmen.

Tagtäglich z.B. erhielt der Fernsehprofessor Brinkmann aus der Fernsehserie „Schwarzwaldklinik" Briefe mit der Bitte um ärztlichen Rat. Die Schauspielerin der Else Kling in der „Lindenstraße" wurde seinerzeit auf der Straße in der Öffentlichkeit angemacht, warum sie denn so verschroben sei.

Ich kann mich noch gut erinnern, wie ich als Kind die Donald-Duck-Hefte gelesen habe und meinte, dass es diese Welt - das Entenhausen und das Disney-Land - wirklich gebe. Und ich hatte als Kind den großen Wunsch, später einmal dorthin zu fahren, in diesem Entenhausen zu leben und vielleicht dem Geizkragen Dagobert Duck den ein oder anderen Taler abzuknöpfen. Und wie enttäuscht war ich, als ich merkte, dass es diese Welt gar nicht gab.

Bei der Frage danach, was denn Macht über uns ausübt und uns bestimmt, scheint es entscheidend zu sein, wie wir mit der Wahrheit umgehen. Anders: wie wir die Wirklichkeit um uns herum sehen und wahr-nehmen und dass wir sie wahr- nehmen. Und diese Wirklichkeit wird nicht nur beeinflusst durch Medien wie Fernsehen, Zeitschriften oder Comics.

25 % der Befragten einer Emnid-Studie 2012 stimmten der Aussage zu, dass der Lauf der Sterne ihr Leben bestimmt und beeinflusst. Die Sterne hätten die Macht, ihr Leben zu verändern. So richten sie ihr Leben nach Horoskopen aus. Damit wird irgendein Schicksal für alles verantwortlich gemacht und die eigene Verantwortung und Freiheit im Leben nicht wahr-genommen.

Weitere Lebensbedingungen haben Macht über uns:

Wo und mit wem ich arbeite, ist ganz entscheidend für die eigene Selbstzufriedenheit. Oder die Möglichkeit, den Beruf zu ergreifen, den ich auch möchte.

Unter welchen Umständen Menschen leben - ob mit 5 Personen in einer 2-Zimmer-Wohnung oder zu zweit in einer Villa mit Swimming-Pool - ist eine Wirklichkeit, die Macht ausübt und die wahr-genommen werden muss.

Und ganz persönlich sind es die eigenen Fähigkeiten und Möglichkeiten und die Schattenseiten, die Macht und Einfluss auf unser Leben ausüben.

Es ist prägend für das eigene Leben, wenn ich aus der Kindheit Beurteilungen mit mir herumtrage, wie "Das ist typisch für dich! Das kannst du nicht! Das wirst du nie lernen ! Das macht man nicht!" Es sind die Schattenseiten, die wir oft nicht wahr- nehmen, weil sie unbewusst sind, aber sie haben Macht über uns, wirken in unser Leben hinein.

Anders ist es genauso wichtig zu sehen, welche Möglichkeiten und Fähigkeiten ich habe. Was kann ich gut? Was macht mir Freude? Zuhören, erzählen können, einen gesunden Humor haben, handwerklich begabt sein... Auch das hat Macht über uns und beeinflusst uns.

Nehmen wir wahr, was Macht auf uns und unser Leben ausübt? Oder: Wie sieht unser Umgang mit Macht und mit der Wahrheit aus? Oder: Können wir unverborgen erkennen, was unser Leben beeinflusst und bestimmt? Das scheinen die Fragen am heutigen Christkönigsfest zu sein.

Das Bewusstsein, fraglos von Gott angenommen zu sein, ermächtigt uns, diese Frage geduldig und gelassen zu beantworten. Und das ist die Wahrheit.
(19./20.11.94)

CHRISTKÖNIGSSONNTAG – LESEJAHR C: ZU KOL 1,12-20; LK 23,35-43

Vor ungefähr 2200 Jahren versuchte ein gewisser Archimedes aus Griechenland, die Welt aus ihren Angeln zu heben. Genauer gesagt suchte er - als Physiker und Mathematiker - für die physikalische Welt den einen festen Punkt, um die Erde bewegen zu können. Archimedes hat diesen Punkt damals nicht finden können. Heute könnte man meinen, dass auf andere Art und Weise dieser archimedische Punkt gefunden worden ist; die Welt scheint aus den Fugen zu sein und nicht mehr fest in der Angel zu sitzen.

Wenn wir heute also einen archimedischen Punkt brauchen, dann müsste es einer sein, der die Welt von uns Menschen nicht aus den Angeln hebt, sondern in die rechten Angeln hineinhebt.

Sicherlich war es auch diese Einsicht einer aus den Fugen geratenen Welt, die am 11. Dezember 1925 Papst Pius XI. dazu bewegte, das "Hochfest unseres Herrn Jesus Christus, des Königs des Weltalls" einzuführen. Denn in seiner Begründung zu der Einführung dieses Festes meint Pius XI., dass die Anerkennung der Königsherrschaft Christi "das wirksamste Heilmittel gegen die zerstörerischen Kräfte der Zeit" sei. Da spricht Pius XI. also von so einem archimedischen Punkt, der vielleicht unsere Welt wieder in die rechten Angeln heben kann.

Und auch die heutigen biblischen Lesungen beschreiben so etwas wie einen Punkt - einen Mittelpunkt -, um den alles kreist, der alles in den Angeln hält. Paulus drückt das im Kolosserbrief ganz konkret aus, wenn er schreibt, dass in ihm (in Jesus) alles Bestand hat. (1,17). Der Theologe Fridolin Stier hat diesen Satz des Paulus noch konkreter und wortgetreuer übersetzt: "Das Allsamt ist in ihm zusammengehalten." - Alles ist in ihm zusammengehalten - an einem Punkt. Und diesen Punkt als Mittelpunkt - der alle/s zusammenhält - erkennt auch jene merkwürdige Gesellschaft an, die sich da am Kreuz Jesu versammelt hat; auch wenn sie es sicherlich gar nicht wollen: die führenden Männer Israels, die Soldaten, die beiden Verbrecher. Sie gruppieren sich, wie es das Lukasevangelium beschreibt, um Jesus als die Mitte: <u>vor ihn</u> getreten sind die Soldaten und die führenden Männer Israels, die ihn als König und Messias verhöhnen; <u>über ihm</u> hängt die Tafel "König der Juden" und <u>neben ihm</u> hängen die beiden Verbrecher (der eine, der sich über ihn als Messias lustig macht, der andere, der ihn als König mit Macht anerkennt).

Dieser Mittelpunkt Jesus wird als König bezeichnet. Der archimedische Punkt, der diese Welt in die Angeln heben, bzw. in den Angeln halten soll, soll ein königlicher sein.

Mit der Bezeichnung König oder königlich fangen aber die Schwierigkeiten an. Mit "königlichem" Verhalten verbinden wir zur Zeit doch mehr oder weniger allzu Menschliches (wenn wir uns das Bild, das z.B. das englische Königshaus zur Zeit bietet, anschauen) und wenig Hilfreiches. Da würden wir auf den ersten Blick wenig erwarten. Zum anderen scheint auch die Rede von Königen oder Kaisern nicht in unsere Zeit zu passen. Haben sich nicht viele Länder in Revolutionen von ihren Königen - die oft ein Zeichen für Unterdrückung waren - befreit? Zum anderen ist es aber gerade in England erstaunlich, dass trotz aller Skandale eine große Mehrheit am Königtum festhalten will. Vielleicht ein Ausdruck einer Suche nach so etwas wie einem archimedischen Punkt?

Wenn in der Bibel von König die Rede ist, dann verbinden sich mit königlichem Handeln immer drei Ansprüche: zum einen die Sorge um die Schöpfung, als zweites die Sorge um Gerechtigkeit und als drittes weist der König darauf hin: Gott ist mit uns und führt uns. Die Entwicklung dessen, wer denn ein König sei, ging in der Bibel über drei Stufen: Die erste Bedeutung von "König" war: Gott ist König. In einer zweiten Stufe gab es einen menschlichen König (Saul, David, u.a.), den man vom Geist Gottes, des göttlichen Königs erfüllt hielt. Und in einer dritten Stufe wurde die Königswürde auf jeden Menschen ausgeweitet, der sich an den drei Ansprüchen - Sorge um die Schöpfung, Gerechtigkeit und ein Bewusstsein vom Gott-mit uns – ausrichtet. Eine jüdische Legende erzählt davon, wie diese Königswürde eines jeden Mensch zu erkennen ist. Jeder Mensch, der geboren wird, sei ursprünglich im Paradies - im Königreich Gottes - beheimatet. Er dürfe allerdings nichts davon erzählen. Deshalb drücke ein Engel bei der Geburt jedem Mensch den Finger auf den Mund (was so viel heißt, wie: Pst!, nicht erzählen, wo du herkommst). So hat jeder Mensch über seiner Oberlippe ein kleines Grübchen. Und dieses Grübchen ist das Zeichen, dass wir aus dem Paradies - dem Königreich Gottes - kommen, dass wir so eine königliche Würde mit uns tragen. Das aber vergessen haben. Vielleicht ist es an der Zeit, dass wir uns daran wieder erinnern, dass wir alle eine königliche Würde mit uns tragen - sei es eine Legende oder nicht: Jeder von uns trägt Sorge für ein königliches Handeln auf dieser Welt. Wenn Jesus, den wir heute als König feiern, einmal sagt "Ihr seid Salz für die Erde!", dann kann das für uns eine Aufforderung zu solchem königlichen Handeln sein. Denn das Wort "Salz" klingt im Aramäischen - der Sprache Jesu - ähnlich wie König. Wie alle Juden kannte sich Jesus gut mit Wortspielen aus. Und so mag er mit der Aufforderung "tihejû mäläch-äräs" (Ihr seid Salz für die Erde) durchaus die Aufforderung verbunden haben "tihejû mäläch-äräs" (Ihr seid Könige für die Erde). Jeder von uns ist ein königlicher Mensch. An jeden von uns richten sich die drei Ansprüche eines Königs: sorge dich um deine Schöpfung, denn eine zweite bekommst du nicht; bemühe dich um Gerechtigkeit, so dass die Menschen um dich herum aufrecht stehen und gehen können, und orientiere dich an dem, was du von Gott begriffen hast. Das könnten vielleicht drei kleine archimedische Punkte sein, anhand denen unsere Welt wieder in die rechten Angeln gehoben werden kann.

(26.11.1995)

Jahreskreis

So wie's in manchen Kirchen Brauch,
so halte ich's hier dies' Jahr auch:
die Predigt soll gereimt erklingen,
die Fastnacht tut das mit sich bringen.
Jedoch - so könnte jemand fragen,
darf ich's im Gotteshause wagen,
gereimt die Predigt vorzutragen?
Womöglich noch die Leut zum Lachen
zu bringen - was sind das für Sachen?
Christsein ist doch ein ernstes Ding!
Da sind wir auch schon mittendrin.
Die Frage wär' hier angebracht:
Hat der Herr Jesus denn gelacht?
Denn wenn er's tat und er war heiter,
so wär ich ja schön aus dem Schneider.

Jedoch an keiner einz'gen Stelle
im Evangelium wird gesacht,
dass Jesus mal so auf die Schnelle
gelacht hat und 'nen Witz gemacht.

Vom Weinen Jesu kann man lesen.
und davon, dass er traurig war.
Er sei beim Fasten auch gewesen.
Die Sache also scheint recht klar:
Humor kommt in der Schrift nicht vor.
Der Christ - so scheint's - taugt nicht als
Tor.

Doch wenn man mal genauer schaut,
- gleichsam mit einem zweiten Blick -
wie's Evangelium aufgebaut,
dann nimmt man alles gleich zurück:
Alleine über hundertmal
liest man von Freude. Selbst die Wahl
des Wortes "Evangelium"
für Jesu Leben ist nicht dumm.
Denn dieses Wort heißt übersetzt
"die frohe Nachricht". - Und zuletzt

will uns die Bibel begreifbar machen:
„Ihr Leute, lasst die Freude keimen!"

Lachen ohn' Freud', Freud' ohne Lachen
kann ich mir nicht zusammenreimen.

Kurzum: ich denk', auch unser Herr
hielt Lachen und Humor in Ehr.

Ein Zweites fällt mir dazu ein,
warum Humor könnt' christlich sein:
Seh ich mal in die Liste 'rein
der Menschen mit 'nem Heil'genschein,
die wir als solche ja begreifen,
die wissen, wie man Christ sein soll,
dann stand das-Lachen-sich-verkneifen
bei vielen nicht im Protokoll:
So denn beim heiligen Don Bosco,
bei Katharina, Thomas Moro
Auch Bischof Athanasios
Humor im Leben sehr genoss.

Ganz vorn in der Kirchen-Lach-Hierarchie
steht der römische Heilige Philipp Neri.
Er dacht sich jeden Tag 'was aus,
um nur als Narr auch zu erscheinen.
Einmal da kam vor seinem Haus,
gekleidet in das feinste Leinen
des Vizekönigs Tochter vorbei
und fragte um Philipps Segen an.
Der legte die Hände zur Segnerei
ihr auf den Kopf - aber sodann
zerzaust er hurtig die schöne Frisur
der Dame, die sehr kunstvoll war.
Die Dame tat hernach den Schwur:
nie mehr ein Segen von dem Narr.

Wo's um verschmitztes Lachen ging
da war ein Mann oft mittendrin,
den man den "guten Papst" auch nannt',
als Johannes XXIII. bekannt.

Von ihm wird Folgendes erzählt,
dass er als Papst war auserwählt
als Ehrengast bei einer Party
des am'rikan'schen Staatsmanns
Carthy.
Der Papst besah sich so die Runde
der Gäste und nach einer Stunde
traf er 'ne Diplomatenfrau,
von deren Kleid dacht' er nur "Wau!,
wie kann man solch' Gewagtes tragen."
Ihr Dekolletée ging bis zum Magen.
Johannes reagiert' mit Sinn,
und reicht' der Frau 'nen Apfel hin.
Er sprach zu ihr: "Hier, essen Sie's!
Auch Adam und Eva im Paradies
erkannten erst nach dem Apfelessen,
dass ihre Kleidung war knapp bemessen."

Auch jener polnische Vertreter
unseres Herrn auf dieser Welt
erschien nicht als ein Schwerenöter,
von ihm wurd folgendes erzählt:
Als er im Land der Deutschen war
da rief die Katholikenschar:
"Johannes Paul II.
wir steh'n an deiner Seite!"
Dem Papst schien das zu allgemein.
So fragte er ins Volk zurück:
"Rechts oder links, welche Seite soll's
sein?"
(es schien, die rechte hatt' er mehr im
Blick.)

Und Papst Francesco stimmt es traurig
wenn Priester nur verwelkt verkünden
ganz ohne Lachen nur noch knurrig
Humorssinn' dem entgegen stünden

Worauf will ich nun eigentlich hin?
Was ist der Predigt tief'rer Sinn?
Mir scheint, es wäre gut im Leben,
nach ein klein wenig Humor zu streben.

Da wär' jedoch die Gegenfrage:
Das Leben ist nicht nur zum Lachen.
Sehr oft ist's Trauer, Trübsinn, Klage.
ist da denn Sinn für frohe Sachen? :
Wenn morgens schlecht der Tag fängt
an,
der Chef macht einen blöde an.
Der Freund hat keine Zeit zum Reden,
die Angst um Arbeit macht schwer das
Leben.
Wenn von Gewalt man so viel liest,
der böse Nachbar ein'n verdrießt
und man fühlt sich so ganz allein.
Das soll dann noch zum Lachen sein?

Ich will dies alles nicht vergessen
und seh', es gibt sehr viel zum Klagen.
Zu fragen wär' jedoch indessen,
wie soll ein Mensch dies denn ertragen?

Und hier, so sagt' ich vorhin schon,
könnt' helfen eine Port-i-on
Humor. Das heißt recht ausgedrückt:
er hilft, dass alles nicht so drückt.
Wie das? So werden Sie jetzt fragen.
Ich will es Ihnen ganz kurz sagen.

Humor <u>zum ersten</u> Muss bedeuten:
ehrlich zu sein zu andern Leuten,
zu sich und auch zur ganzen Welt.
Wahrhaftigkeit ist das, was zählt,
Klarheit und auch Eindeutigkeit
und keine Doppeldeutigkeit.

Humor - die gute Lebenskraft -
hat eine <u>zweite</u> Eigenschaft:
er zeigt sich allezeit bereit
zum Geiste der Gelassenheit.
Liebevoll und unverbissen
lässt er Geduld auch nicht vermissen.
Und er ist stets darauf bedacht,
dass niemanden er niedermacht.

Und schließlich drittens, dann wär's ganz:
Humor sieht alles mit Distanz.
Er nimmt die Welt und 's Leben ernst,
jedoch nimmt er's nicht allzu ernst.
Er ist nicht naiv optimistisch
und auch nicht ganz tief pessimistisch.
Sondern kann bei allen Sachen
über sich selbst trotzdem lachen.

Ich denk', für solcherart Humor
braucht' es ein off'nes Herz und Ohr.
Im Christentum heißt dieses Streben:
wir woll'n am Schluss zum Herrgott beten,
so wie es tat vor langer Zeit
der Thomas More in Heiligkeit.
Er betete zum Herrgott hin:
"Ach, Herr, komm schenke mir doch Sinn
für den Humor, und gib Einsehen,
auch einen Scherz mal zu verstehen;

auf dass ein wenig Glück ich kenn'
im Leben und dies anderen
mitteile." - Das wär' guter Samen.
Er möge aufgeh'n. Ich sag' Amen.

Ergänzung in einer evangelischen Kirche
(An dieser Stätt' jedoch ist klar,
das letzte Wort einem zu lassen
der auch darin sehr fähig war,
ganz knapp die Wahrheit einzufassen.
Herr Dr. Luther ward gefragt,
wie man ein guter Pred'ger werde.
Er sagte kräftig und gewagt,
für Theologen auf der Erde:
„Tritt fest auf,
mach's Maul auf,
hör bald auf!"
Die letzte Zeile beherzige ich
und zieh' in Gedanken jetzt den Strich.)
(12./13.2.94 - 21./22.2.98; erstmals veröffentlicht in: Gottes Wort im Kirchenj. AaO, 217f.)

FASTNACHT (THEMA „HUMOR, 2.TEIL")

Nachdem im letzten Jahr an Fastnachtssonntag das Thema „Humor" in Reimform aufgegriffen wurde, und versucht wurde, das Streben nach Humor als zutiefst christlich zu begründen,
hoffe ich, dass das auch so gelungen ist.
Denn heute morgen folgt sozusagen die Fortsetzung - man kann auch sagen der Aufbau- oder Spezialkurs, bzw. die Aufbau- oder Spezialpredigt in Sachen „Humor in der Kirche".
Diesmal geht es um den „Witz im Christentum".
Ich beziehe mich diesmal - in ungereimter Form - auf einige Gedanken des Theologen Eike Christian Hirsch, die er selbst so nannte: „Lachen dämpft die Ehrfurcht. Der verschämte Humor unter Christen."
Ich gliedere diese Spezialpredigt in Fünf Teile.

„Unser Seelsorger ist wie der liebe Gott", sagt ein Kirchenbesucher, „am Sonntag ist er unbegreiflich, und während der Woche ist er unsichtbar."
In diesem Sinn hoffe ich zu Beginn, heute morgen ein wenig begreiflich zu sein.
Witze im Christentum gibt es eine ganze Menge. Das kann zum einen ein Zeichen dafür sein, dass die Christen recht fidel sind. Umgekehrt blüht der Witz bekanntlich nirgends

so gut wie in Diktaturen. Daher heißt der erste Teil „Der Witz als Aufsässigkeit gegen die Diktatur der Kirchenleute".

„Welcher Unterschied besteht zwischen einem Seelsorger und einem Wegweiser?" - *„Keiner. Beide zeigen den Weg - und gehen ihn nicht."*

Der freundliche christliche Spott gilt meistens nicht der Religion selbst. Alles Religiöse hat es nun einmal an sich, dass es tabu ist. Da ist ein Witz wenigstens gegen die Kirchenleute willkommen, der Luft verschaffen kann und Distanz schafft.

„Was ist der Unterschied zwischen der Mission und der Kirchenverwaltung? Die eine macht die Wilden fromm, die andere macht die Frommen wild."

Der Witz bietet Gelegenheit, den Ärger über die Kirche auf eine sanfte Weise zu äußern. Und - Lachen dämpft auch die Ehrfurcht.

Die katholische Kirche bietet mit ihrer hierarchischen Struktur sicherlich mehr Herausforderungen für die Verfasser von Witzen. Zur Abwechslung jedoch ein evangelisches Beispiel freundlichen Spotts:

„Die Frau eines Dorfpastors ist gestorben. Er ist völlig gebrochen und fühlt sich außerstande, seine Sonntagspredigt zu halten. Damit seine Gemeinde aber den geistlichen Zuspruch nicht entbehren Muss, schickt er an seinen zuständigen Superintendenten folgendes Telegramm: „Meine Frau gestern verstorben. Bitte um Ersatz für Sonntag."

In diesem Lachen über die Kirchenleute steckt vielleicht aber auch der Wunsch, dass Seelsorger humorvoll und großzügig sein sollen.

So heißt Teil 2 dieser Predigt: „Christlicher Humor als Forderung an die Geistlichkeit".

Man will nicht nur den Pfarr-Herrn, gegen den nur noch Humor hilft, sondern man sucht den Menschen, über den man nicht mehr zu lachen braucht.

In einer amerikanischen Gemeinde wurde gefragt, welche Eigenschaften ein idealer Pfarrer haben sollte. Als besonders wichtig galt bei den Antworten, dass er von „harmloser Heiterkeit" sein solle. So vielleicht wie der folgende Hirte:

„Der Regens visitierte einen jungen Kaplan und fragte ihn nach der Predigt: „Arbeiten Sie Ihre Predigten denn sorgfältig aus?" Er bekommt zur Antwort: „Den Anfang schreibe ich mir genau auf, aber im zweiten Teil lasse ich einfach den Heiligen Geist sprechen." Der Regens meint daraufhin zum Kaplan: „Dann Muss ich Ihnen ein Kompliment machen: Sie predigen viel besser als der Heilige Geist."

Natürlich fällt einem als Beispiel für „harmlose Heiterkeit" und die Bereitschaft, über sich selbst lachen zu können, der gütige Papst Johannes XXIII. ein.

„Am Vorabend des II.Vatikanischen Konzils fragte ein Würdenträger den Papst: „Heiliger Vater, die Kirche besitzt doch den Schlüssel zum Himmelreich. Warum braucht es dann noch Reformen, wenn wir die geheiligten Traditionen haben?" Johannes XXIII. lächelte, wie es seine Art war, und sagte: „Aber die Protestanten haben inzwischen das Türschloss geändert."

Humor ist das Gegenteil von Fanatismus. Er schenkt uns die Freiheit, die Dinge leicht zu nehmen - jedenfalls die vorletzten Dinge.

Trotzdem sind auch die letzten Dinge Thema des christlichen Witzes. Die Allmächtigkeit Gottes ist so der dritte Teil.

Nun ist fraglich, ob man über jemanden spotten darf, der unbegreiflich ist.

Die christliche Auseinandersetzung mit Gott zeigt eigentlich keine Aufsässigkeit. Aber es gibt den Versuch, sich Gott als im Grunde liebenswert zu denken.

Der evangelische Theologe Karl Barth, der eine große Liebe zu dem katholischen Komponisten Mozart hatte, sah sich in der Verlegenheit, dies erklären zu müssen. So sagte er: *„Im Himmel spielen die Engel natürlich immer nur Johann Sebastian Bach (der evangelisch war), jedenfalls solange Gott zuhört. Nur wenn er weggegangen ist, spielen sie zu ihrem eigenen Vergnügen Mozart."*

Mit alten Traditionen verglichen ist dies ein Gottesbild, bei dem Gott selbst ein wenig Humor zugetraut wird, indem er eine gewisse Eigenmächtigkeit der Engel hinter seinem Rücken duldet.

In der Bibel kommt Gott zwar als der Lachende vor, aber es ist leider immer ein Spottlachen über seine Feinde. Als gar die alte Sarah - die Frau Abrahams - in Gottes Gegenwart über Gottes Wort lacht, da wird Gott ärgerlich. Dieses strenge, pedantische Gottesbild zeigt sich in der Anekdote von einem *Katholiken, der in der Fastenzeit ein Omelette - mit verbotenem Fleisch darin - bestellte und erleben musste, dass ein Blitz zuckte und es donnerte, als er gerade das Omelette zu essen begann. Da warf er es fort mit dem verächtlichen Ausruf: „So viel Lärm für ein Omelette!"*

Aber dieses Bild Gottes, der die kleinen Sünden gleich straft, ist in den Köpfen der Christen Gottseidank nicht mehr vorherrschend.

Der schon erwähnte Theologe Karl Barth hat geradezu in einer humorvollen und sanften Weise vom Jüngsten Gericht gesprochen. Er sagte: „Das Jüngste Gericht wird Beschämung sein." - Mehr nicht, könnte man hinzufügen, aber diese Beschämung kann auch Gott uns nicht ersparen.

Das vierte Unterthema christlichen Lachens behandelt die Widersprüchlichkeit, ja Unmöglichkeit des christlichen Glaubens.

Der Glaube selbst ist ja durchaus auch etwas fragwürdig, einfach, weil es im Alltag mit ihm nicht immer klappen will.

„Eine Frau wollte ganz feierlich zum katholischen Glauben übertreten und fuhr deshalb extra nach Rom. Tief verstört kehrte sich zurück. Nach einiger Zeit lässt sie sich doch in die katholische Kirche aufnehmen. Als man sie fragt, warum sie dies trotz ihrer Enttäuschung getan habe, sagte sie: „Ich habe mir überlegt: eine Religion, die das aushält, muss die wahre sein."

Das scheint eine durchaus gründliche Infragestellung der Kirche zu sein - und irgendwie doch auch ein Sich abfinden mit dem Paradox, der Widersprüchlichkeit des Glaubens.

Ein Beispiel dafür, dass der christliche Glaube sich in dieser Welt nicht immer eindeutig einrichtet, ist in einer Berliner Kirche zu finden.

Dort befindet sich über dem Altar ein Bild der Kreuzigung, und darunter stehen die Worte: Vater, vergib ihnen, denn sie wissen nicht, was sie tun. Der Küster pflegt diesen Spruch gelegentlich mit Blumen zu verdecken - bei Trauungen."

Zu guter Letzt - und zum Fünften - gibt es auch allerlei sanfte Gehässigkeit unter Christen. Eine Spitze zum Beispiel gegen die allzu Frommen:

„Das Reisebüro für besondere Abenteuer bietet eine Besichtigungsfahrt durch den Himmel an. Nach den eng besiedelten Wohnungen der Seligen kommt man an einem dichten Bretterzaun vorbei, hinter dem Stimmengemurmel und Singen zu vernehmen

ist. Der führende Engel legt den Finger vor den Mund, geht auf Zehenspitzen vorbei und fordert die Touristen auf, sich leise zu verhalten. Als sie vorbei sind, fragt einer, was sich hinter dem Zaun befinde. „Wissen Sie", sagt der Engel, „dort wohnen die Leute von der charismatischen Gemeindeerneuerung, und wir lassen sie auf diese Weise in dem Glauben, sie seien allein im Himmel."

Aber es gibt auch den Witz gegenüber den nicht ganz so Frommen:

„In einer Herrengesellschaft, an der auch ein Bischof teilnimmt, fragt zu vorgerückter Stunde ein junger Mann den Bischof: „Mir ist, wenn ich an den Himmel denke, nur eins nicht klar, wie ich nämlich mein Nachthemd über meine Flügel ziehen soll." Daraufhin antwortet der Bischof: „Junger Freund, überlegen Sie lieber, wie Sie Ihren Hut über die Hörner kriegen."

Sicherlich ein etwas schlichter Witz.

Und so möchte ich diese Predigt abschließen mit einer - im gewissen Sinn - selbstkritischen Geschichte:

„In eine reiche Gemeinde im Hochtaunus kommt der neue Pfarrer, um sich bei seinem Vorgänger nach der Gemeinde zu erkundigen. Der erklärt alles und seufzt dann: „Es sind böse Leut', aber sie sind alle sehr gut katholisch."

(22.2.1998)

GEBURT DES HL. JOHANNES DER TÄUFERS (24.JUNI) – LESEJAHR B

Wer jemals im elsässischen Colmar gewesen ist, der wird womöglich am Museum "Unterlinden" vorbeigegangen sein. In diesem Museum - einer ehemaligen Klosteranlage - steht das bedeutendste Kunstwerk von Mathias Grünewald, der 1528 starb: der Isenheimer Altar.

Klappt man die beiden Flügeltüren auseinander, so sieht man am linken Flügel die Darstellung, wie der Engel Gabriel Maria die Geburt Jesu verkündet; am rechten Flügel ist die Auferstehung Jesu dargestellt.

Die Mitte wird gebildet durch die Kreuzigungsdarstellung.

Diese ist anders als die bekannten Kreuzigungsdarstellungen; anders, als die Kreuzigung Jesu in der Bibel erzählt wird. Denn zur Linken des Kreuzes hat Mathias Grünewald nicht den Lieblingsjünger Jesu Johannes gemalt - der steht auf der rechten Seite mit Maria - sondern Johannes den Täufer.

Er steht da in dem Mantel aus Kamelhaar und zeigt mit einem Zeigefinger, der proportional viel zu lang scheint auf Jesus am Kreuz. Vor seinem Mund sind die Worte auf lateinisch auf das Bild gemalt, Johannes quasi in den Mund gelegt: "Illum oportet crescere, me autem minui". Es ist ein Zitat aus dem Johannesevangelium, in dem Johannes d.T. über Jesus sagt: "Er muss wachsen, ich aber Muss kleiner werden." Und wenn man auf das Bild genau schaut, bemerkt man, dass die Figur Jesu um 2 Köpfe größer ist als die Johannes des Täufers.

Diese zwei Details fallen an der Figur Johannes d.T., wie sie Mathias Grünewald gemalt hat, auf:

sein überdimensional langgestreckter Zeigefinger und das Zitat dazu "Er muss wachsen, ich aber kleiner werden."

Beides charakterisiert Johannes d.T. als einen, der zeigen will, wo es langgeht.

Er ist nicht nur die Stimme eines Predigers in der Wüste, die ruft "Kehrt um!"

Er war wohl ein Mensch, der genau beobachten konnte. Er konnte die Pläne und Hoffnungen von Menschen genau erkennen. Und er war wohl ein Mensch, der genau wusste, wie Menschen nicht denken, nicht handeln und wie sie nicht leben sollten.

Und so wusste er wohl auch, dass Leben nur dann gelingen kann, wenn es immer wieder von "Umkehr" bestimmt ist. Und das heißt doch: bestimmte Dinge, bestimmte Pläne, bestimmte Hoffnungen, bestimmte Erwartungen im Leben müssen losgelassen werden können. Davon muss man sich abkehren können.

Aber es ist eben nicht nur das, was Johannes wichtig ist.

Er zeigt auch die Antwort auf die Frage, wie denn diese Umkehr aussehen könnte. Im Johannesevangelium sagt er mit Blick auf Jesus: "Seht das Lamm Gottes!" Auf dem Isenheimer Altar zeigt er mit dem langen Finger auf Jesus.

Aber auf welchen Jesus zeigt der Johannes des Mathias Grünewald:

auf den gekreuzigten, geschundenen, gefolterten, sterbenden.

Das soll der Weg sein, der nach der Umkehr folgt und der zum Leben führt?

Es wird uns, glaube ich, wohl nur ganz schwer bewusst, und es ist wohl auch ganz schwer zu akzeptieren, dass wir in unserem Leben nur reifen, wenn wir bereit sind, einen Weg in die Tiefe zu gehen, einen Weg in die Dunkelheit, einen Weg in die scheinbare Gottferne.

Dies sind die Erfahrungen schon des Alten Testaments, besonders die im Buch der Psalmen:

"Drei Tage" Dunkel, Tod, Trauer, Loslassen, in der Tiefe bleiben sind nötig, um den Weg zu neuem Leben zu finden.

Das Buch der 150 Psalmen im AT kann grob in 2 Arten von Gebeten unterteilt werden: Lob und Hymnus-Psalmen, und auf der anderen Seite Klage, Bitt- und Vertrauenspsalmen. Die meisten Psalmen gehören zur zweiten Kategorie. Die meisten Erfahrungen der Psalmbeter waren gekennzeichnet von Klage, Bitte, Suche nach Vertrauen. Sie wussten darum, dass erst der Weg in die Tiefe es ermöglicht, später Gott zu loben. Der Theologe Paul Tillich hat einmal gesagt: "Gott bedeutet Tiefe."

Darauf weist uns Johannes der Täufer hin.

(29.6.1997)

2.SONNTAG IM JAHRESKREIS (FAMILIENSONNTAG) – LESEJAHR A: ZU GEN 1,1FF.

Von einer Kneipe im sogenannten "Ruhrpott" wird folgende Geschichte erzählt: Zwei Schichtarbeiter trafen sich dort und der eine berichtet von der gerade zu Ende gegangenen Betriebsversammlung: (*zum besseren Verstehen empfiehlt es sich beim Selbstlesen, den Text laut zu lesen*) "Waisse, da wa son Jünklink fonne Direxion un hatt uns datt allett vaklickert: mitti Auslastung fonne Maschienen, un müßtenwa ja auch bisken flexibler sein weil datti teuren Maschienen nich bringen weil kämse dann ganz aussen Rhythmus, un überhaupt: ain bessern Vertrach könntenwa gaanich kriegen. 'Mannomann', sarich, 'halt ma de Luft an. Wennich datt so hör, gehz mehr ummen Rhythmus fonne Maschienen als um main. Da happich ain viel bessern Abaizvertrach fon ain ganz andern Abaitgeba.'

Gipps doch gaanich', sachta Jünklink. ‚Watt steht denn dadrin in dein Abaizvertrach?‘ ‚Sex Tage sollze malochen un am siepten Tach is Sabbatt' sarich. 'Un bai uns im Neun Testament is nich nur am Sabbatt Sabbatt sondern auch am Sonntach Sabbatt un dattis ganz gut für main Rhythmus.' Junge Junge, watt mainze watt der gekuckt hatt. Mittem lieben Gott als Abaitgeba hatter wohl nicht gerechnet."

Gott als "Arbeitgeber", dessen Vertrag gut ist für den eigenen Rhythmus.

Das allgemeine Bedürfnis und Anliegen des Menschen, sein Leben zu ordnen und ihm einen Rhythmus zu geben, hat vom Rückblick auf die Geschichte her zur Entstehung unseres heutigen Sonntags geführt. Da war die Beobachtung der alten Sumerer, Ägypter und Babylonier, dass Sonne, Mond und Sterne einem bestimmten Rhythmus gehorchen. Schon im 3.Jahrtausend v. Chr. teilten die Sumerer aufgrund der rhythmischen Wiederkehr von Neumond und Vollmond die Monate in Längen von 29 und 30 Tagen ein. Daraus entstand das Mondjahr mit 12 Monaten. Dazu gehörten aber auch die Beobachtung des rhythmischen Wechsels von kalten und warmen Jahreszeiten. Das heißt, es gab die Beobachtung eines Rhythmus in der Natur. Diese Einteilung eines Jahres in Tage und Monate schien den Menschen aber noch zu unübersichtlich. So hat wohl das Bedürfnis des Menschen, zwischen den Rhythmen der Monate noch einen weiteren Rhythmus einzuführen, zur Entstehung der Sieben-Tage-Woche geführt. Die genauen Ursprünge liegen aber im Dunkeln. Die Sieben-Tage-Woche entstand also zum einen aus der Beobachtung der Rhythmen der Natur, und zum anderen aus dem Bedürfnis des Menschen, seinem Leben eine rhythmische Lebensordnung zu geben. Im ersten Kapitel der Bibel, in dem die Entstehung und Vollendung der Schöpfung in sieben Tagen dargestellt wird, wird der lebensnotwendige Rhythmus im menschlichen Leben schon im Textaufbau deutlich gemacht. Wie in einem rhythmischen Gedicht klingt es da: Gott sprach. Gott sah, es war gut. Es wurde Abend es wurde Morgen. 1. Tag - Gott sprach. Gott sah, es war gut. Es wurde Abend, es wurde Morgen. 2. Tag, usw. Und ganz rhythmisch klingt der hebräische Urtext des Berichts über die Entstehung der Schöpfung: "bereschit barà elohim - et haschamajim we et haaräts wehaaräts hajetah tohú - wabohu wechosch ak alpeni tehom werach elohim - merachap at al-peni hamajim..."

Der siebte Tag als Tag der Ruhe macht diesen Rhythmus schließlich perfekt. Neben der Ruhe ist dieser siebte Tag jedoch auch als Tag des "Aufatmens" gedacht. Das ist die zweite Bedeutung, die dem Sabbat zugemessen wird. Im Buch Exodus heißt es: "In 6 Tagen hat der Herr Himmel und Erde gemacht; am siebten Tag ruhte er und atmete auf."(31,17) Und einige Kapitel vorher steht: "6 Tage kannst du deine Arbeit verrichten, am siebten Tag aber sollst du ruhen, damit du zu Atem kommst."(23,12)

Der Atem ist das allererste, ureigenste rhythmische Geschehen. Jeder Mensch hat diesen Grundrhythmus, ohne den er nicht leben könnte. So macht auch dieses Aufatmenkönnen am siebten Tag darauf aufmerksam, wie notwendig ein Rhythmus im Leben ist.

Kultur des Sonntags (nicht nur in der Familie): das heißt - ausgehend davon, dass der christliche Sonntag vom jüdischen Sabbat her als Ruhetag gedacht wurde - Wahrnehmen, dass mein Leben einen Rhythmus hat, haben muss. Das heißt Wahrnehmen, was alles diesen Rhythmus stört, krank und kaputt macht.

- Denken wir nur an die in Diktaturen beliebte Folterpraxis, Gefangene in Dunkelkammern einzusperren und ihnen damit das Gefühl für den Rhythmus von Tag und Nacht zu nehmen, um sie dadurch mürbe zu machen.

- Über ein Drittel aller Todesfälle in Deutschland waren 2018 auf Kreislaufkrankheiten und Herzrhythmusstörungen zurückzuführen. Immer mehr Menschen geraten langfristig "außer Atem", bekommen Atemnöte. Leistungsdenken, Erfolgszwang und Angst sind die Hauptgründe.

- Der natürliche Rhythmus in unserem "Ökosystem Erde" wird immer mehr gestört. Deutlich wahrnehmbar wird das u.a. an der Verschiebung von Jahreszeiten: in einigen Ländern kommt es zu ungewohnten Wintereinbrüchen, während in anderen Ländern die Winter wärmer werden. Skigebiete, die jahrhundertelang im Winter meterhohen Schnee hatten, müssen jetzt jedes Jahr neu auf Schnee hoffen. Der rhythmische Kreislauf des Freigebens von Sauerstoff und Stickstoff, der die Luftatmosphäre gewährleistet, wird schon seit Jahrzehnten gestört: der durch Kraftfahrzeugverkehr, Industrie und private Haushalte verursachte und ständig wachsende Kohlendioxid-Anteil kann nicht mehr ausgeglichen werden. Irgendwann geht uns die Luft aus.

Was heil und gesund macht, das sind Lebensordnungen. Gerade für Schulanfänger z.B. sind sich wiederholende Strukturen ungemein wichtig: der Morgenkreis, ein gemeinsames Lied, das Schulfrühstück, der bewusste Stundenabschluß. Eine solche rhythmische Gestaltung des Schulalltags wird von den Kindern zum größten Teil als entlastend, beruhigend und vertrauensfördernd erlebt.

Kultur des Sonntags d.h.: Gott als eigentlichen "Arbeitgeber" zu sehen, der mit seinem "Tarifvertrag" von der Sieben-Tage-Woche uns Menschen eine heilsame Lebensordnung gegeben hat. Versuchen wir, diesen Rhythmus in unserem Leben zu entdecken - dann wird uns auch nicht die Luft ausgehen.

(14.1.1996)

2. SONNTAG IM JAHRESKREIS (FAMILIENSONNTAG) – LESEJAHR B: ZU JOH 1,35-42

In seinem Roman "Der Laden" beschreibt der ostdeutsche Schriftsteller Erwin Strittmatter seine Kindheitsgeschichte in der Niederlausitz - einer Landschaft im heutigen Bundesland Brandenburg.

Er erzählt darin von seiner Familie: der Mutter, die im familieneigenen Laden hinter der Theke steht, dem Vater, der als Bäcker die Brote backt, den zwei Geschwistern, dem Großvater, der dem kleinen Jungen seine Lebensweisheiten weitergibt, der sogenannten "Anderthalbmeter-Großmutter", die alles weitererzählt, was sie vom Dorfgeschehen mitbekommt, dem Onkel Phile, der noch sehr unselbständig ist und so im Haus mit wohnt, der sogenannten "Amerikanischen" Großmutter, die einige Jahre ihres Lebens in Amerika verbrachte.

Strittmatter erzählt von der Verwobenheit und der Verbundenheit dieser Familie untereinander, wie von einer kleinen Welt.

Auch mit allem Negativen, was in dieser kleinen Welt so passiert: von dem ständigen Streit zwischen Vater und Großvater, weil der Vater zu faul sei, vom Streit um geliehenes Geld, der Onkel, der einen übermäßigen Konsum von Alkohol und Tabak hat, die Kinder werden geschlagen und müssen bei der Arbeit kräftig anpacken.

In einer solchen Situation, als dem Jungen alles zu bunt wird und er wieder einmal geschlagen wird, überlegt er sich, von der Familie wegzugehen. Und er hat schon seinen kleinen Handwagen gepackt, alles Nötige darauf gelegt und geht los. Er ist schon fast aus dem kleinen Dorf draußen, als es ihn dann doch überkommt. Und als es Abend wird, geht er langsam wieder nach Hause zurück -bereit, jeden Spott und Ärger zu ertragen, der ihn zu Hause erwarten könnte. Aber, so erzählt dann Strittmatter, es kommt anders, als der Junge am Abend in die Essküche kommt. Er schreibt: "Niemand sagt etwas. Auf meinem Brotbrett, dem aus Holz gesägten Schwein, liegen zwei mit Rührei bepflasterte Brote; über meiner Henkeltasse schwebt der bitterliche Duft des warmen Gerstenkaffees. Ich setze mich, wie an allen Abenden, die bisher vergangen sind, und esse los. Unsere Leute reden vom Bierkutscher, dem die Pferde durchgegangen sind."

Da scheint ein Zauber von dieser Familie auszugehen, die den Jungen - trotz der negativen Erfahrungen - wieder zurück in die Familie, in diese kleine Welt, zieht.

Und wie selbstverständlich wird er aufgenommen - ohne Erklärungen abgeben zu müssen, ohne große Worte.

Dieser Zauber der Selbstverständlichkeit, des Verstandenwerdens scheint in der Wirklichkeit der heutigen Familien weitgehend verloren gegangen zu sein.

Die Familie scheint einerseits etwas zu sein, an das viele verschiedene Erwartungen gestellt werden:

von politischer Seite aus soll die Familie ein "Ort für die Vermittlung von Werten und Tugenden" sein

von soziologischer Seite, also von Menschen, die gesellschaftliche Vorgänge genau beobachten, wird die Bedeutung der Familie auf dem Hintergrund von Gewalt und Fremdenfeindlichkeit betont.

und von kirchlicher Seite aus soll die Erfahrung von Gemeinschaft und Anteilnahme das tägliche Leben in der Familie prägen.

Das klingt wenig zauberhaft, sondern eher anstrengend und anspruchsvoll, wenn man diese vielen Erwartungen hört.

Die Familie ist andererseits etwas, womit heutzutage oft negative Erfahrungen in Deutschland verbunden werden:

eine von der WHO 2016 geschätzte Zahl von einer Million jährlich sexuell missbrauchter Kinder, Familien, die mit 2 Kindern in der Öffentlichkeit schon als "asozial" bezeichnet werden, Kinder, die vor dem Richter gefragt werden, bei wem sie nach der Scheidung der Eltern denn wohnen wollen.

Auf dem Hintergrund dieser Erfahrungen ist so wenig von Zauber und Verständnis und Verstanden werden zu spüren.

Vielleicht sind die vielen Reden über Familienpolitik, die vielen Erwartungen an Familie, der kirchliche Familiensonntag, das Herausstellen der Rolle der Familie aber letztlich ein Ausdruck einer Suche und einem Wunsch nach diesem Zauber, danach, diesen Zauber zu erfahren: sich hinsetzen zu können ohne große Worte machen zu müssen, ohne große Erklärungen abgeben zu müssen und zuhause zu sein.

Da sind zwei Menschen im Evangelium, die hinter Jesus herlaufen und etwas suchen. Die Begegnung mit ihm wird für sie so etwas wie eine Sternstunde. Die Begegnung mit ihm hat so etwas wie einen Zauber, nach dem diese zwei suchen.
Sie finden einen Platz, einen Ort, einen Raum, an dem sie zuhause sein können.
Einen Ort, wo sie ohne Bewertung, ohne Erklärungen abgeben zu müssen, ohne Vor-Urteil verstanden werden.
Wo sie selbstverständlich aufgenommen werden.
Ohne große Worte machen zu müssen - es wird von keinem einzigen Wort berichtet, das zwischen den dreien gefallen sei, als sie mit Jesus gehen.
Mit derselben Selbstverständlichkeit werden diese zwei aufgenommen, mit der sich der Junge Erwin Strittmatter an den Familientisch setzt.

Hinter dieser Selbstverständlichkeit steht die Einladung, die Jesus mit den Worten "Kommt und seht!" ausspricht.
Das klingt wie "Tritt ein, hier kannst du atmen!"
Ich wünsche uns, dass wir diese Einladung erfahren.
(15./16.1.1994)

2.SONNTAG IM JAHRESKREIS – LESEJAHR B: ZU JOH 1,35-42

Zu Weihnachten bekam ich einst ein Buch geschenkt, das den einfachen Titel trägt: „Jesus im Spiegel der Weltliteratur. Eine Jahrhundertbilanz." Es versammelt im Blick auf das 20. Jahrhundert die Texte von 27 Autoren, die sich in verschiedener Weise der Gestalt Jesu annähern. Ernest Hemingway, James Joyce, Thomas Mann, Boris Pasternak oder Mario Vargas Llosa sind darunter. Sie alle scheinen in ihren Romanen, Gedichten und Texten Jesus zu suchen. Und Oscar Wilde gar ist davon überzeugt: „Ja, Christi Platz ist bei den Dichtern."
Karl-Josef Kuschel - ein Tübinger Professor, der die Beziehung von Literatur und Theologie erforscht hat, legte mit diesem Buch eine einmalige Spurensuche vor. Und mit jedem neuen Autor, den man gelesen hat, bekommt man das Gefühl: hier wird etwas zur Sprache gebracht, was in den Kirchen heute zum großen Teil nicht mehr zur Sprache gebracht wird. Diese Autoren der Weltliteratur verdeutlichen etwas, was wahrgenommen werden muss: es gibt heute ein religiöses Suchen. Aber die Kirchen sind großteils nicht mehr die Adressaten dieses Suchbewegung. vielleicht liegt es an ihrer geheimnisleeren Sprache. Vielleicht ist Christi Platz heute wirklich bei den Dichtern.

Wo der Platz Christi vor 2000 Jahren war, das erfahren die zwei Männer im Evangelium ganz schnell. Auch sie sind auf der Suche. Jesus merkt es und fragt sie: „Was sucht ihr?" - Leider hat die Übersetzung „Was wollt ihr?" daraus gemacht - Aber wortwörtlich fragt Jesus „Was sucht ihr?" Es sind die ersten drei Worte Jesu im Johannesevangelium. Eine Frage. „Was sucht ihr?"

Die Frage scheint die beiden Männer unvorbereitet zu treffen. Eine Antwort auf diese Frage können sie nicht geben. Vielleicht wissen sie noch nicht genau, was sie suchen. Oder sie wollen schon antworten, trauen sich aber nicht. Und so reagieren sie mit einer Gegenfrage: „Wo wohnst du? Wo ist dein Platz?"

Was die beiden dann finden, als sie auf die Einladung Jesu „Kommt und seht!" an diesem Tag bei ihm bleiben, wird leider nicht beschrieben. Man würde gern wissen, was sich dann ereignet hat. Vielleicht konnten sie ihre Erfahrung auch nicht zur Sprache bringen, weil sie nicht in Worte zu fassen war. Was sie gesehen haben, muss aber so einprägsam gewesen sein, dass sie sicher sind: „Wir haben den Messias gefunden!" D.h., eine tiefe Sehnsucht, die in jener Zeit damals verbreitet war, war für die Zwei in Erfüllung gegangen.

„Was sucht ihr?" Das „Suchen" und „Jesus" scheinen ganz eng zusammenzugehören. In den vier Evangelien wird das Wort Suchen in fast allen Fällen mit Jesus in Verbindung gebracht. Im Johannesevangelium wird von Jesus noch dreimal die Frage gestellt „Wen suchst du? - Wen sucht ihr?" Jedes Mal ist es Jesus, der gesucht wird. Diese Suchbewegung wird im Markusevangelium zusammengefasst in der Feststellung der Jünger, die sie Jesus mitteilen: „Alle suchen dich." (Mk 1,37)

Es war also schon für die Zeitgenossen Jesu nicht einfach, Jesus zu finden. Und sie mussten seinen Platz, wo er wohnte und blieb, suchen.

Wo hat er dann heute seinen Platz? Wo könnten wir heute suchen?

Spätestens seit der Erzählung vom Großinquisitor von Fjodor Dostojewski - 1880 erschienen - scheint klar, dass Christi Platz nicht nur in der Kirche zu suchen ist. Dostojewski erzählt, wie im mittelalterlichen Spanien Christus erscheint. Sofort wird er von der Amtskirche in den Kerker geworfen. Er hat mit seinem Wort von Freiheit keinen Platz in der Kirche. Jesus und die Kirche sind sich fremd geworden.

Und vielleicht ist gerade deshalb heute ein Platz, an dem Christus zu suchen ist, unter den Dichtern und Künstlern. Sie stellen Jesus nicht als einen dar, den man schulterklopfend vereinnahmen kann, den man „schon verstanden" hat und von dem man weiß, wie er einzuordnen wäre.

Im Gegenteil. Der Jesus der Literaten und Künstler ist der Fremde, der Unheimliche, der Unverstehbare, der Geheimnishafte - aber zugleich auch der Bruder, eine Gestalt, in der man sich wiederfinden kann. Gerhard Hauptmann schreibt 1910: „Viele hielten Jesus, den Heiland, für einen Narren. Er war ein Mensch. Er war unser Bruder."

„Christi Platz ist bei den Dichtern."

Die Suche nach Christi Platz sähe bei jedem sicherlich anders aus. Und mancher Ort wäre zu entdecken. Wer heute nach Jesus sucht, wird allerdings einen Platz im französischen Burgund nicht übersehen können. Taizé ist ein Ort der Gottesnähe, ein Ort vor allem der Versöhnung mit sich selbst. Ein Ort mit einfachen Liedern, Zeichen und Sprache.

In der Psychologie heißt es: „Alles Suchen ist das Suchen nach sich selber."
In Taizé ist es möglich zu verstehen, was die eigene Aufgabe im Leben ist; zu verstehen, was man sucht.
Wer Jesus sucht, dem geht es letztlich wie dem Simon Petrus. Als der zu Jesus kommt, wird er von ihm angeblickt und erfährt, wer er ist: der Fels, etwas Solides und Stabiles bei allem Auf und Ab der Stimmung und allem Chaos von gutem Willen und Angst.
Das muss es sein, was am Ende des Suchens von Jesus steht: ein jeder versteht, was seine Aufgabe im Leben ist.
(15./16.1.2000)

4.SONNTAG IM JAHRESKREIS – LESEJAHR A: ZU MT 5,1-12

Vor vielen Jahren sah ich einen Film, der mich sehr beeindruckt hat.
Er behandelt die Lebensgeschichte von Mahatma Gandhi. Gandhi, ein Mann, klein von Statur, schmächtig, unauffällig, und doch ein Mann mit einer solchen Ausstrahlung, dass ein ganzes Volk, nämlich Indien, auf ihn hörte. Ein Mann, der mit dem, was er sagte nicht immer bequem war; ein Mann, der Gewaltlosigkeit lebte. U.a. dafür wurde er 1948 ermordet. Gandhi sollte einmal vor einer großen Menschenmenge reden. Und er zog ein kleines Buch hervor - die Bibel - und las daraus vor: "Selig die Armen, selig die Trauernden, selig, die Barmherzigen, selig, die keine Gewalt anwenden." Dann schlug er das Buch zu und sagte: "Mehr habe ich euch nicht zu sagen, geht nach Hause und denkt darüber nach!" Ich möchte Sie jetzt nicht nach Hause schicken, sondern laut nach denken. Die Seligpreisungen sind die ersten Worte die erste Rede Jesu im Evangelium von Matthäus. Sie müssen Jesu am Herzen gelegen haben; es muss ihm eine Herzensangelegenheit gewesen sein, diese Worte zu sagen. Die Seligpreisungen stehen unmittelbar vor der eigentlichen Berg predigt. Von der Bergpredigt kennen wir vielleicht die bekannteste Formulierung: "Nicht Auge um Auge und Zahn um Zahn, sondern ich sage euch: wer dir auf die linke Backe schlägt, dem halte auch die rechte hin." In der Bergpredigt formuliert Jesus Handlungsanweisungen, Forderungen, wie wir als Christen zu leben haben. Und hier in den Seligpreisungen stehen zunächst einmal keine Forderungen - keine Forderungen. Was sagt Jesus? Selig! Selig? Da fühlen wir uns nicht angesprochen. Selig sind doch die Toten; die werden vielleicht einmal selig-gesprochen. Aber wir? Und doch kennen wir das Wort "selig" auch in unserer Alltagssprache: wir sagen: ich bin selig vor Glück oder: ich habe ein beseligendes Gefühl Und wenn wir schauen, was "selig" zur Zeit Jesu meinte, dann war das auch ein Wort, das im ganz normalen Alltag vorkam. Es bedeutete so viel wie eine vollkommene Freude , ein unbeschreibliches Glück. Und wenn ich versuche, das Wort "selig" in unsere heutige Sprache zu übersetzen, dann fällt mir wieder nur ein Fremdwort ein. Allerdings ein Fremdwort, das wir auch in unserer Sprache verwenden. Wir sagen: ich bin happy! Ja, wir können selig mit "happy" übersetzen. Ja, können die Trauernden happy sein? Die würden wir doch für verrückt erklären. Oder, die um Jesu Namen willen verfolgt werden, können die happy sein? Ich denke an die Christen in Lateinamerika, die dahin gemordet, dahin geschlachtet werden; können die

happy sein? Oder Menschen, die ein reines Herz haben, also ehrlich sind, ohne böse Hintergedanken, können die happy sein? Die werden doch eher ausgenutzt mit ihrer Ehrlichkeit.

Doch da gibt Jesus eine Begründung; er sagt "denn"; d.h. soviel wie "denkt daran!", "vergesst das nicht!", "Selig die Trauernden, denn sie werden getröstet werden" Und wenn ich bei mir schaue, so spüre ich etwas davon. Wenn ich traurig bin, manchmal grundlos, dann sind da Menschen, die mich trösten; die nicht sagen "das ist alles nur halb so schlimm", sondern die mich und meine Trauer ernst nehmen und mir Trost geben. "Selig die keine Gewalt anwenden, denn sie werden das Land erben" Schauen wir einmal in die DDR. Da sind Menschen dabei, ein Land zu erben, bei allen Schwierigkeiten, die es noch gibt. Menschen, die sich gewaltlos auf die Straßen begeben haben; sie sind dabei, ihr Land zu erben.

Aber das kann nicht alles sein. Wir müssen uns vorstellen, dass Jesus vor wirklich armen Menschen, Niedergeschlagenen geredet hat; und denen wollte er jetzt schon Trost geben, eine Kraft, eine neue Hoffnung. Die Situation an sich ändert sich zwar nicht, aber ich kann sie in einem anderen Licht sehen. Mir fällt da eine Geschichte aus dem "Doktor Schiwago" ein; sicher kennen einige von ihnen den Film, der nach dem gleichnamigen Roman von Boris Pasternak gedreht wurde. In dem Roman kommt eine Geschichte vor, in der ich mich wiederfinde: da kommt eine Frau in eine Kirche; niedergeschlagen und traurig. am Ende. Der Priester am Altar liest gerade die Seligpreisungen; er leiert sie mehr herunter "Selig die Armen, selig die Trauernden, selig die Barmherzigen..."

Und die Frau merkt auf; irgendetwas hat sie angerührt, ein Wort hat sie getroffen: und sie merkt: das bin ich ja, die da gemeint ist und sie erfährt eine neue Kraft, neue Zuversicht und geht getröstet aus der Kirche.

Und wenn wir noch einen Schritt weitergehen. Was heißt das denn: Selig die Trauernden, selig die Barmherzigen, selig die reinen Herzens sind. Das heißt doch: trauern, ehrlich trauern, und nicht die eigene Trauer in Alkohol zu ersticken, sondern sich der Trauer stellen, aber auch andere zu trösten, anderen in ihrer Trauer beizustehen.

Und was heißt denn "barmherzig sein"? Das heißt doch: ein weites Herz haben. Mitleid mit anderen haben, auf andere zugehen. Und was heißt denn "ein reines Herz haben"? Das heißt doch: ehrlich sein, ohne böse Hintergedanken und Vorbehalte gegenüber anderen sein.

Wir haben doch alle eine Sehnsucht danach, so zu sein, wie es in den Seligpreisungen beschrieben ist. Und wenn wir diese Sehnsucht wirklich haben, dann bliebe doch - um mit Gandhi zu sprechen - <u>mehr</u> nicht zu sagen.

(27.1.1990)

4.SONNTAG IM JAHRESKREIS – LESEJAHR A: ZU MT 5,1-12A

Anfang der 1980er Jahre kam ein Film der englischen Komikergruppe „Monthy Pythons" in die Kinos, der von vielen Christen als Skandal und Blasphemie empfunden wurde. „Das Leben des Brian" ist die phantasierte Erzählung über einen Zeitgenossen Jesu, dessen Lebenswege sich an einigen Stellen mit dem Leben von Jesus kreuzt. So auch am Berg der Seligpreisungen. Die Kamera zeigt von weitem, undeutlich erkennbar, Jesus, wie er die Seligpreisungen zu den Menschenscharen spricht. Dann blendet die Kamera auf eine Gruppe von Menschen, die von weitem zuhört und nicht alles akustisch versteht, was da gesprochen wird. So ergeben sich in dieser Gruppe Verwechslungen und Streitigkeiten in dem, was gehört bzw. nicht richtig gehört wird.

Mir scheint diese Filmszene wie ein Bild für das rechte Verständnis des heutigen Evangeliums zu sein.

Wer Jesus verstehen will, muss sich vor ihn stellen.

Wer Jesus verstehen will, muss ihn vor Augen haben.

Wer Jesus verstehen will, kann nicht auf Distanz zu ihm gehen.

Wer Jesus verstehen will, muss ihn von einer Randerscheinung zum Mittelpunkt seines ganzen Lebens werden lassen.

Die Seligpreisungen, die allein schon mit dem Wort „selig" es so schwer machen, sie zu verstehen, sind in der Theologie oft als eine „Grundsatzrede" bezeichnet worden. Und ich meine, sie sind es nicht nur, weil sie im Matthäusevangelium wirklich als erste öffentliche Rede Jesu stehen. Sondern vielmehr, weil sie meiner Erfahrung nach das ganze Glück und das ganze Dilemma des Christseins auf den Punkt bringen.

Das ganze Dilemma zeigt sich m.E. z.B. an der Diskussion, die das Buch von Franz Alt „Frieden ist möglich" in den 8oer Jahren auslöste. Franz Alt ging davon aus, die Bergpredigt Jesu mit den Seligpreisungen als Politikinstrument verstehen zu können. Seine Gegner argumentierten dagegen z.B., dass es sich um Verheißungen, um Beschreibungen einer Zukunft in einem wie auch immer aussehenden Himmelreich handele. Die ganze Vertröstungsgeschichte des Christentums auf einen fernen Himmel ließe sich an den Seligpreisungen aufzeigen. Eine Vertröstungsgeschichte, die schon Heinrich Heine im „Wintermärchen" zu der Aussage bewegte: „Den Himmel überlassen wir den Engeln und den Spatzen."

Zunächst einmal ist ganz nüchtern festzustellen: das, was mit dem deutschen Wort „selig" übersetzt ist, und im Aramäischen, der Alltagssprache Jesu, „aschrej" heißt, meint einen jetzigen Zustand.

Es ist der Zustand und die Situation eines Menschen, der Gott gefunden hat – so legen es die verschiedenen Erwähnungen dieses Wortes in der Bibel nahe.

Aber was heißt das: Gott gefunden haben oder – wie es in den Seligpreisungen heißt – Gott schauen?

Mir selbst hilft hier der heilige Ignatius von Loyola weiter, dessen Grundanliegen es war, Gott in allen Dingen zu suchen und zu finden. Das, nur das, sei das Ziel, die Erfüllung und der Sinn eines Lebens, darin Gott in allem zu finden. Weder nur in der politischen Umsetzung der Bergpredigt, noch in der Vertröstung auf einen kommenden Himmel. In allem.

Was so einfach und lapidar klingt – Gott in allem suchen und finden – hat eine unvorstellbare Bedeutung, wenn es nicht als Überzeugung irgendeines Heiligen, sondern als Motto des eigenen Lebens übernommen wird.

Und genau hier scheint für mich der Knackpunkt des Dilemmas des Christseins zu sein.

Die Vorstellung ist: Christsein, Glaube, Gott, Jesus Christus ist etwas, das zu meinem Leben irgendwie dazu kommt. Es ist ein Teilbereich meines Lebens.

Dieser Teilbereich zeigt sich z.B. im Gottesdienstbesuch, in einem Rosenkranzgebet oder im Engagement in einer Gemeindegruppierung. Es bleibt ein Teilbereich. Mir geht es hier nicht darum, das zu bewerten oder gar zu beurteilen. Das ist - nebenbei - ja eine Schwierigkeit, die es uns oft im Leben schwer macht: das, was wir wahrnehmen, gleich zu bewerten und zu verurteilen, und nicht zu sehen und damit nicht zu verstehen suchen, was und wen ich wahrnehme.

Ich nehme nur für mich wahr, dass es verschiedene Teilbereiche und Rollen in meinem Leben gibt, die es mehr oder weniger bestimmen: des Ehemanns, des Vaters, des Pastoralreferenten, des Sporttreibenden, des zur Geburtstagsfeier Eingeladenen, des Freundes, des Onkels, ... Und wenn ich merke, dass „Christsein" auch noch als Rolle dazukommt, kann etwas nicht stimmen. Es muss das Grundlegende darin sein.

Manchmal wird mir dieses Dilemma deutlich, wenn ich höre: „Das ist doch menschlich, so zu reagieren...". Es mag stimmen, aber fordert Christsein nicht oft eine ganz andere Reaktion?

Ich denke da z.B. an das allzu menschliche Lästern. Wäre die christliche Reaktion, bevor ich über jemanden herziehe, nicht die des Verstehens? Im Sinne eines „reinen Herzens", wie es in den Seligpreisungen gesagt wird?

Mir wird dieses Dilemma auch deutlich, wenn die Rede vom „frommen Gesülze" aufkommt. Ist diese Reaktion, bei aller Lebensferne und Theorie manch kirchlicher Äußerung, nicht auch eine Abwehrreaktion? Frommsein und Leben können absolut nichts miteinander zu tun haben?

Selig sein – Gott in allem finden – das ganze Glück des Christseins. Ich finde es in einem Zitat des ehemaligen Generaloberen des Jesuitenordens, Pedro Arrupe: „Nichts ist von größerer Bedeutung für das Leben, als Gott zu finden – sich in einer sehr absoluten, endgültigen Weise zu verlieben. Das, was du liebst, was deine Vorstellungskraft beherrscht, wird nichts unberührt lassen. Es entscheidet darüber, was dich am Morgen veranlasst aufzustehen, was du mit deinen Abenden anfängst, wie du deine Wochenenden verbringst, was du liest, wen du kennen lernst, was dir das Herz bricht und was dich in Erstaunen, Freude oder Dankbarkeit versetzt. Liebe, bleib in der Liebe, und das wird alles entscheiden."

(2./3.2.2002)

5.Sonntag im Jahreskreis – Lesejahr A: zu Mt 5,13-16

Einst beerdigte ich eine alte Frau, die aus Kasachstan als sogenannte „Rußlanddeutsche" nach Deutschland gekommen war. Angesichts ihrer Lebensgeschichte - der vielen Erniedrigungen, die sie erleben musste - wurde mir bewusst, was ihr Leben so einzigartig machte und was jeden Menschen so wertvoll und kostbar macht: seine von Gott geschenkte Würde. Der Mensch ist vor Gott etwas wert, unabhängig und jenseits von Arbeit, Sprache, Herkunft oder Charaktereigenschaften. Und daran können auch jene Menschen nichts ändern, die einen vielleicht selbst nur wie einen Menschen 2. oder 3.Klasse behandeln, weil man z.B. eine Rußlanddeutsche ist.

Am 2. Februar wurde des Todestages von P. Alfred Delp gedacht, der wegen seines Widerstandes gegen die Hitler-Diktatur hingerichtet wurde. Die Berichte von Mithäftlingen in Berlin-Tegel und filmische Aufzeichnungen vor dem sogenannten „Volksgerichtshof" zeigen ihn als einen Menschen, der seine Würde bewahrt und seiner Würde bewusst ist - unangefochten von den gehässigen Anfeindungen des „Reichsrichters" Freisler.

P. Delp selbst schrieb in seinen letzten Lebenstagen mit gefesselten Händen von der „Sicherheit und Unberührtheit in allen Schlägen; dieser gewisse 'Trotz', der mich immer wissen ließ, es wird ihnen die Vernichtung nicht gelingen..." Und einige Zeilen weiter heißt es: „Von innen her wird uns die Kraft und die geistige Sicherheit und Überlegenheit kommen. ... Wenn wir die inneren Quellen nicht finden, helfen uns keine Anspannungen und keine äußere Ruhe."

Zweimal ruft Jesus heute diese Würde in uns wach, die diese beiden Menschen verkörpert haben: „Ihr seid das Salz der Erde! Ihr seid das Licht der Welt!" Er sagt nicht: „Ihr sollt Licht der Welt sein! oder: Wenn ihr wolltet, könntet ihr Licht der Welt sein, oder: Ihr seid eine kleine Funzel, die gerade noch so flackert! oder: Ihr sollt euer Licht untern Scheffel stellen!"

Er sagt: Ihr <u>seid</u> Licht der Welt, ihr <u>seid</u> Salz der Erde!

Salz und Licht waren für die Juden etwas Heiliges und Kostbares.

Wenn Jesus das also sagt, dann meint er: Ihr seid etwas Kostbares!

Und wenn wir die Worte Jesu wirklich hören könnten, wie sie damals von ihm gesprochen wurden, dann würde uns auffallen, dass diese Aussage der Kostbarkeit noch verstärkt wird. In der Sprache Jesu - dem Aramäischen - klang das Wort für Salz dem Wort für König fast gleich. Wie alle Juden kannte Jesus sich gut in Wortspielen aus. Wenn er also damals sagte Ihr seid <u>Salz</u> der Erde, dann klang das wie Ihr seid <u>Könige</u> der Erde. D.h.: ihr tragt eine königliche Würde in euch.

Aber es scheint, dass wir genau dem entgegengesetzt andere Überzeugungen in uns tragen: Christsein heißt, ein bisschen fad und graue Maus zu sein, das eigene Licht untern Scheffel zu stellen. Vielleicht klingen auch Gedanken an, wie: die Aufgabe des Christen ist es, im Stillen zu wirken und bescheiden zu sein.

Vielleicht klingt uns diese - bedingungslose - Würde so stark und selbstbewusst in den Ohren, weil wir gewohnt sind, unsere Würde, unseren Selbstwert immer von Bedingungen abhängig zu machen. Vielleicht auch aus alten Kindheitserfahrungen und -sätzen heraus: wenn du aufräumst, wenn du still bist, wenn du eine gute Note mit nach Hause bringst. Vielleicht bekamen einige von uns sogar zu spüren: so wie du bist, bist du ein schlechter Mensch!

Dass wir einfach aus uns heraus - ohne Bedingungen - eine Würde und einen Wert in uns tragen, haben wir vielleicht nie gehört. Messen wir unseren Wert nicht oft am Erfolg im Beruf, an Attraktivität und Schönheit, an der Anerkennung unserer Arbeit, an Geld, an Beliebtheit, an möglichst vielen Freunden? Dass wir auch ohne all das etwas wert sind, dass wir eine von Gott geschenkte Würde in uns tragen, kommt uns schwer in den Sinn.

Vielleicht klingen uns diese zwei Sätze von Jesus aber auch deshalb so stark und selbstbewusst in den Ohren, weil sie auch eine Verantwortung mit sich bringen.

Wer Salz ist, hat auch die Aufgabe zu würzen. Jesus spricht selbst von der Möglichkeit, den Geschmack zu verlieren.

Wer Licht ist, der soll mit seinem Licht und seinen guten Werken vor den Menschen leuchten durch gerechtes und lauteres Handeln.

P. Alfred Delp hat in dieser Verantwortung sein Leben gegeben. Er war sich einerseits seiner königlichen Würde als etwas Kostbares bewusst; aber auch dessen bewusst, dass er als Salz und Licht <u>für die Welt</u> auch Verantwortung für die Welt trug. Aus dieser zweifachen Sicht heraus, stellte er sich dem „Kreisauer Kreis" zu Verfügung, um eine christliche Sozialordnung nach dem Sturz der Hitler-Diktatur zu entwickeln. Und spätestens hier wird wieder einmal deutlich, dass Worte von Politikern in eine falsche Richtung gehen, die Kirchenvertreter auffordern, sich nur um die Belange der eigenen Kirche zu kümmern. Jesus hat nicht gesagt: Ihr seid das Salz und das Licht <u>der Kirche</u>!

Manchmal mag es schwer sein, die Grenze zwischen Selbstbewusstsein und Selbstanmaßung noch zu erkennen. Es gibt einen Unterschied zwischen einem Menschen, der kraft einer von innen heraus leuchtenden Würde etwas sagt, und einem Menschen, der nur im Rampen-Licht von anderen steht, aber nicht aus sich heraus leuchtet.

Vielleicht ist ein Kriterium dafür, dass ein Mensch aus dieser von Gott geschenkten Würde heraus lebt, was mich die alte Frau aus Kasachstan lehrte. Was sie kennzeichnete war ein liebendes Herz, das nicht hart und empfindungslos war und keinen Hass kannte.

Und was sie kennzeichnete war Humor. Bischof Stecher sagte einmal aufgrund seiner Lebenserfahrung: „Humorlosigkeit ist das Vereinsabzeichen der Fanatiker aller Richtungen in unserer Zeit."

Salz und Licht - nichts brauchen wir und unsere Welt mehr als das.

(6./7.2.1999)

6.Sonntag im Jahreskreis – Lesejahr A: zu Mt 5,17-37

Echt scharf, was Jesus da bringt! - so möchte ich es einmal in Worten der sogenannten "Jugendsprache" ausdrücken. Echt scharf - eine Empfindung, die mir kam, als ich das heutige Evangelium hörte und auf mich wirken ließ.

Echt scharf - in jedem Sinn, in jeder Hinsicht.

Wenn wir versuchen, uns ein wenig in die Stimmung hineinzudenken, mit der Jesus die Sätze des Evangeliums gesprochen hat, dann kommt eine harte, heftige, strenge, bissige Sprache - ohne Nachsicht - zum Vorschein - eben eine scharfe Sprache.

Das mag in der eben gehörten Übersetzung nicht so gut zu hören gewesen sein, die noch recht "anständig" klang. Hören wir die gleiche Stelle noch einmal in einer Übersetzung des Bibelwissenschaftlers Fridolin Stier, dann klingt das so:

"Ihr habt gehört, dass gesagt ward: Morde nicht! Wer mordet - verfallen ist er dem Gericht! Ich aber sage euch: Wer seinem Bruder zürnt - verfallen ist er dem Gericht. Ihr habt gehört, dass gesagt ward: Brich nicht die Ehe! Ich aber sage euch: Wer eine Frau lustbegehrend anblickt, hat in seinem Herzen mit ihr die Ehe gebrochen. Abermals habt ihr gehört, dass gesagt ward: Schwör nicht falsch! Ich aber sage euch: Überhaupt nicht schwören! Sondern so sei euer Wort: "Ja"- ein Ja, "Nein"- ein Nein. Was darüber hinaus - vom Bösen ists."

Da kann es einem angst und bange werden: wütend und zornig sein auf jemanden darf ich jetzt auch nicht mehr; eine Frau oder einen Mann nur lüstern anzusehen soll schon schlimm sein; und was ist denn schon dabei, wenn ich schwöre? Ich meine es doch ehrlich!

Hat sich Jesus hier nicht etwas im Ton vergriffen?

Dieser Ton ist wirklich erst einmal aufrüttelnd, erschreckend, abstoßend und beängstigend - und eben scharf.

Dahinter scheint eine ganze Portion von Unverständnis und vielleicht auch Wut von Jesus zu stecken: "Nur Gesetze zu halten und seine Pflicht, was immer das heißen mag, zu erfüllen, macht noch keinen guten Menschen!"

Jesus verdeutlicht das an den drei schon angesprochenen Gesetzen, die den 10 Geboten entnommen sind. Diese 10 Gebote waren für Jesu damalige Zuhörerinnen und Zuhörer absolutes Muss, absolute Pflicht. Keine/r von diesen hatte wohl jemals gegen diese Gebote verstoßen. Wohl scheinen sie aber vergessen zu haben, wozu diese Gebote da waren, was der Sinn von ihnen war. Am Ende der 10 Gebote heißt es: "Dies ist der Weg, den der Herr euch vorgeschrieben hat, damit ihr Leben habt und es euch gut geht und ihr lange lebt."

Was das konkret auf die drei von Jesus genannten Gebote/Verbote bezogen bedeutet, das zeigt er mit scharfem, klarem, deutlichem Blick:

- Das Gebot Jesu, nicht zornig zu sein, macht deutlich, dass es noch ganz andere Arten gibt, Menschen umzubringen. Z.B. indem wir Menschen beruflich kaputt und fertig machen; indem wir andere öffentlich blamieren und durch den Kakao ziehen, indem wir Menschen durch Worte umbringen (das, was wir "Rufmord" nennen). Damit es "uns gut geht und wir Leben haben" ist es wichtig zu versuchen, mit Zorn und Ärger so umzugehen, dass wir andere nicht verletzen und mund-tot machen.

- Das Gebot Jesu, Frauen nicht lüstern und schamlos anzuschauen macht deutlich, dass eine Ehe nach außen und in der Öffentlichkeit fest, stabil und ungebrochen scheint; während der Ehemann vielleicht am Arbeitsplatz den Kolleginnen gegenüber schlüpfrige Bemerkungen macht und sie sexuell belästigt.

Damit es "uns gut geht und wir Leben haben", ist es wichtig zu sehen, dass wir als Menschen nicht nur einen Körper in all seiner Schönheit haben, sondern genauso auch eine Person sind, die denken, fühlen und empfinden kann.

- Das Gebot Jesu, nicht zu schwören, macht deutlich, dass eine ehrliche, aufrichtige und eindeutige Lebensweise es gar nicht nötig macht zu schwören. Wo versucht wird, eine klare und eindeutige Sprache ohne Hintergedanken zu sprechen, da "geht es uns gut und haben wir Leben."

Jesus will mit seiner Auslegung der drei Gebote zeigen, wo es lang gehen kann für uns. Er will an die Sehnsucht erinnern, "ein Leben zu haben, in dem es uns gut geht." Das beginnt da, wo wir die Sehnsucht haben, gegen den Zorn geduldig sein zu können, versöhnungsbereit zu sein und auch mal 5 gerade sein zu lassen.

Das beginnt da, wo wir die Sehnsucht haben, gegen ein lüsternes, schamloses Gaffen Augen zu gewinnen, die staunen und bewundern können, Augen, die hellsichtig und zärtlich sind.

Das beginnt da, wo wir die Sehnsucht haben, gegen das Schwören wahrhaftig und ehrlich zu sein uns selbst und anderen gegenüber, eindeutig zu sein, denn dann haben wir das Schwören gar nicht mehr nötig; Ja zu meinen, wenn ich ja sage und auch nein sagen zu können, wenn ich nein sagen möchte.

Jesus würde heute vielleicht sagen: Wenn ihr beginnt, diese Sehnsucht zu haben, das wäre echt scharf.

(13.2.1993)

6.Sonntag im Jahreskreis – Lesejahr C: zu Lk 6,17.20-26

Im heiligen Jahr 2000 hatte Bischof Franz Kamphaus alle Katholiken seines Bistums zu Wallfahrten nach Limburg eingeladen. „Hab Mut, steh auf, er ruft dich" lautete das Motto, unter dem sich der Bezirk Hochtaunus auf den Weg zum Limburger Dom machte. Einzelne Stationen unterwegs sollten dieses Motto näher betrachten. Mir war dabei in der Vorbereitung die „Mut"-Station zugefallen. Mut zusprechen, Mut machen, darüber hatte ich mir Gedanken gemacht. Ich hatte davon gesprochen, wie wichtig „Mutmachsätze" manchmal sind, wie „Komm, das schaffst du schon!", „Ich denke an dich.", „Das wird schon gut..."

Zwei Stunden später, 16.00 Uhr, Gottesdienst im Limburger Dom. Ich freute mich auf die Predigt des Bischofs. Seine Worte sind mir noch gut im Ohr. Er fing mit „Mutmachsätzen" an: „Komm, das wird schon wieder..." um kurz darauf zu betonen „Das kann's doch nicht sein. Das ist zu wenig! Das sind nur schwache Trostpflaster!"

Das traf mich. Ich weiß nicht, was die 600 anderen Menschen im Dom an dieser Stelle dachten. Ich war getroffen. War es verletzte Eitelkeit oder das Bewusstsein, vielleicht eine Fehleinschätzung getroffen zu haben? Wie auch immer. Da hatte ich zwei Stunden vorher von der Wichtigkeit solcher Mutmachsätze gesprochen; und dann zweifelte der eigene Bischof die Bedeutung solcher Worte an. Auf Gott allein komme es an, weil er den Menschen rufe, könne er Mut haben, so der Bischof. Alles schön und gut und richtig, dachte ich.

Es blieb keine Möglichkeit des Gesprächs mit dem Bischof hinterher. Und so blieb ich mit meinem Nachsinnen allein.

Wen von Ihnen hat Jesus wohl mit seinen Worten getroffen?

Würden sich einige von Ihnen jetzt selig, d.h. unbeschreiblich glücklich, selig vor Glück nennen? Oder grübeln Sie über die Wehrufe an die Satten, Lachenden und Reichen nach?

Wie ist das überhaupt allgemein mit dem Angesprochensein?

Warum höre ich bestimmten Menschen gerne zu? Warum treffen mich bestimmte Gedanken urplötzlich, die jemand formuliert hat? Vielleicht, weil sie eine Antwort geben auf eine Frage, die mich umtreibt? Sicher können Verhaltensforscher und Sozialpsychologen eine wissenschaftliche Antwort auf solche Fragen finden.

Welches Wort von Jesus hat Sie wohl getroffen? So ein Austausch darüber wäre jetzt schön. Ich erinnere mich noch, wie vor zwei Jahren P. Banda seine Predigt mit einer Rückfrage begann, und einige spontan antworteten.

Mich hat das Wort von den Propheten, bzw. den falschen Propheten 1getroffen. Das hat seine kurze Geschichte.

Für vier Tage waren diese Woche die Seelsorger des Bezirks Hochtaunus zu ihrer jährlichen Klausurtagung zusammengekommen. „Zwischen allen Stühlen – Prophet sein damals und heute" hieß das Thema.

Neben vielen Aspekten, die zu den Propheten angesprochen wurden, ist mir einer besonders hängen geblieben: ein Prophet macht Mut.

Egal, ob er Jona, Jesaja, Daniel oder Elia heißt. Es sind Menschen, die immer wieder um ihre Gottesbeziehung kämpfen. Gott ist ihnen nicht egal. Sie lassen sich ansprechen von Ihm. Sie zeigen Ihm aber auch ihren Widerstand, dass Er sie doch bitte auch mal in Ruhe lassen soll. Es reicht mal mit dem, was Er einem da so alles abverlangt.

Das ist das eine – so meine ich – Mutmachende. Da ist aber noch etwas.

Ein Prophet weist auf etwas, das noch aussteht, was noch kommt.

Und hier sind wir wieder mitten im eben gehörten Evangelium.

Was Jesus hier sagt ist kein plattes Ausgleichs- und Vergeltungsdenken: wer jetzt weint, wird morgen lachen – wer jetzt lacht, wird morgen weinen. Es geht meines Erachtens nicht um einen Ausgleich, der irgendwann im Jenseits stattfinden wird.

Es geht um einen Zuspruch an alle, die noch in Erwartung sind auf etwas, das noch aussteht; ich könnte auch sagen: ein Zuspruch an alle, die noch etwas erhoffen.

Deutlich wird das von mir Gemeinte, wo es heißt: „Weh euch, die ihr reich seid, denn ihr habt keinen Trost mehr zu erwarten." Im Original heißt es treffender: „Weh euch, die ihr reich seid, denn weg habt ihr euren Zuspruch, denn weg habt ihr eure Ermutigung."

Das Schlimme am Reichtum ist nicht das Geld und der Besitz. Das Schlimme daran ist, zu meinen, keinen Zuspruch, keinen Trost, keine Ermutigung mehr zu benötigen, aus einer Selbstsicherheit heraus. Die Worte, die Jesus hier benutzt, stammen aus dem antiken Geldverkehr. Der Zuspruch Jesu gilt auch den Reichen, sie haben ihn „quittiert", machen aber keinen Gebrauch von ihm. Es scheint eine Erfahrung gewesen zu sein, die Jesus mit den Reichen seiner Zeit gemacht hat.

Es scheint also zwei Möglichkeiten, zwei Wege zu geben, sich gegenüber dem Zuspruch Jesu zu verhalten.

Was genau aber ist dieser Zuspruch Jesu? Ist er nicht auch ein „schwaches Trostpflaster" in einer Richtung wie „du wirst schon wieder mal lachen können..." oder: „irgendwann hast du wieder was zu beißen..."?

Ignatius von Loyola, „Entdecker" – so könnte man sagen – der Exerzitien, ein christlicher Kenner der menschlichen Seele, wie es keinen mehr gegeben hat, sagt einmal:
der Trost, der Zuspruch, der von Jesus kommt, ist
Das klingt sehr mittelalterlich in der Sprache des 16.Jahrhunderts.
Aber vielleicht spüren Sie darin das Ermutigende, das über den guten Ruf, das Lob anderer oder eben das Bankkonto hinausgeht. „Jede Zunahme von Hoffnung, Glaube und Liebe, und jede innere Freudigkeit, die ihn zu den himmlischen Dingen ruft und zieht und zum eigenen Heil seiner Seele, indem sie ihn besänftigt und befriedet in seinem Schöpfer und Herrn."
Dieses Ermutigende, diese Hoffnung wird der Bischof – so denke ich – wohl mit mir teilen.
(10./11.2.2001)

7.Sonntag im Jahreskreis – Lesejahr B: zu Mk 2,1-12

Ein Kollege erzählte von einer Erfahrung in der Erstkommunion-Vorbereitung. Zum Thema „Schuld-Vergebung" hatte er als Beispiel aus dem Evangelium den eben gehörten Abschnitt ausgewählt: „Heilung eines Gelähmten". Deutlich machen wollte er damit den Zusammenhang, dass Schuld etwas Lähmendes haben kann. Doch fiel ihm plötzlich ein, dass eines der Erstkommunionkinder von Geburt an gelähmt war. Er überlegte hin und her. Doch schließlich entschied er, eine andere Evangelienstelle auszuwählen, die einen anderen Akzent in Bezug auf Schuld setzte. Was hätte er auch dem gelähmten Jungen sagen sollen, wenn der ihn fragte: Was habe ich falsch gemacht / welche Schuld habe ich, dass ich gelähmt bin?
Mir ging diese Frage nach.
Sicher war es nur richtig und wichtig, das Kind nicht mit einer solchen Evangelienstelle bewusst zu konfrontieren. Doch wie stellt sich diese Frage mir? Anders gefragt: Kann ich einen bestimmten Zusammenhang, eine bestimmte Aussage des Evangeliums „einfach" aufgeben, wenn sie nicht „passt"? Noch einmal anders gefragt: Stimmt dann die Aussage gar nicht, dass Schuld und Lähmung zusammengehören? Wenn sie nicht allgemein und für alles und für alle gilt, gilt sie dann überhaupt?
Mir selbst wurde bei der Suche nach einer Antwort deutlich, dass etwas Grundsätzliches in Frage gestellt war: Wie verstehe ich Sündenvergebung? Wie sehe ich Schuld?
Mir kam eine Erinnerung aus meiner Kindheit. Der bekannte Satz „Kleine Sünden bestraft der liebe Gott sofort!" (Ob der Satz weitergeht mit „Große Sünden bestraft er ...." weiß ich nicht.) war mir eingeprägt. Irgendetwas hatte ich falsch gemacht und prompt stieß ich auf dem Weg in mein Zimmer mit dem Kopf gegen das Treppengeländer. Das mag jetzt lustig klingen. Aber der Satz von dem kleine Sünden bestrafenden Gott hat mich begleitet und begleitet mich vielleicht noch immer.
Bestraft Gott Schuld oder Sünden?
Mir scheint, dass manchmal ein Verständnis, Verstehen, Erleben und Erfahren Gottes als eines sogenannten „liebenden Gottes" sich noch mit anderen Vorstellungen überlagert.

Es wird zwar oft von dem barmherzigen, dem alle Schuld vergebenden, dem begleitenden, mittragenden, mit uns leidenden Gott gesprochen. Aber ist das auch „angekommen"? Ist das eigene Überzeugung, eigener persönlicher Glaube, selbst erfahrener und dann auch in jeder Form und allem Alltag gelebter Glaube geworden?

Welche scheinbar überholten und überwundenen Gottesbilder da sind, ist in der derzeitigen Weltpolitik zu sehen. Da wird von scheinbar aufgeklärten und demokratischen Politikern ein Krieg als „von Gott gegeben" bezeichnet – vermutlich, weil Gott mit einem Krieg etwas bestrafen muss.

Bestraft Gott Schuld – wie auch immer?

Noch immer scheint mir das Bild passend, dass die „Pforten der Hölle" (so und wie auch immer es solche gibt) von innen verschlossen werden und sind.

„Schuld" – so eine alte ähnliche Bezeichnung – ist ein Zustand, wenn man „in sich selbst gekrümmt" (in se ipse incurvatus) ist.

Wer sein gesamtes Leben auf Gott auszurichten versucht, wird das spüren, wenn er „in sich selbst gekrümmt" ist, nur auf sich selbst bezogen ist, nur alles vom eigenen Wohlergehen abhängig macht.

Ob der Gelähmte im Evangelium ein Mensch war, dessen ganze persönliche einmalige Verfasstheit so war, dass er dieses „in sich selbst gekrümmt"-Sein körperlich als Lähmung spüren konnte? Es ist heute bekannt, dass sich innere geistige Prozesse und körperliche Auswirkungen gegenseitig bedingen. „Schuld" wäre von daher gesehen schon „Strafe" genug, gleichsam eine Selbstbestrafung.

Wie aber ist Sündenvergebung zu sehen?

Im Evangelium wird deutlich, dass es hier nicht einfach um einen „magischen Moment" geht. Dass gleichsam das Wort von Jesus „Deine Sünden sind dir vergeben" eine magische Wirkung hat, die von jetzt auf gleich alle Sünden „wegzaubert".

Mir scheint, dass der Beginn der Heilung des Gelähmten in dem Moment begann, wo er sich zugesteht: ich komme nicht alleine aus meiner Situation – wodurch und wie sie auch bedingt gewesen sein mag - heraus. In dem Moment, wo er vier Männer anspricht und diese bittet, ihn zu tragen - in dem Moment, wo er seine eigene Schwäche sieht und annimmt – in dem Moment, wo er sich zugesteht, der Hilfe bedürftig zu sein, beginnt bereits die „Sündenvergebung". Wodurch dieser Anstoß gekommen sein mag wird nicht gesagt.

Aber der Gelähmte sucht und findet vier, die ihn tragen. Er geht heraus aus dem In-sich-gekrümmt-Sein, aus der Isolierung, aus der Absonderung, in der ein solch Gelähmter in der damaligen Zeit war. Dazu braucht er Hilfe von außen. Es ist – meine ich – eine der größten Illusionen überhaupt, unabhängig sein zu können. So oft es einem auch als Lebensziel und als erstrebenswert durch irgendwelche Lebenshilfe-Bücher vorgegaukelt wird. Im christlichen Glaube geht es nicht um Unabhängigkeit, sondern um Freiheit. Das ist ein großer Unterschied. Der Dichter Matthias Claudius hat einmal sehr umständlich aber treffend diesen Unterschied beschrieben: „Nicht der ist frei, der da will tun können, was er will, sondern der ist frei, der wollen kann, was er tun soll."

In diesem Sinn gewinnt der Gelähmte seine Freiheit wieder, als er sieht, dass er ein abhängiger Mensch ist. Nichts anderes ist es, das Jesus jedem Menschen zumutet.

(22./23.02.2003)

Immer wieder mal holt es einen ein, obwohl man es vielleicht gar nicht so will: das einfache Schubladendenken.

Da gibt es <u>die</u> Politiker, die sowieso immer alles anders machen, als ich es für richtig halte.

Da gibt es <u>die</u> Pfarrer und <u>die</u> Bischöfe, über die ich mich schon aufrege, wenn ich nur den Namen höre.

Da gibt es <u>die</u> Sportler, von denen ich 100%ig genau weiß, dass sie nur wegen des großen Geldes ihrem Sport nachgehen.

Da gibt es <u>die</u> Musiker, die doch nur jedem Trend der Zeit nachgeben und dementsprechend Musik machen.

Oft tappt man in diese Falle des Schubladendenkens, wenn man am Autosteuer sitzt: Ich habe einen Termin, bin wie oft knapp mit der Zeit und dann bummelt vor mir auf einer Strecke mit Überholverbot ein Auto mit 70 Stundenkilometer daher. Immer <u>die</u>se Bummler!

Also die Politiker, die Pfarrer, die Bischöfe, die Sportler, die Musiker, die Bummler - die können einen schon aufregen.

Spätestens bei den Bummlern aber ist mir aufgegangen, dass dieses einfache Schubladendenken nicht ganz stimmen kann.

Als ich noch in Frankfurt arbeitete, war ich wieder einmal mit Zeitdruck mit dem Auto auf Frankfurts Straßen unterwegs. Und da fährt doch die ganze Zeit auf dem Alleen-Ring ein Sportwagen mit knapp 40 Km/h auf der Überholspur. Ich rege mich natürlich auf - hoffe, dass der Bummler auf die Idee kommt, mal auf die rechte Spur zu fahren. Die Minuten verrinnen. Eine Ampel schaltet auf Gelb, da kann ich gerade noch rechts an dem Bummler vorbei über die Kreuzung düsen. Geschafft! Im Rückspiegel dann sehe ich, dass ich den jungen Mann kenne. Ich kenne seinen Namen. Seine junge Frau hatte ich beerdigt - sie war plötzlich von heute auf morgen an einer Gehirnblutung gestorben.

Da saß ich also im Auto mit meinem Schubladendenken - und hatte den Menschen ganz vergessen. Den Menschen, der die Welt nicht mehr verstand, der nicht verstand, warum seine geliebte Frau von heute auf morgen nicht mehr da war, der total am Ende und verzweifelt war. Ich hatte in meinem Schubladendenken den Menschen ganz vergessen.)

Da saß vor knapp 2000 Jahren ein Mensch an einem Zollgebäude der Stadt Kafarnaum. Sein Name - Matthäus - scheint stadtbekannt gewesen zu sein. Er ist einer von <u>den</u> Zöllnern.

Das waren die, die immer mit den Römern zusammenarbeiteten.

Das waren die, die immer zu viel Geld als Zoll abkassierten.

Eben - <u>die</u> Zöllner.

Genau gegen dieses es sich einfach machende Denken, das Schubladendenken hat Jesus etwas:

auf der einen Seite die "Sünder", auf der anderen die "Gerechten" auf der einen Seite die "Kranken", die Bekloppten, die Irren, auf der anderen die "Gesunden", die Starken, die Selbstbewussten.

Es legt den Menschen fest und es wird dem Menschen gegenüber eben nicht gerecht. Matthäus z.b. paßt in diese einfache Einteilung der Welt in "Gerechte" und "Sünder" schon nicht hinein. Ein Mensch, der Karriere bei den Römern machen kann, der im Wohlstand lebt und Besitz hat. Der weiß, was er will und es mit Macht durchsetzt.

Doch gerade der scheint ein unzufriedener, ein zwiespältiger Mensch gewesen zu sein. Er scheint mit seiner Situation, von allen gemieden und verachtet zu sein, nicht zurechtzukommen. Und die vielleicht nach außen zur Schau getragene Stärke und das Selbstbewusstsein, wenn er am Zollgebäude saß und abkassierte, stimmte nicht mit dem überein, was ihm wirklich durch den Kopf ging.

Wie sonst hätte er auf ein einfaches Wort von Jesus hin - "Folge mir nach" - von heute auf morgen sein ganzes Leben ändern können? Ein solcher Mensch, von dem man dachte, dass er nur auf Macht und Geld aus war. Innerlich muss er gemerkt haben, dass er so nicht mehr leben wollte: mit der Religion seiner Väter gebrochen zu haben (denn das tat er, wenn er als Zöllner mit "Heiden" zusammenarbeitete) und in einem System der Unterdrückung mitzuarbeiten. Und diesen einen Satz brauchte er noch "Folge mir nach!", um da herauszukommen.

"Beurteile nie einen Menschen, wenn du nicht vorher zwei Monde in seinen Mokassins - seinen Schuhen - gelaufen bist" heißt ein Weisheitswort der Indianer Nordamerikas. D.h. beurteile nie einen Menschen, wenn du nicht vorher "in seiner Haut gesteckt" hast, wenn du nicht seine Lebensgeschichte kennst - wenn du nicht weißt, was er in seinem Leben an Verletzungen erfahren hat, welchen Menschen er begegnet ist, in welcher Umgebung er groß geworden ist.

Wir werden das nie können. Aber gerade deshalb sollten wir uns davor hüten, Menschen in Schubladen zu stecken.

"Beurteile nie einen Menschen, wenn du nicht vorher zwei Monde in seinen Mokassins gelaufen bist!" - Das ist eine andere Formulierung für den zentralen Satz des Evangeliums, den Jesus den Pharisäern sagt: "Barmherzigkeit will ich, nicht Opfer!"

"Opfer" zu wollen, das hieße, nach einem festen und starren Gesetz zu handeln; feste Vorschriften und Maßstäben zu haben, die Menschen in Kategorien einteilen wie "Gute" - „Böse", "Konservative" - „Progressive".

"Opfer" zu wollen, das hieße auch an allem so festzuhalten, wie es schon immer (festgelegt) war: "Bei uns war das schon immer so!", "Das soll alles so bleiben wie es ist!"

Aber das will Jesus nicht, das will auch Gott nicht.

"Barmherzigkeit will ich!" heißt es. Barmherzigkeit- das hieße, ein weites Herz zu haben; das hieße, damit zu rechnen, dass Menschen, von denen ich ein ganz bestimmtes Bild habe, auch anders sein, anders werden können;

das hieße, dass Menschen sich auch ändern können, auch wenn sie sich nach außen hin wie die größten "Schweine" benehmen.

Mit diesem Satz sollten wir versuchen zu leben. Und so sagt Jesus auch zu uns: "Geht hin und lernt, was es heißt. 'Barmherzigkeit will ich, nicht Opfer.'"

(9.6.1996)

Im Rahmen der Firmvorbereitung hatten sich einige Firmgruppen mit einer Verfremdung der Pfingsterzählung aus der Apostelgeschichte beschäftigt. „Und es blieb alles beim Alten..." heißt diese Geschichte. Die Ausgangssituation ist die gleiche mit den Aposteln in Jerusalem an einem Ort. Aber die Fenster bleiben zu in dem Haus, kein Feuer ist zu spüren, kein Lüftchen regte sich, Petrus hält eine Pfingstrede hinter verschlossenen Türen in Erinnerung an Jesus, nichts ereignet sich. Die Jünger fangen an sich zu langweilen.

Ähnlich könnte ich mir auch einen anderen Ausgang der Lebensgeschichte des Zöllners Matthäus vorstellen. Ich stelle mir vor, dass er auf die von Jesus beim Vorübergehen gesagten Worte „Folge mir nach!" erst mal sitzen bleibt, Jesus genauer nachfragt, was denn Nachfolge bedeuten soll, anfängt zu diskutieren, Einwände und Vorteile abwägt, ... um dann vielleicht Zöllner zu bleiben und alles beim Alten zu belassen.

20 Gemeindemitglieder trafen sich zu einem Gottesdienst im Gemeindezentrum. Dieser war Abschluss und Höhepunkt eines Glaubenskurses. Drei Kleingruppen hatten sich sechs Wochen lang wöchentlich getroffen. „Neu anfangen" so waren diese sechs Treffen überschrieben. Auch wenn es ein gemeinsames Konzept gab, so hatten die drei Kleingruppen doch unterschiedliche Erfahrungen gemacht mit den Themen „Gottesbilder", „Glaubenskrisen", „Jesusbegegnung", „Versöhnung".

Mir selbst wurde am Ende dieses Austauschs, am Ende dieses Abends deutlich, was vielleicht selbstverständlich scheint: es gibt einen wesentlichen – wirklich wesentlichen – Unterschied zwischen Glaubensverständnis und Glauben.

Dieser Unterschied fällt mir immer wieder während der Firmvorbereitung auf. Wir – als Firmkatechet*innen – versuchen, den Glauben verständlich, begreifbar, glaubhaft zu machen – als etwas Vernünftiges Jugendlichen nahe zu bringen. Im Bild des Sämanns gesprochen: wir säen nur etwas aus – aber den Glauben, dass da etwas aufgeht, können wir nicht machen. Wir können es nicht „machen", dass jemand – so wie Matthäus – bildlich gesprochen – aufsteht und Jesus nachfolgt.

Vor einiger Zeit las ich den Erfahrungsbericht einer jungen Ordensschwester, die in der Jugendseelsorge tätig ist. Sehr offen erzählt sie von ihrem verzweifelten, erfolglosen Bemühen, in einem Frauenhaus im Umgang mit jungen Frauen und Mädchen ihren Glauben einzubringen, Glaubensfragen zu wecken und zu überzeugen. Einige Jahre später wird sie in eine Hausgemeinschaft ihres Ordens mit drei Schwestern versetzt. Hier merkt sie, wie Jugendliche im Mit-Leben mit der Ordnung dieser Schwesterngemeinschaft aufmerksam werden und sich interessieren, warum diese Schwestern so leben, wie sie leben: mit Gebetszeiten, Zeiten der Stille, gemeinsamer Mahlzeiten, aus einem Grund heraus.

Mir wird deutlich, dass es hier um die Frage der Glaubwürdigkeit des Glaubens, um die Wahrhaftigkeit des Glaubens geht. Eine Frage, die der Philosoph Friedrich Nietzsche einmal in den bekannten Satz fasste: „Erlöster müssten mir seine Jünger – die Christen – aussehen, damit ich an Christus glauben kann."

Die junge Ordensschwester hat um ihre eigene Glaubwürdigkeit gerungen; darum, wie sie wahrhaft Glaubende sein kann, auch gegenüber Jugendlichen mit ihren Fragen und Vorbehalten.

Diese Glaubwürdigkeit und Wahrhaftigkeit, so ist meine eigene Erfahrung, erlange ich nicht im Durchdenken und Durchdiskutieren aller Inhalte, die zum christlichen Glauben gehören, im Studieren theologischer Fachbücher. Der Zöllner Matthäus hat kein „Lexikon für Theologie und Kirche" durchgelesen, bevor er aufstand. Und die anderen Jünger – einfache Fischer und Handwerker – ebenso wenig.

Eine Geschichte von Fridolin Stier erzählt davon, dass das Wort Gottes zu einem namhaften Theologen gekommen sein, der ein Buch „Vom Wesen und Wirken des Wortes Gottes" geschrieben hatte. Der Theologe liest dem Wort Gottes einige Passagen aus dem Buch vor. Da trifft ihn ein Blick. Und das Wort Gottes urteilt: „Meisterhaft, Herr Professor, mein Kompliment! Aber ... ob Sie es wohl verstehen? Wissen Sie, als Objekt betrachtet und besprochen wird mir seltsam zumute. Einmal schreiben Sie, ich wolle zuerst nicht Wahrheiten offenbaren, ich wollen vielmehr den Menschen selbst. Das wär's Herr Professor, das!" Das Wort Gottes erhob sich und schritt zur Tür. „Was wollen Sie von mir?" schrie der Professor ihm nach. „Sie!" sagte das Wort Gottes, „Sie selbst." Die Tür schloss sich leise.

Sie selbst – das scheint mir der Übergang vom Glaubensverständnis hin zum Glauben zu sein, der Schritt, den der Zöllner Matthäus leibhaftig tat: begriffen, erfahren, eingesehen, oder wie auch immer, zu haben, dass ich, meine ganze Existenz, meine ganze Lebensgeschichte gemeint ist – nicht nur ein Teil, nicht nur durchdiskutierte Glaubenssätze - , wenn ich glaube.

Das ist eine persönliche Erfahrung, die jeder auf seine einzigartige Weise macht, unwiederholbar. Deshalb ist es schwer, diesen Schritt zum Glauben zu beschreiben.

Was er fordert – und das wusste vermutlich auch der Zöllner Matthäus – ist die Bereitschaft, sich auf Rätsel einzulassen, Zweifeln nicht zu lange Raum zu geben und eine Haltung ohne Angst einzuüben. Dann wird nichts beim Alten bleiben.

(8./9.6.2002)

10. SONNTAG IM JAHRESKREIS – LESEJAHR B: ZU MK 3,20-35

Im Jahr 1521 liegt im spanischen Pamplona ein Soldat im Krankenbett. 30 Jahre ist er alt und sein Bein durch einen Kanonenschuss schwer verwundet. Als er wieder einigermaßen bei Kräften ist, wünscht er sich etwas zum Lesen. Er ist ein glühender Verehrer der damals so beliebten Ritterromane. Aber im ganzen Haus lässt sich kein einziges Exemplar davon finden. Statt dessen gibt man ihm die zwei einzigen aufzutreibenden Bücher: das eine heißt "Leben Christi" und das andere ist eine Heiligenlegende.

Der Mann vertieft sich in diese beiden Bücher, und ihre Gedanken beschäftigen und erfüllen ihn immer mehr. Aber immer wieder kehren in seine Träume Bilder vom Ritterleben zurück.

Dieser Wechsel von weltlichen und göttlichen Gedanken bleibt. Eines Tages aber macht er eine Entdeckung, die sein ganzes kommendes Leben prägt. Er genoss zwar die Gedanken an weltliche Vergnügungen und Ausschweifungen, aber danach fühlte er sich traurig und ausgedörrt. Träumte er dagegen davon, wie ein Heiliger einfach zu leben und auf der Suche nach dem Willen Gottes zu sein, blieb bei ihm das freudige und erfüllende Gefühl. Er erkannte, dass es einen Unterschied in der Art von Gedanken gab: die einen hinterließen einen schalen Geschmack, die anderen waren erfüllend.

Jener Mann hieß Ignatius, Ignatius von Loyola. Jene Entdeckung - für ihn vielleicht so eine Art Sternstunde - führte ihn zur Gründung des Jesuitenordens und machte ihn zum Heiligen. Unterscheidung der Geister nannte er später das, was ihm da 1521 widerfahren war. Dabei geht es um die Bewertung der Gedanken, der Geister, die einen Menschen erfüllen: was kennzeichnet einen bösen Geist, was einen guten Geist. Wie erkenne ich, was mich im Leben reifer werden lässt und was mich davon abbringt.

Diese Sorge hat Jesus umgetrieben in seinen drei Jahren, die er in der Öffentlichkeit auftrat. Immer wieder ist in den Evangelien davon die Rede, dass er Besessene geheilt, unreine böse Geister und Dämonen ausgetrieben hat. Mit diesen Dämonen - den sogenannten "Aber-Geistern" - sollte es ein Ende haben. Jesus wollte das aufdecken, was ein "Leben in Fülle" verhinderte.

Aber was bekommt Jesus zu hören nach seinen ersten Heilungen und dem Offenlegen von bösen Geistern - quasi als Rückmeldung und "Feedback"? Er ist bekloppt, verrückt!

Von zwei Seiten wird es ihm gesagt: seine Familie meint, er sei von Sinnen; seine Gegnerschaft - die Schriftgelehrten - halten ihn von einem unreinen Geist besessen.

Und beide haben in gewisser Weise recht!

Da ist Jesus - der Erstgeborene seiner Familie. Von dieser Familie werden nur die Mutter und die Brüder erwähnt, nicht aber der Vater. Das lässt den Schluss zu, dass der Vater gestorben ist. Das bedeutet: Jesus als dem Erstgeborenen fällt in der Familie das Recht und die Pflicht des Hausvaters zu. Aber der entzieht sich seiner Aufgabe und zieht als Prediger und Wundertäter umher. Klar, dass ihn die eigene Familie als nicht mehr zurechnungsfähig betrachtet.

Da sind die Schriftgelehrten. Seit Jahrhunderten schon legen sie Gottes Wort aus in einer Weise, die ihnen richtig erscheint und die sie schon immer so kannten. Es stand genau festgeschrieben, was verboten und was zu tun war. Und da setzt sich einer über all das hinweg und lehrt etwas ganz Anderes und Neues. Klar, dass der nicht ganz bei Trost ist. Beide haben in ihrer Situation recht.

Aber sie haben nur recht, weil sie in ihrem althergebrachten, engen Denken bleiben. Sie können Jesus nur deshalb für verrückt erklären, weil er nicht in ihre Vorstellungen paßt; weil er nicht das tut, was sie von ihm erwarten.

Insofern ist dieses "er ist von Sinnen/er ist besessen" ein Ausdruck von Hilflosigkeit und Unverständnis.

Es ist ein Ausdruck dafür, dass sie nicht verstehen, was Jesus gewollt und Ignatius von Loyola 1500 Jahre später aufgegangen ist:

jeder Mensch soll seine Entscheidungen in eigener Verantwortung treffen können - in der Abwägung und Unterscheidung der Geister. Und dabei muss die Angst und der

Druck, was von anderen erwartet wird, außen vor bleiben können. Diese Ungeister gilt es zu erkennen und zu unterscheiden.

Jesus weiß darum, wie schwierig es ist, aus solchen Zwängen, die durch Erwartungen von außen entstehen, herauszukommen. Er erfährt ja an seiner eigenen Person, wie stark der Clan der Angehörigen darüber wachen will, wie man zu sein hat. Er weiß, wie schwierig es ist, von solchen "bösen Geistern" loszukommen; welchen starken Einfluss sie auf ein Menschenleben haben.

Daher gebraucht er den Schriftgelehrten gegenüber ein Gleichnis: Keiner kann in das Haus eines starken Mannes einbrechen und ihm den Hausrat rauben, wenn er diesen Starken nicht vorher fesselt. Ursprünglich heißt die Übersetzung aus dem Urtext nicht "Hausrat", sondern "Gefäße"; und dann wird es deutlicher: Das Haus eines starken Mannes ist ein Bild für "böse Geister", Ungeister, Aber-Geister, die bestimmen was "man" so tut; sie haben eine enorme Kraft. Sie engen den Blick ein; sie fesseln.

Die Gefäße sind ein Bild für die Menschen. Diese hier sind eingeschlossen in dem Haus und erfüllt von diesen Ungeistern. Es gilt, sie zu befreien.

Können wir genau sagen, von welchem Geist wir erfüllt sind? Können wir genau sagen, was uns von innen her bestimmt?

Haben wir noch dieses feine Gespür in unserem Leben, dessen Entdeckung für Ignatius von Loyola eine Art Sternstunde war? Können wir unterscheiden in den Gedanken, die uns begleiten, ob sie mich näher zum Willen Gottes hinführen oder eher menschenverachtend sind?

Es bleibt unsere lebenslange Aufgabe, die Geister, die unser Leben bestimmen, zu unterscheiden. Und die Geister in unser Leben hineinzulassen, die Heil und nicht Unheil verheißen, die Weite und nicht Enge bedeuten, die loslassen können und nicht an Altem festhalten wollen, die Verständnis zeigen und nicht Uneinsichtigkeit.

Dies ist letztlich der Wille Gottes, der uns für Jesus zu Bruder und Schwester und Mutter macht.

(8.6.1997)

11. Sonntag im Jahreskreis – Lesejahr A: zu Mt 9,36-10,8

In den 1950er Jahren wurde im Rahmen der damaligen Arbeiterbewegungen der Dreischritt vom "Sehen-Urteilen-Handeln" von dem belgischen Priester Josef Cardijn entwickelt. Dieser Dreischritt sollte helfen, für bestimmte Zeiten, Situationen und Gegebenheiten sinnvolle und überlegte Veränderungen herbeizuführen. Das hieß dann z.B., einen Missstand zu sehen und zu erkennen, dass es ihn gibt; in einem zweiten Schritt dann diesen Missstand näher zu beurteilen und zu schauen, woher dieser Missstand kommen könne, um dann in einem dritten Schritt diesen Missstand mit entsprechenden Schritten im Handeln zu beseitigen.

Dieser Dreischritt vom Sehen-Urteilen-Handeln scheint an sich ein vernünftiges Vorgehen im menschlichen Leben und auch allgemein ein hilfreiches Lebensinstrumentarium zu sein. Leider sieht die menschliche Wirklichkeit oft ganz anders aus: da werden Dinge blindlings verändert; von verschiedenen Seiten werden Urteile abgegeben, ohne dass entsprechende Schritte sich anschließen würden; viele Missstände werden nicht gesehen und übergangen - manchmal gewollt; oder es wird nur tiefe Betroffenheit über bestimmte Missstände geäußert - aber das wars dann auch.

Der Gedanke des Dreischritts vom Sehen-Urteilen-Handeln scheint schon Jesus umgetrieben und beschäftigt zu haben. Auf eine für ihn eigene Weise hat er ihn zu beherzigen versucht. In einer bestimmten Zeit um das Jahr 30 n.Chr in Palästina. Diese Zeit war davon bestimmt, dass die 12 Stämme Israels auseinandergefallen waren. Die Römer waren als fremde Besatzungsmacht im Land. Viele verschiedene Nationen lebten in Palästina. Verschiedene Interessensgruppen gingen gegeneinander - im politischen und religiösen Bereich. Die geistlichen und politischen Hirten und Führer waren schwach, korrupt und unmenschlich. Es gab eine starke Spannung zwischen "denen da oben" und "denen da unten", was man so das "Volk" nennt. Die Menschen in Palästina lebten orientierungslos dahin.

Diese Zeitumstände waren es "als Jesus die vielen Menschen sah". So hieß der erste Satz im Evangelium. "Als Jesus die vielen Menschen sah." Jesus sieht die Menschen. Er sieht sie: die Traurigen, Armen, Hilflosen, Unglücklichen und Orientierungslosen.

Und was er dann macht, das können wir mit einem heutigen Wort als "Gesellschaftsanalyse" bezeichnen. Das Urteil Jesu über die damalige Gesellschaft stützt sich ja darauf, was er bei seinem Umherziehen durch die Dörfer und Städte gesehen hat. Er hat die Menschen in ihren verschiedenen Lebenssituationen gesehen und sieht sie. Und die Gesellschaftsanalyse Jesu lautet:

eine Gesellschaft voller geschundener, müder Menschen, träge, erschöpft; da gibt es viel zu tun (von einer großen Ernte war die Rede), wenige sind da, die etwas tun oder verändern (wenige Arbeiter); mit einem Schlagwort: Orientierungslosigkeit (wie Schafe ohne Hirten).

Spätestens hier mögen Vergleiche mit der heutigen Zeit kommen.

Wie sieht das entsprechende Handeln Jesu aus? Wie werden von ihm Sehen und Urteilen umgesetzt?

Ganz nüchtern heißt Handeln: die Sendung, es ihm gleichzutun: zu gehen und zu trösten, zu heilen, wo etwas kaputt ist. Menschen, die wie tot sind, aufzurütteln; Menschen, die am Rand stehen und wie Aussatz behandelt werden, zu integrieren.

Diese Taten sind nicht auf eine Superelite, eine besonders "starke Truppe" beschränkt. (In jedem von uns steckt es, dass das Leben reicher, lebenswerter und menschenfreundlicher wird) Die zwölf, die da im Evangelium ausgeschickt werden, haben alle etwas mit uns zu tun. Es sind Menschen, in denen wir uns wiederfinden können, Menschen wie "du und ich":

da ist Petrus, ein Mensch - forsch und eifrig, hitzig und temperamentvoll, der manchmal etwas zu weit geht, und dann, wenns darauf ankommt, kneift und lügt.

da ist Thomas, ein Mensch geplagt von Zweifeln, der nur das Messbare , Beweisbare und Vorzeigbare gelten lässt.

da ist Matthäus, ein Zöllner, einer, der andere Menschen ausgebeutet, betrogen und ausgenutzt hat.

da ist Simon ,der Zelot, einer von der Widerstandsbewegung gegen das damalige Rom; einer von der politischen Guerilla, der sich nicht scheut, etwas mit Gewalt durchzusetzen. und da ist Judas, eine zwielichtige Persönlichkeit, hin- und hergerissen, der viel verändern möchte, aber es irgendwie falsch anpackt.

In dieser menschlichen Vielfalt, die von Petrus bis hin zu Judas geht; in dieser menschlichen Vielfalt gilt:

Wer Augen hat zu sehen, der sehe; wer die Einsicht hat zu urteilen, der urteile; wer die Kraft hat zu handeln, der handle.

(12./13.6.1993)

11.SONNTAG IM JAHRESKREIS – LESEJAHR A: ZU MT 9,36-10,8

Als ich am Freitagabend bei der Predigtvorbereitung saß, kam ich zu der Textstelle, wo es heißt: Jesus hatte Mitleid mit den vielen Menschen. Ich machte mir gerade so meine Gedanken, dass das griechische Wort für „Mitleid haben" eigentlich heißt. „in seinen Eingeweiden ergriffen werden" und auch mit Barmherzigkeit zu tun hat. Da klingelte es an der Tür. Ein alter Bekannter stand da: ein sogenannter „Obdachloser" oder „Durchreisender". Schon oft kam er vorher am Pfarrhaus vorbei., um ein wenig Geld oder etwas zu essen oder einen Schlafplatz zu bekommen. Manchmal brachte er auch den Kindern ein Kinderschokolade-Überraschungsei mit oder ein Spielzeug. Er erzählte von einem Unfall, den er vor einigen Wochen gehabt habe, und zum wiederholten Mal von der Familie, die ihm keine Wohnmöglichkeit gebe. Ob ich ein wenig Geld für ihn habe.

Während ich mit ihm sprach, gingen mir meine Gedanken über das „Mitleid haben" nicht aus dem Kopf. War das eine Form des Mitleids von mir, diesem Mann zuzuhören und ihm Geld zu geben?

„Als Jesus die vielen Menschen <u>sah</u>, hatte er Mitleid mit ihnen..."

Jesus <u>sah</u> die vielen Menschen.

Dass Sehen und Sehen zwei verschiedene Dinge sind, hat Jesus oft deutlich gemacht. Er meinte, es gebe Menschen, die sehen und doch nichts erkennen.

In seiner Rede vom Weltgericht, betont er, dass alle, die da bildlich vor dem Thron des Menschensohns stehen, Fremde, Obdachlose, Kranke, Gefangene <u>gesehen</u> haben. Die auf der rechten Seite haben etwas erkannt, die auf der linken Seite haben gesehen und nichts erkannt.-

Das Märchen von Frau Holle verdeutlicht diese zwei Möglichkeiten des Sehens: in den „Himmel" zu kommen, d.h. mit Gold überschüttet zu werden, gelingt nur dem, der sieht <u>und</u> erkennt. Ich kann natürlich durch Straßen gehen und sehen: „Oh, wie viele schöne große Häuser. Den Menschen geht es gut: sie haben Au-pair-Mädchen, Haushaltshilfen, Zweit-, Dritt- oder Viert-Wagen. Viele Kinder sind im Trend gekleidet. Die Eltern kaufen alles für ihre Kinder.

Ich kann aber auch sehen: Kinder, die in vielerlei Hinsicht unter Druck stehen; Selbstgefälligkeit, Eigennutz und Langeweile; Familien, die daran zerbrechen.

Mitleid haben hängt ganz eng mit „Sehen" zusammen.

Nur wer „sieht", kann Mitleid haben.

Aber dieses Sehen ist oft so schwer.

Hatte ich den Obdachlosen wirklich so gesehen, wie er war?

Hatte ich ihn ernstgenommen in dem, was er erzählte?

„Und Jesus gab ihnen die Vollmacht..."

Was Jesus in den Evangelien auszeichnet, ist seine Vollmacht.. Seine ungeheure Souveränität, in der er lebt. Seine Furchtlosigkeit, seine sorglose Gelassenheit, seine Barmherzigkeit, seine Entschiedenheit, usf.

Nur, weil die zwölf Apostel etwas von dieser Vollmacht empfangen haben, können sie Krankheiten und Leiden heilen.

Nur weil sie etwas empfangen haben, können die zwölf etwas tun.

Der Theologe Paul Tillich meinte einmal: „Die Menschen müssen wieder verstehen lernen, dass man nicht viel geben kann, wenn man nicht viel empfangen hat. Die Religion ist in erster Linie eine geöffnete Hand, eine Gabe entgegenzunehmen; und erst in zweiter Linie eine tätige Hand, Gaben auszuteilen."

Was empfangen wir? Was haben wir empfangen?

Ich glaube, dass uns viel zu wenig bewusst ist, wie beschenkt wir - jede und jeder für sich - schon ist. Wie viel jede und jeder für sich schon empfangen hat.

Statt sich selbst zu sagen: „Ich bin ein beschenkter Mensch!" finden wir an uns alles Mögliche unmöglich. Manchmal liegt es daran, dass wir uns zu sehr mit anderen vergleichen und meinen, so wie die oder der ist, möchte ich auch gerne sein.

So richtig bewusst geworden ist mir das aber auch nur, weil es mir jemand gesagt hat. Während Exerzitien, zu denen ich mit den größten Selbstzweifeln gefahren war, sagte mir die begleitende Ordensschwester irgendwann: „Was sind Sie für ein beschenkter Mensch!"

Und ich bin überzeugt, dass dieser Satz jedem von uns gilt. Wir müssen es nur - wie Paul Tillich sagt - wieder verstehen lernen.

Die zwölf Apostel, denen ja scheinbar Unmögliches - wie Krankenheilungen, Totenerweckungen, Dämonenaustreibungen - gelingt, waren auch keine „Supertruppe": da gibt es den zwielichtigen Judas, einen ausbeuterischen Zöllner wie Matthäus, den Zeloten Simon von der gewalttätigen Widerstandsbewegung gegen Rom, einen zwiespältigen Menschen wie Petrus, usf. Es waren, weiß Gott, keine Heiligen von Anfang an.

Aber sie wussten sich beschenkt, als Menschen, die etwas von Jesu Vollmacht empfangen hatten. Und daran hat jeder von uns teil.

(12./13.6.1999)

11. SONNTAG IM JAHRESKREIS – LESEJAHR B: ZU MK 4, 26-34

Manchmal hat man nach dem Lesen des Evangeliums das Gefühl, dass Jesus einen ganz schön überfordert. Wenn man teilweise hört, was er einem da mitgibt: "Leistet dem, der euch Böses antut, keinen Widerstand!" -"Das Tor, das zum Leben führt, ist eng - nur

wenige finden ihn." - "Wer Vater oder Mutter mehr liebt als mich, ist meiner nicht würdig." - "Siebenundsiebzigmal sollt ihr vergeben."
Da hat man das Gefühl, das ist eigentlich nicht zu schaffen und nicht zu leisten. Und die Versuchung ist groß, das alles zu relativieren - "ist ja nicht so gemeint, sondern anders!" Dafür bräuchte man sonst eine schon fast unmenschliche Kraft und Einstellung.

Auf der anderen Seite wird dann von Jesus aber immer auch etwas von einer gelassenen, geduldigen und ruhigen Grundhaltung gesagt und von ihm selbst auch gelebt. So in der Geschichte vom Sturm auf dem See, wo ihn nichts aus der Ruhe bringt und er den Jüngern mitgibt - "sagt mal, habt ihr kein Vertrauen?" - Oder wenn er von einer richtig verstandenen Sorglosigkeit spricht, und sich die Vögel des Himmels oder die Lilien auf dem Feld als Vorbild zu nehmen. - Oder wenn Jesus selbst davon spricht, dass bei ihm alle sich Abmühenden und Beladenen Ruhe für ihr Seele finden können. Und auch im heutigen Evangelium kommt eine gelassene und ruhige Grundhaltung zum Ausdruck: es wächst etwas ohne großes Zutun und Bemühen. Der Mann, der da den Samen sät, vertraut darauf, dass die Erde automatisch die Frucht hervorbringt.

Wenn Jesus etwas sagt, dann meint er es ernst. Und so kann das erste nicht ein Widerspruch zum zweiten sein: Der Anspruch, sich zu bemühen und etwas zu tun - und darin Vertrauen und eine abwartende Gelassenheit zu haben, dass schon etwas wächst

In einem Nachruf auf seine sechs in San Salvador ermordeten jesuitischen Mitbrüder schreibt der Theologe Jon Sobrino: "Gott war für sie wie der gute Vater. In ihm konnten sie Ruhe finden, in ihm war der letzte Sinn ihres Lebens aufgehoben. ... Deshalb ließ er sie nicht ruhen und trieb sie an, immer wieder Neues zu unternehmen, um seinem jeweils neuen Willen zu entsprechen."

Erst die Ruhe und Gelassenheit, die man findet - das sich Verankern in Gott, einem letzten Sinn im Leben - macht es möglich, nicht zu ruhen und sich dafür einzusetzen, dass Gottes Vorstellungen vom "Leben in Fülle" Wirklichkeit werden.
(15.6.1997)

12. SONNTAG IM JAHRESKREIS – LESEJAHR B: ZU MK 4,35-41

21 km lang und bis zu 13 km breit ist jener See von Genezareth, der im Mittelpunkt des eben gehörten Evangeliums steht.
Israelfahrer haben ihn vielleicht vor Augen. Ich selbst kannte ihn lange nur von Bildern und Beschreibungen.
Bis auf eine fruchtbare Ebene im Nordwesten des Sees ist er sonst vollständig von Bergland umgeben. Er liegt über 200 m unter dem Meeresspiegel.
Gewöhnlich ist es ein ruhiger und still daliegender See. Doch plötzlich und unvorhergesehen können Fallwinde vom Gebirge auf den See treffen und das Wasser aufpeitschen, so dass teils meterhohe Wellen entstehen. Es ist dann schwierig, ein Boot noch einigermaßen gut manövrieren und steuern zu können.
Genauso rasch wie ein solcher Sturm gekommen ist, vergeht er auch wieder und der See liegt wieder genauso ruhig und friedlich da wie einige Minuten vorher.

Ein solches Schauspiel nun ist im eben gehörten Evangelium beschrieben worden. Und wenn ein solches Schauspiel der äußere Hintergrund dieses Evangeliums gewesen ist, was bleibt dann noch zu sagen? Ist dann damals kein Wunder geschehen, so dass am Ende die Jünger ausrufen "was ist das doch für ein Mensch..."? War es nur ein bloßes Naturereignis und darüber hinaus bliebe nichts mehr zu sagen? Oder ist das eigentlich Wunderbare dieser Geschichte etwas ganz anderes, als dass ein aufgewühlter See plötzlich ruhig wird?

Als ich meine Diplomarbeit über das Thema "Gelassenheit" schrieb, fragte ich einen der Professoren, was denn zu dem Thema "Gelassenheit" in der Bibel stehe. Und er sagte mir nur: "Schauen Sie sich die Stelle über den Sturm auf dem See im Markusevangelium an!"
Liegt also das Wunderbare dieser Geschichte auf einer anderen Ebene?

Ich weiß nicht, ob Sie sich schon mal gewünscht haben, eine Portion Gelassenheit in verschiedenen Lebenslagen zu haben: wenn z.B. der Tagesplan durch einen plötzlichen, vielleicht nicht erwünschten Besuch durcheinandergerät, oder wenn Geschrei aus dem Kinderzimmer kommt, oder wenn man merkt, dass das Alter nicht spurlos an einem vorübergeht.

Es sind meistens Ereignisse und Lebenssituationen, die plötzlich und unvorhergesehen in den Lebenslauf und das alltägliche Geschehen eingreifen, die einen dann aus der Ruhe bringen und wo man ein wenig Gelassenheit gebrauchen könnte. So plötzlich und unvorhergesehen, wie vielleicht der Sturmwind so ganz plötzlich die See aufwühlt. Die Jünger sind nahe dran, kopflos zu werden. Damit war nicht zu rechnen. Der Halt unter den Füßen - das Boot - beginnt zu sinken. Panik kommt auf.

Das einzige, was in dieser Situation notwendig ist, (so einfach es klingt) ist, einen klaren Kopf zu bewahren.
Jesus ist der einzige, der einen klaren Kopf bewahrt. Er wusste wohl um die Unberechenbarkeit und Gefahren des See Genezareth. Und er wusste wohl auch, dass der Sturmwind wieder vergeht. Mit diesem klaren Kopf bringt er - so hieß es im Evangelium - "völlige Stille" ins Geschehen.
Und die Jünger, die wie ein Hühnerhaufen auf dem Boot herumgesprungen sind und riefen "kümmert's dich denn nicht..." sind auch "völlig still" geworden.
Es ist der klare Kopf und die ruhige Art Jesu, der sich nicht von Angst und Panik überwältigen lässt, die hilft.

Ich erinnere mich an eine Zeltlagerfreizeit mit Kindern vor vielen Jahren. Wir machten ein Waldspiel, bei dem eine Gruppe von anderen Gruppen gesucht werden sollte. Ich war mit einer Gruppe von 8-10jährigen Kindern unterwegs. Wir kamen immer tiefer in den Wald, aber die zu suchende Gruppe fanden wir nicht. Schließlich merkte ich, dass wir uns verlaufen hatten. Den Kindern muss das inzwischen wohl auch klar geworden sein, denn auf einmal ging das Gejammer los "Wir haben uns verlaufen, kommen nicht mehr zurück". Ich selbst war nahe dran, in Panik zu geraten. Tiefer Wald, und kein Weg nach draußen. Das einzige, was mir dann half, war Ruhe zu bewahren, und den Kindern zu sagen: "Wir haben uns verlaufen, aber der Weg kommt irgendwann auf ein Ende, und dann sind wir wieder draußen. Und wenn wir zurück sind, gibt's für jeden eine Cola!" Und so kam es dann auch.

Die Gegensätze von Ruhe, Gelassenheit und Klarheit auf der einen Seite und Panik, Angst und Ratlosigkeit auf der anderen Seite scheinen wohl ein Grundzug im menschlichen Leben auszumachen.

Und es ist die Frage, die Jesus an seine Jünger auf dem Boot stellt: "Habt ihr noch keinen Glauben?" oder wie es wörtlich heißen müsste: habt ihr noch kein Vertrauen?, der wir dabei nachzugehen haben.

Darin liegt wohl dann das eigentliche Wunder:

Tag für Tag den Glauben und das Vertrauen an die ständige Gegenwart Gottes zu haben, was den Sturmwind und die Panik beruhigt und unser Lebensschiff an ein neues Ufer bringt.

(18./19.6.1994)

14.Sonntag im Jahreskreis – Lesejahr C: zu Lk 10,1-12.17-20

Die „Jüngerinstruktion" wird die eben gehörte Textstelle aus dem Lukas-Evangelium genannt. Und vielleicht ist es gut, in einer Zeit, in der häufiger vatikanische Instruktionen erscheinen, sich auf diese ursprüngliche Instruktion von Seiten Jesu zu besinnen und sich zunächst und vor allem einmal daran zu halten.

Wobei beide - die Instruktion Jesu und die Instruktionen des Vatikan - aus einer gewissen Bedrängnis heraus entstanden sind. Für den Vatikan sind es die bekannten Bedrängnisse der Kirche in dieser Zeit: wie z.B. Kirchenaustritte, Verlust an Glaubwürdigkeit, innerkirchliche Konflikte, Zunahme an Sekten und anderen esoterischen Strömungen, allgemeiner Orientierungsverlust.

Für Jesus waren die Bedrängnisse ähnlich: persönlich war er ständig auf der Flucht, er sah die Orientierungslosigkeit der Gesellschaft (die „wie Schafe ohne Hirten" war), die geistlichen und politischen Führungspersönlichkeiten seiner Zeit waren schwach, korrupt und unmenschlich.

Die Zeit war reif, etwas zu tun. Mit anderen Worten: Die Ernte ist groß. So drückt es Jesu Bildwort der „Ernte" aus: es gibt viel zu tun; vieles steht an, was gelöst werden muss.

„Und so sucht er sich 72 andere Jünger aus", heiß es zu Beginn des Evangeliums. Im Urtext steht das Wort „Jünger" gar nicht; da wird nur von „72 anderen" geredet, die Jesus sich sucht. Das heißt, das, was Jesus diesen 72 mitteilt, ist eine allgemeine Anweisung/Instruktion an alle, die Christen sein wollen. Sie ist nicht beschränkt auf Bischöfe oder Priester.

Diese Instruktion gilt allen, die Wegbereiter Jesu sein wollen. Genau diese Umschreibung gibt uns Jesus für das, was für ihn Christsein bedeutet: das Kommen Jesu vorbereiten. Nichts anderes sollen die 72 anderen nämlich tun: in die Ortschaften vorausgehen, in die er - Jesus - selbst gehen und ankommen will.

In der Erwartung, dass Jesus wiederkommt am Ende der Zeiten, sind wir heute die Vorläufer, die Wegbereiter für Jesus.

Wie soll dieses Weg-Bereiten nun konkret aussehen?

Jesus nennt genau 5 Punkte als Maßstäbe dafür, wie er christliches Handeln versteht; als Maßstäbe dessen, wie wir Wegbereiter, Vorläufer sein sollen. Kurz zusammengefasst sagt er: Nehmt nichts mit! Sagt: Friede! Bleibt! Heilt! Sagt: Gottes Reich ist nahe! Aber was könnte das genauer heißen?

„Nehmt nichts mit, weder Geldbeutel, noch Vorratstasche oder Schuhe; grüßt niemand." könnte heißen: belastet euch nicht mit Unnötigem!

Der Verzicht auf Geldbeutel, Vorrat und Sandalen ist ein Zeichen für Beweglichkeit, Offenheit und Unabhängigkeit.

Vielleicht würde Jesus heute sagen: Schaut mal, ob ihr das teuerste Markenprodukt, den exklusiven Freizeitsport oder den Drogenkick, den neuesten Modetrend, Erfolg oder Geld wirklich braucht. Und wenn ihr euch ein Leben ohne das alles nicht vorstellen könnt, dann lernt zu durchschauen, welche Dinge wirklich wichtig sind. Vielleicht ist ja der Waldspaziergang mit den Kindern, die 10 Minuten für ein gutes Buch, eine Person, die mir ganz nahe steht, eine Fähigkeit, die ich gut beherrsche.

„Kommt ihr in ein Haus, sagt zuerst: Friede diesem Haus!" könnte heißen: Seid friedensfähige Menschen! Versucht - so schwer es auch fallen mag - zuerst in jedem Menschen das Gute zu sehen. Steht, soweit es ohne Selbstaufgabe möglich ist, in freundlicher Beziehung zu allen Menschen. Und sehr entlastend fügt Jesus sinngemäß hinzu: bei lauten und aggressiven Menschen wird der Friedenswunsch zu euch zurückkehren. Ihr müsst nicht Frieden halten bis zu völligen Selbstaufgabe.

„Bleibt in dem Haus, wo ihr aufgenommen werdet und wechselt nicht von Haus zu Haus!" könnte heißen: Versucht einmal, bei einer Sache zu bleiben! Bleibt dran an dem, was ihr euch vorgenommen habt. „Der Weg zur Hölle ist mit guten Vorsätzen gepflastert!" sagt ein Sprichwort. Wer sich immer wieder etwas Neues vornimmt, eine neue Aufgabe, es aber nie durchführt und dranbleibt, bereitet sich jetzt schon die Hölle.

„Heilt die Kranken da, wo man euch aufnimmt!" könnte heißen: wirkt heilsam! Dazu ist es vielleicht notwendig, zunächst einmal die eigenen Wunden und Verletzungen, die wir in uns tragen, anzunehmen: wo wir lächerlich gemacht wurden, wo unsere Einmaligkeit nicht ernst genommen wurde, wo in unseren Macken herum gebohrt wurde, wo unsere Bedürfnisse und Gefühle einfach übergangen wurden.

Wer das kann ohne Bitterkeit, von dem wird eine heilende Atmosphäre für andere ausgehen. Eine Atmosphäre, die ausdrückt: keiner wird von der Geschichte seiner Verletzungen her als Mensch definiert.

„Sagt den Leuten: Gottes Reich ist nahe!" könnte heißen: Redet von der Zuversicht, die euch erfüllt! In einer Zeit von Schwarzsehern und Hellsehern - gerade im Hinblick auf die Jahrtausendwende - haben düstere, trostlose Bilder Hochkonjunktur. In der derzeitigen Kinolandschaft ist das an Kassenschlagern wie „Titanic", „Deep impact" o.ä. zu sehen, die Untergangsstimmungen hervorrufen. Natürlich gibt es eine berechtigte Angst vor der Zukunft und natürlich soll die rosarote Brille nicht den Blick auf die Wirklichkeit verhindern. Aber ebenso gibt es die Zuversicht, die mehr sieht als die Schlagzeilen der Presse. Dahinter steht die Gewissheit: diese Welt ist in Gottes Hand.

Fünf Punkte, fünf Instruktionen und Anweisungen sind das - nicht mehr und nicht weniger. Wem das zu viel scheint, um Wegbereiter und Vorläufer für Jesus sein zu können, dem möge ein Wort aus dem „Dekalog der Gelassenheit" von Papst Johannes XXIII. helfen: „Ich will mich nicht entmutigen lassen durch den Gedanken, ich müsste dies alles mein ganzes Leben lang durchhalten."
(4./5.7.1998)

15.Sonntag im Jahreskreis – Lesejahr A: zu Mt 13,1-23

Was haben Sie gerade gehört? Könnten Sie noch genau wiedergeben, was da gerade vorgelesen wurde; mit welchem Satz das Evangelium begann?
Der letzte Satz lautete jedenfalls: „Wer Ohren hat, der höre!" Vielleicht ist der wirklich ins Ohr gegangen. Die Christen der ersten Jahrhunderte haben diesen Satz, der an verschiedenen Stellen in den Evangelien auftaucht, auch als „Weckruf" bezeichnet.
Ist es aber nicht manchmal so, dass wir in den Gottesdienst gehen, und erst beim Klingeln während der Wandlung uns richtig bewusst wird, dass wir in der Kirche sind? Lassen wir nicht manchmal zuhause die Kinder ihre neuesten Kindergarten- und Schulerlebnisse erzählen, während wir mit den Gedanken ganz woanders sind? Und hören wir auf bestimmte Dinge schon gar nicht mehr hin, weil wir sie - so scheint uns - schon tausendmal gehört haben?: die Klagen des pflegebedürftigen alten Vaters, die Sorgen der Freundin mit ihrer Familie, die Probleme der Nachbarn oder die Wandlungsworte in der Eucharistiefeier.
„Wer Ohren hat, der höre!"
Wahrscheinlich ist einem Teil der großen Menschenmenge ähnlich gegangen, die da am Ufer des See Genezareth stand, während Jesus im Boot sitzend, sein Gleichnis erzähle. Was er ihnen da sagte, das kannten sie alle. Das war für sie eine ganz alltägliche, gewöhnliche, schon tausendmal gehörte und verrichtete Begebenheit: wenn die Äcker bestellt wurden, war es üblich, auf das noch ungepflügte Feld die Saat zu streuen. Da kam es dann vor, dass ein Teil der Saat auf die vielen öffentlichen Wege fiel, die quer durch die Felder liefen; ein Teil der Saat unter die Dornen und Disteln und ein Teil auf die vielen Steine, die es im Ackerboden gab; und oft besaß der Boden nur eine dünne, fruchtbare Schicht über hartem Felsen. Wenn die Saat dann untergepflügt wurde, ging eben ein Teil davon erst gar nicht oder nur vorübergehend auf.
Also eine ganz gewöhnliche, nicht besonders spannende Geschichte, die Jesus da erzählt, und die vielleicht nicht gerade zum Zuhören animiert.
Und doch endet sie mit: „Wer Ohren hat, der höre!"
   „An jenem Tag verließ Jesus das Haus."
An jenem Tag ist in diesem Haus schon einiges passiert. Matthäus erzählt es ein Kapitel vorher: Als Jesus mit Schriftgelehrten und anderen diskutierte und redete, kam seine Familie mit seiner Mutter, um mit ihm zu reden. Er lässt sie aber einfach draußen stehen und sagt nur in die Runde: „Was heißt schon Mutter oder Bruder? Wer den Willen Gottes tut, ist mir Bruder, Schwester und Mutter."

So ist jenes Gleichnis vom Sämann, das sich dann anschließt, also gar nicht so gewöhnlich und alltäglich.

Was Jesus damit erzählen will, ist: was heißt es, Gottes Willen zu tun, bzw. wie kann mit dem Willen Gottes umgegangen werden, wie kann ich auf ihn hören.

Und da stellt er uns vier verschiedene Möglichkeiten vor.

Vier Grundhaltungen des Hörens, wie Jesus sie sicherlich auch kennengelernt hat in der Begegnung mit verschiedenen Menschen auf seinen Wanderungen durch Galiläa.

Vier verschiedene Weisen, etwas aufzunehmen. Und so wählt Jesus das Bild vom „Boden", der nur im Aufnehmen von Saatgut Frucht hervorbringen kann.

Da ist der Weg als Boden. Die Saat hat da gar keine Chance.

Es ist eine Grundhaltung der Ignoranz, die dahintersteckt. Sich um etwas gar keine Mühe zu machen. Etwas Neues gar nicht kennenlernen zu wollen. Etwas nicht wahrnehmen, aufnehmen und wissen zu wollen. Bewusst oder unbewusst.

Oft ist es Angst, die einen zu dieser Haltung führt. Angst, dass sich in Gewohnheiten vielleicht etwas ändern muss.

Manchmal frage ich mich schon, wie bewusst wir ignorieren, was auf unserer Welt geschieht. Kürzlich las ich, dass jede Stunde auf dieser Welt eine Tier- oder Pflanzenart ausstirbt - unwiederbringlich.

Ich verstehe Jesus, wenn er immer wieder mal „Begreift ihr denn nicht!" ausrief und an der Ignoranz seiner Zeitgenossen manchmal zu verzweifeln schien.

Da ist der felsige Boden mit dünner fruchtbarer Schicht. Die Saat geht nur kurz auf, weil sie keine Wurzeln treiben kann.

Das erinnert an Menschen, die alles Mögliche ausprobieren, aber bei nichts bleiben und sich entscheiden können. Menschen, die ihre Lebens- und Weltanschauungen wechseln wie das tägliche Hemd. Menschen aber auch, die sich orientieren an dem, was Trend und Mode ist. Die keinen Eigen-stand haben. Wer Eigen-stand haben und eigen-ständig entscheiden will, braucht Wurzeln.

Da ist der dornige Boden. Die Saat wächst zwar mit, wird aber von Unkraut erstickt.

Da ist die Frage, was mich ablenkt, was mich alles gefangen nimmt, fasziniert und zerstreut.

Wie weit gebe ich dem Raum, was mir nicht gut tut. Ich glaube, dass wir tief in uns schon Gespür haben für das, was uns von „wahrem, erfüllten Leben" abhält. Aber wir lassen uns dann doch lieber ablenken.

Die Mönche des 3./4.Jahrhunderts sprachen davon, dass wir wachsame Türhüter dessen sein sollen, was auf und in uns eindringt. Für sie war es eine Grundvoraussetzung zu einem geistlichen, also wahren, erfüllten Leben (wie immer man es nennen mag) zu kommen, die Gedanken auszuwählen, die auf einen einströmen. „Sei ein Türhüter deines Herzens und lass keinen Gedanken ohne Befragung herein." so haben es die alten Mönche formuliert.

Wie weit lasse ich Unkraut in mein Leben hinein?

Da ist der gute Boden.

Und welche Grundhaltung Jesus damit meint, ist aus dem Nachdenken über die drei anderen Grundhaltungen zu ahnen.

Guter Boden kann aufnehmen, kann Frucht bringen. Fruchtbringen heißt für Jesus immer auch glückendes, gelingendes Leben. Ein Glück, das nicht auf Oberflächlichkeiten bezogen ist, sondern in die Tiefe geht.

Als König Salomo im Traum von Gott befragt wird, was er sich wünscht, ist es nicht Reichtum, nicht Erfolg oder Ansehen oder vieles Wissen. Es ist ein „hörendes Herz".

Dieses hörende Herz,

das versteht und nicht ignoriert,

das verwurzelt ist und nicht haltlos,

das bewusst und achtsam ist, und nicht zerstreut

ist der gute Boden. Wir sind auf keinen der vier Böden festgelegt. „Wer Ohren hat, der höre!"

(10./11.7.99)

16.SONNTAG IM JAHRESKREIS – LESEJAHR A: ZU MT 13, 24-43 (THEMA ABSCHIED)

Das Gleichnis vom Unkraut im Weizen, von dem das heutige Evangelium erzählt, bietet einen Vergleich mit unserem menschlichen Leben an.

Zum einen kann das heißen, dass neben "Weizen" - unseren guten Fähigkeiten und Gaben - bei uns auch Unkraut - einiges Ungereimte - heranwächst.

Zum anderen kann dieses Bild aber auch bedeuten: neben dem Vergänglichen im Leben - dem Unkraut, das verbrannt wird - gibt es etwas Bleibendes - der Weizen, der in die Scheune eingebracht wird.

Von diesem Leben, dem was darin bleibend und dem, was vergänglich ist, soll es in der heutigen Predigt gehen.

Schauen wir darauf, was in der vergangenen Woche an Bleibendem da war und was wir gerne verbrennen würden.

Nur ganz wenige Bücher gibt es, die ich gelesen habe, von deren Inhalt ich behaupten könnte: ja, genau das ist es! So ist das Leben genau beschrieben! So können Gefühle, Empfindungen, Erfahrungen von Menschen sein! So, genau so, ist der Mensch, ist das Leben!

Eines von diesen Büchern ist "der kleine Prinz" des französischen Schriftstellers Antoine de Saint-Exupéry. Diese Geschichte oder Märchen für Kinder und Erwachsene hat die Hauptfigur des kleinen Prinzen, der von einem anderen Planeten stammt. Nach Halts und Stationen auf verschiedenen Planeten kommt dieser schließlich auf die Erde. Dort will er die Menschen kennenlernen. Und eine der ersten Auskünfte über die Menschen bekommt er von einer Wüstenblume. Da heißt es:

"Der kleine Prinz durchquerte die Wüste und begegnete nur einer Blume mit drei Blütenblättern, einer ganz armseligen Blume ... 'Guten Tag', sagte der kleine Prinz. 'Guten Tag', sagte die Blume. 'Wo sind die Menschen?' fragte höflich der kleine Prinz.   Die Blume hatte eines Tages eine Karawane vorüberziehen sehen. So sagte sie: 'Die Menschen? Es gibt, glaube ich, sechs oder sieben. Ich habe sie vor Jahren gesehen. Aber man weiß nie, wo sie zu finden sind. Der Wind verweht sie. Es fehlen ihnen die Wurzeln, das ist sehr übel für sie."' (XVIII)

Diese kleine Geschichte mag zunächst eher zum Lächeln animieren. Wissen wir doch, dass es - entgegen der Meinung der Wüstenblume - mehr als 6 oder 7 Menschen gibt.

Eine andere Beobachtung der Wüstenblume scheint da schon eher zuzutreffen, wenn sie sagt, dass den Menschen die Wurzeln fehlten. Diese Beobachtung können wir bei uns selbst machen. Wir haben keine Wurzeln.

Das heißt zum einen, dass wir in einem gewissen Sinn tun und uns bewegen können, wie und wohin wir wollen.

Zum anderen heißt das aber auch, dass es keinen Ort gibt, wo wir uns richtig festsetzen, festverwurzeln können. Wir machen neue Erfahrungen, bei denen wir nicht immer wissen, wie wir reagieren sollen. Wir müssen uns von Menschen verabschieden. Wir ändern unsere Einstellungen; Lebensperspektiven verändern sich durch bestimmte Umstände. Eindrucksvoll beschreiben schon die ersten Kapitel der Bibel dieses Leben der Menschen ohne Wurzeln: da werden Adam und Eva aus dem Paradies vertrieben, Noah verlässt die alte Erde, geht in die Arche und Muss nach der Sintflut neu anfangen; der Turmbau von Babel bringt es mit sich, dass am Ende die Menschen "über die ganze Erde" zerstreut werden; Abraham zieht fort aus seinem Heimatland; auf seiner Reise nach Kanaan trennt er sich von seinem Neffen Lot; schließlich wird auch noch seine Nebenfrau Hagar in die Wüste geschickt - Menschen ohne Wurzeln.

Wilhelm Weischedel - ein Philosoph - hat diese Situation und menschliche Gegebenheit einmal als "Abschiedlichkeit", als "abschiedliches Leben" bezeichnet. Gemeint ist damit, dass ein Leben ohne Wurzeln immer wieder Abschiede im Leben mit sich bringt.

Der stärkste und erschütterndste Abschied ist sicherlich der Tod eines lieben und nahen Menschen. Wir müssen uns aber auch verabschieden von Menschen, die wegziehen. Wir müssen uns verabschieden von Orten, von der Heimat, von Lebensabschnitten, wie z.B. der Schul- oder Ausbildungszeit oder dem Berufsleben. Wir müssen uns verabschieden von der Zeit des Kindseins, wenn wir das Elternhaus verlassen. Und Eltern müssen sich von ihren Kindern verabschieden, müssen ihre Kinder aus dem Haus gehen lassen können (was nicht immer einfach ist).

Wäre es in diesen Erfahrungen von der "Abschiedlichkeit" des Lebens nicht vielleicht manchmal gut, "Wurzeln" zu haben? Etwas Bleibendes in den Veränderungen, die ein Abschied mit sich bringt? So etwas wie ein "Geländer der Beständigkeit", an dem man sich festhalten kann? Gibt es so etwas?

- In dem ergreifenden Kinderbuch "Abschied von Rune", das von der Freundschaft zwischen einem Jungen und einem Mädchen erzählt, ertrinkt eines Tages der Junge im See. Ein Trost, den das Mädchen erfährt, ist die Antwort der Mutter auf die Frage des Mädchens "Sehe ich Rune wirklich nie, nie mehr wieder?" Und die Mutter antwortet: "Nein, nie wieder. Aber irgendwie ist er trotzdem nicht ganz fort, denn wenn wir an ihn denken, können wir ihn ja in uns drin sehen."

Da ist es die bleibende und dankbare Erinnerung, die Trost geben und so etwas wie ein Geländer sein kann, an dem man sich festhalten kann beim Abschied nehmen.

- Der evangelische Pastor Heinrich Albertz, der in diesem Jahr gestorben ist, hat einmal im Rückblick auf sein Leben, das von vielen Abschieden gekennzeichnet war, geschrieben: "Es sind die Abschiede, die Wechsel, die scheinbare Ausweglosigkeit, die zu neuem Leben führen."

Vielleicht ist das ein großer Trost beim Abschied nehmen: dass eine Möglichkeit eines "neuen Lebens", eines neuen Anfangs da ist - mit all den neuen, unvorhersehbaren Möglichkeiten.

Es ist die alte Trosterfahrung des jüdischen Volkes: nach dem Aufbruch und dem Abschied aus Ägypten in ein gelobtes, neues Land - Kanaan - zu kommen - mit allen neuen, ungeahnten, unvorhersehbaren Möglichkeiten.

Vielleicht können diese Erfahrungen so etwas wie "Wurzeln" sein für uns; etwas woran wir uns festhalten können - wir, als Menschen, denen die Wurzeln fehlen, wie die Wüstenblume meint.

(17./18.7.1993)

17.SONNTAG IM JAHRESKREIS – LESEJAHR B: ZU JOH 6,1-15

In einer Verfilmung des Lebens Jesu, die ich vor einiger Zeit im Fernsehen sah, wird die wunderbare Brotvermehrung sehr plastisch dargestellt: Jesus hebt in diesem Film einen Korb mit 5 Broten und 2 Fischen hoch zum Himmel, spricht ein Dankgebet und - ein kurzer Blitz - auf einmal liegen viele Brote und Fische in diesem Korb.

Dagegen heißt es im Evangelium - dem von Johannes - ganz wörtlich, dass Jesus die fünf Brote und zwei Fische genommen habe und an die Leute austeilte. Ebenso heißt es bei den anderen drei Evangelisten Matthäus, Markus und Lukas, Jesus habe die Brote gebrochen und sie den Leuten gegeben, bzw. ließ er diese fünf Brote unter den Leuten verteilen. Er hat also nach den Evangelienberichten keinen "Wunderkorb" gehabt, der niemals leer wurde - wie z.B. im Grimmschen Märchen vom treuen Eckart oder in der Erzählung aus dem Alten Testament vom Propheten Elija, der in Sarepta eine Witwe mit einem Krug beschenkte, dem nie Öl und Mehl ausging - sondern Jesus hat das, was da war, geteilt, ausgeteilt.

Schon die frühen Kirchväter im 5.Jahrhundert haben darauf hingewiesen, dass das Wunder dieser Geschichte nicht in der Vermehrung von Brot besteht. Das eigentliche Wunder bestehe darin, dass Menschen anfangen, selbstlos zu teilen.

Ein kleiner Junge macht den Anfang. Er schaut nach, was er dabei hat, kruschtelt in seinen Taschen herum und findet 5 Gerstenbrote und 2 Fische. Die 5 000 Männer (mit ihren Frauen und Kindern) sitzen auf dem Boden und sehen das, dass einer anfängt, was er hat zum Verteilen zu geben. Und plötzlich kam immer mehr Brot zum Vorschein. Vielleicht war es so, dass alle aus ihren Taschen und Beuteln ihre mitgebrachten Sachen hervorholten. Vielleicht.

Aber sind Wunder denn noch Wunder, wenn man sie erklären kann?

In einem Lied von Gerhard Schöne heißt es zu Beginn:

"Du glaubst an keine Wunder mehr, du bist ja so erwachsen.
Zum Fliegen ist der Mensch zu schwer. Nein, in der Muschel rauscht kein Meer. Das sind nur Kinderfaxen.

Du bleibst vor keinem Zirkus stehn. Den Clown kannst du entbehren. Der Fakir mag durchs Feuer gehn. Der Zaubrer mag durch Wände sehn. 's ist alles zu erklären."
Und am Ende: "Die Wundertüte ist nun leer. So nüchtern ist das Leben. Und in der Muschel rauscht das Meer, ein Stern gibt Zeichen von weither, ein Engel regelt den Verkehr, der Clown tanzt mit dem Zottelbär und Wunder mehr und Wunder mehr... Und du stehst blind daneben!"

Natürlich lässt sich erklären, wie das z.B. mit dem Wunder der Berliner Maueröffnung war: irgendwelche Informationen aus dem Zentralkomitee wurden weitergegeben, die nicht hätten weitergegeben werden dürfen, irgendwelche Militärs haben einen Schießbefehl ignoriert...

Natürlich lassen sich z.B. Heilungen an den verschiedenen Wallfahrtsorten irgendwie naturwissenschaftlich-psychologisch erklären.

Wunder lassen sich erklären. Es werden dabei keine "Naturgesetze" außer Kraft gesetzt. Auch greift Gott nicht "direkt" oder "korrigierend" in seine -etwas aus den Fugen geratene - Schöpfung ein.

Es lässt sich alles erklären.

Aber es scheint noch etwas an den Wundern zu geben, was nicht erklärt werden kann. Man kann den Wundern wohl auch gar nicht gerecht werden, wenn man an sie herangeht, wie ein Naturwissenschaftler oder Forscher, der allem auf den Grund gehen und alles erklären will; der z.B. alle Einzelteile einer Sonnenblume aufzählen kann, den Aufbau der Zellen und die Nährstoffaufnahme durch die Wurzeln, die Wirkung der Sonnenstrahlen auf das Wachstum erklären kann. Der aber blind daneben steht und das Wunderbare der Erscheinung dieser Pflanze nicht mehr sieht.

Nur wer einen Blick des Staunens hat, kann Wunder um sich herum sehen. Staunen ist der Beginn des Glaubens. Und so hat auch die christliche Tradition sinngemäß formuliert, dass man Wundern nur gerecht werden kann, wenn man sie mit den Augen des Glaubens und des Staunens sieht. Wunder kann nur der sehen, der staunen und glauben kann.

Der Menschenmenge mit den 5.000 Männern am See Genezareth ist das schon schwer gefallen. Nachdem Jesus sich auf einen Berg wieder allein zurückgezogen hat, wird im Johannesevangelium später erzählt, habe die Menschenmenge Jesus gesucht. Als sie ihn findet, fragt sie Jesus: "Welches Zeichen tust du, damit wir es sehen und dir glauben?"
Da haben sie einen Tag vorher ein Wunder - ein Zeichen - gesehen, und haben scheinbar doch nichts gesehen.

Jesus bezeichnet diese Menschen als solche, die sehen und doch nicht sehen.

"Kommt und seht die Taten Gottes! Staunenswert sind sein Tun und seine Werke!" heißt es in einem Psalm.

Staunenswert: das ist das Gras, das sich unterm Schnee bewegt - die Rose, die sich langsam entfaltet - die Sterne, die zur richtigen Zeit ihre Bahnen ziehen - die Wälder, die lautlos aus- und einatmen - die Vogelschwärme, die pünktlich davonfliegen.

Wer mit staunenden Augen, Augen der Dankbarkeit und des Beschenkt seins sieht, der wird mit Wundern gefüllte Körbe mit sich tragen.

(27.7.1997)

18.*Sonntag im Jahreskreis – (Gedanken) Lesejahr B: zu Joh 6,24-35*

Als ich vor vielen Jahren in der Jugendarbeit im Bezirk Limburg engagiert war, bereiteten wir ein Wochenende zum Thema "Christsein im Alltag" vor. Die Frage stand im Raum: was können wir als Christen denn tun "mitten in der Welt"? Als wir daraufhin in den Evangelien nachschauten, ob es da denn von Jesus genaue Handlungsanweisungen gebe, was zu tun sei, fiel uns auf, dass es da nur sehr wenig Konkretes gibt. Vielleicht haben sich die Leute zur Zeit Jesu nicht so recht getraut ihn zu fragen, was denn zu tun sei, um ein "gutes Leben" zu führen. Auf jeden Fall wird in den Evangelien nur fünfmal die Frage gestellt, was denn zu tun sei. Unter anderem (Mk 10,17 u. Lk3,10.12.14) auch im heutigen Sonntagsevangelium. Da heißt es: "Was müssen wir tun, um die Werke Gottes zu vollbringen?"

Diese Frage scheint mir heutzutage genauso drängend zu sein; nicht nur in diesen Tagen, an denen die Ozonbelastung der Luft so hoch ist, dass Kinder draußen nicht spielen sollen. Was können, was müssen wir (da) tun?

Eine Antwort darauf, die über 2.500 Jahre alt ist, steht im Buch des Propheten Micha (6,8): "Es ist dir gesagt worden, Mensch, was gut ist und was der Herr von dir erwartet: Nichts anderes als dies: Recht tun, Güte und Treue lieben, in Ehrfurcht den Weg gehen mit deinem Gott."

Ich wünsche uns, dass wir mithilfe dieser Antwort leben und handeln können.

(31.7.1994)

19.*Sonntag im Jahreskreis – (Gedanken) Lesejahr B: zu Joh 6,41-51*

"In jener Zeit murrten die Juden gegen Jesus" - so beginnt das heutige Evangelium. Lassen wir einmal dahingestellt, warum die Juden gegen Jesus murrten und sich über ihn aufregten. Könnten wir uns vorstellen, gegen Jesus, gar gegen Gott selbst zu murren? Könnten wir uns vorstellen, ärgerlich oder wütend über Gott zu sein - aus welchen Gründen auch immer? Ist es denn "erlaubt", wütend und zornig auf Gott zu sein, der doch ein "Freund des Lebens"(Weish 11,26) und als einziges Wesen "gut" (Mk 10,18) ist?

Jedoch sahen das schon die Menschen, die die Psalmen im Alten Testament formulierten und niederschrieben nicht ganz so eng. Sie hatten teilweise sogar einen gehörigen "Brass" auf Gott. Formulierungen wie "Herr, wie lange säumst du noch?"(Ps 6,4), "Wach auf, du mein Gott!"(Ps 7,7), "Warum verbirgst du dich in Zeiten der Not?"(Ps 10,1) oder "Mein Gott, ich rufe bei Tag, doch du gibst keine Antwort." (Ps 22,3) lassen das nur erahnen.

Von der Erfahrung her wissen wir, wie gut es tut, seinem Ärger und Zorn freien Lauf lassen zu können und ihn nicht für sich zu behalten. Es Gott gegenüber zu tun, scheint etwas fremd.

Der Grund, warum es die Psalmbeter taten und tun konnten, war, dass sie sich trotz allem auf diesen Gott verlassen konnten. Die zornigen und bitteren Anklagen gegen Gott waren nicht bösartiger Natur. Sie waren und sind vielmehr getragen von einem größeren Vertrauen auf diesen Gott, dass alles gut wird. So enden denn auch fast alle Psalmen, so bitter und zornig sie auch angefangen haben, immer mit einem Ausdruck dieses Vertrauens und Wohlwollens: "Der Herr nimmt mein Beten an."(Ps 6,10), "Der Herr ist gerecht" (Ps 7,18), "Du verschaffst Recht" (Ps 10,18) oder "Er hat das Werk getan" (Ps 22,32). Dass wir ein wenig dieses Wohlwollen und Vertrauen, dass alles gut werden kann, haben, wünsche ich uns für die kommende Woche.

(7.8.1994)

20.SONNTAG IM JAHRESKREIS – (GEDANKEN) LESEJAHR B: ZU JOH 6,51-58

"Für das Leben der Welt!" - das klingt wie ein Werbespruch einer Partei oder einer Umweltschutzorganisation. Das klingt nach einer politischen Forderung wie "Für mehr Gerechtigkeit!" oder "Für die Freilassung aller politischen Gefangenen!" oder "Für die Einführung eines Tempolimits auf deutschen Autobahnen!"
"Für das Leben der Welt!" - dieser Satz, bei dem so vieles anklingt, steht im heutigen Sonntagsevangelium (Joh 6,51). Zwar nicht als ausdrückliche politische Forderung, aber in der Weise, dass Jesus dieses "Leben der Welt" wichtig ist.
Es ist schon so eine Frage: was ist denn Leben? Was ist schon Leben - was ist noch Leben? Ist Leben nur das Gegenteil von Tod? Dann wäre die Frage, ob z.B. die Menschen aus Ruanda - verfolgt, geängstigt und ständig mit dem Tod bedroht - wirklich "leben".
Wir sprechen dann gerne von "menschenwürdigem Leben" oder "Leben in menschenwürdigen Verhältnissen". Dies drückt die bittere Tatsache aus, dass Leben nicht selbstverständlich "menschenwürdig" - was immer das auch heißen mag - ist. Es drückt die Tatsache aus, dass es oft nicht direkt an uns selbst hängt, wie unser Leben aussieht. Von außen kommen Zwänge und Druck dazu, - nicht immer vorhersehbare - Einflüsse, usw. "Gelebt werden" ist das dann und nicht mehr Leben.
Ich wünsche uns, dass wir erkennen können, wo wir gelebt werden und wo wir die Möglichkeit haben, bewusst sagen und dafür einstehen zu können: für das Leben der Welt!

(14.8.1994)

20.SONNTAG IM JAHRESKREIS – LESEJAHR C: ZU LK 12,49-53

Auf die Frage "Was heißt Leben? Was ist Leben?" haben die Menschen im Laufe ihrer Geschichte nie eine eindeutige Antwort finden können. Das chinesische Denken 400 v.Chr. geht so davon aus, dass Leben aus zwei Prinzipien - dem sogenannten Yin und Yang - besteht: Leben ist etwas Sanftes, Ruhiges, aber zugleich auch etwas Hartes und Unruhestiftendes. Die römische Philosophie hat 200 Jahre später von "Vita activa et

Auf faszinierende Art und Weise hat Fjodor M. Dostojewski in seinem Buch "Die Brüder Karamassow" die Unerträglichkeit der Worte Jesu beschrieben. Er erzählt darin die Legende, als Jesus erneut auf die Erde kommt. Seine Art und seine Worte werden so unerträglich für die Bischöfe, dass sie ihn ins Gefängnis werfen lassen und ihm dort sinngemäß sagen: "Wärst du doch nicht wiedergekommen - es hat hier alles so gut ohne dich geklappt."

Vielleicht vergessen wir manchmal, wie unerträglich und unzumutbar oft das ist, was Jesus tat und sagte.

Ich wünsche uns, dass wir das Zündende und Aufrüttelnde an seinen wahren Worten nicht vergessen.

(21.8.1994)

21. SONNTAG IM JAHRESKREIS – LESEJAHR C: ZU LK 13, 22-30

Schlechte Nachrichten, die da eben im Evangelium vorgelesen wurden; könnte man meinen.

Eine enge Tür, durch die viele nicht durchpassen; eine Tür, die verschlossen bleibt; ein Hausherr, der Leute wieder wegschickt und sagt "weg von hier!"; Heulen und Zähneknirschen.

Ganz schön schlechte und beunruhigende Nachrichten. Dabei war es doch das Evangelium, das der Pfarrer da eben vorgelesen hat und Evangelium heißt ja übersetzt "gute Nachricht". Ja, wo bleibt denn da die gute Nachricht? Oder sollen etwa diese schlechten Nachrichten eine gute Nachricht sein?

Die Nachricht Jesu, die wir eben gehört haben, handelt vom "Reich Gottes".

Reich Gottes - das ist ein schwieriges, vielleicht unverständliches Wort, mit dem wir wohl so recht und eindeutig nichts anzufangen wissen.

Vieles Verschiedene ist damit verbunden, und Verschiedenes verbindet jede und jeder von Ihnen vielleicht damit.

Die eine denkt bei Reich Gottes vielleicht an eine absolut gerechte Gesellschaftsordnung hier auf der Erde. Ein anderer verbindet damit vielleicht so etwas, was nach dem Tod kommt: ein Reich des Lichtes und Glanzes, mit Engeln...

Auf jeden Fall: wir wissen nichts so richtig und eindeutig mit diesem Wort vom "Reich Gottes" anzufangen. Es scheint nichts mit uns und unserem Leben zu tun zu haben.

Und überhaupt tun wir uns ja schwer damit , oder ist all das unangenehm für uns, was uns irgendwie an die Grenzen und Begrenztheiten unseres Lebens erinnert: Tod, was kommt nach dem Tod?, jüngstes Gericht, und auch das Wort vom Reich Gottes. All diese Worte erinnern uns an unsere Grenzen und vielleicht schieben wir sie deswegen gerne weg, denken nicht gerne an sie und so bleiben sie für uns unverständlich. Ähnlich wie das Wort vom Reich Gottes.

Dabei spielt das Wort vom Reich Gottes bei Jesus eine ganz zentrale Rolle. Sonntag für Sonntag hören wir indirekt im Evangelium davon, was dieses Reich Gottes ausmacht.

Der erste Satz, den Jesus überhaupt spricht, im ältesten, dem Markus-Evangelium, lautet: "Das Reich Gottes ist nahe!"

Alles, was Jesus getan hat und tut, das, was wir Sonntag für Sonntag im Evangelium hören, hat etwas mit diesem Reich Gottes zu tun.

Und wo wir so handeln wie Jesus, in seinem Sinn, in seinem Geist, da "ist" in gewisser Weise Reich Gottes.

Aber, da wir nie die fertigen Menschen sind, sondern immer noch unsere Fehler haben, ist dieses Reich Gottes nie ganz da. Es ist zwar schon da, ist schon gegenwärtig in dem, was wir im Geist Jesu tun, aber es ist noch nicht ganz da, es steht noch etwas aus.

Diese Spannung zwischen der Gegenwart des Reiches Gottes und dem Zukünftigen, dem, was noch aussteht, spricht Jesus auch im heutigen Evangelium an:

Jesus sagt; "Bemüht euch, kämpft, lasst nicht locker! durch die enge Tür zu kommen. Tut jetzt etwas dafür! Eine Aufforderung, die heute gilt.

Und da ist andererseits von einem zukünftigen Festmahl die Rede; etwas, das noch aussteht: "Menschen werden aus allen Himmelsrichtungen zusammenkommen."

Reich Gottes ist da, wo wir im Geist Jesu handeln. So hatte ich gesagt. Im Geist Jesu handeln - da fällt uns vielleicht ein: Nächstenliebe üben, nicht stehlen, nicht lügen, usw. All das wird aber im heutigen Evangelium nicht genannt. Andere Merkmale werden da genannt.

Da heißt es zunächst einmal - in einem schlechten Sinn - beunruhigend, dass Erste Letzte sein werden.

Erste, Menschen, die meinen, sie sind's, sie, die meinen, sie kämen schon automatisch ins Reich Gottes, die meinen, sie handelten im Sinne des Reiches Gottes, die selbstgerecht handeln, die Titelträger - die werden ganz schön dumm gucken. So geht's nicht! Was gibt es aber positiv zu sagen?

Das Reich Gottes verlangt eine gewisse Selbständigkeit. Das ist mit dem Bild von der engen Tür gemeint. Wenn wir uns eine enge Tür vorstellen, dann können da nicht fünf oder sechs Leute auf einmal durch. Da muss man sich schon alleine durchzwängen. D.h. es kommt auf mich an, auf meine Meinung und mein Denken; nicht auf das der anderen, auf das, was man so denkt, was man so sagt und was man so macht. Eine gewisse Unabhängigkeit davon ist angesagt.

Und das Bild von der engen Tür meint noch ein Zweites.

Man muss sich manchmal ganz schön bücken, ganz schön klein machen, um durch eine enge Tür zu kommen.

Klein machen, das kann übersetzt heißen, mich selbst und meine Meinungen nicht so wichtig zu nehmen. Zu meinen, nur meine eigene Meinung sei es, auf die es ankommt.

Es gibt da eine schöne Geschichte von dem verstorbenen Papst Johannes XXIII.. Zu diesem kam einmal ein neuernannter Bischof. Und der beklagte sich, wie schwer doch dieses Amt des Bischofs sei. Da müsste was gemacht werden, da müsste er sich drum kümmern, und da und da noch seine Meinung zu sagen. Und Johannes XXIII. meinte zu ihm, das sei ihm auch so gegangen, als er Papst geworden sei. Auch da hätte er gemeint, sich um alles kümmern zu müssen, überall hätte er seine Meinung sagen müssen, auf seine Meinung wäre es drauf angekommen. Aber eines Tages sei ihm im Traum sein

Schutzengel erschienen und der hätte ihm ins Ohr geraunt: "Johannes, nimm dich nicht so wichtig!"

Sich nicht so wichtig nehmen.

Und Ausdauer ist gefragt. Jesus sagt: Kämpft, bemüht euch, lasst nicht locker, bleibt dran! Ausdauer, Ausharren, nicht Aufgeben, nicht Lockerlassen, langer Atem, Durchhalten, aber auch Fragen und Bohren und konfliktbereit sein, die Auseinandersetzung nicht scheuen.

Und das wichtigste Kriterium und Merkmal, das Jesus wohl im Evangelium nennt, ist die Gerechtigkeit. Von denen, die draußen stehen, vor der Tür, heißt es: ihr habt Unrecht getan, ihr seid Täter der Ungerechtigkeit.

Vielleicht habe ich jetzt mehr Fragen bei Ihnen aufgeworfen, als Antworten gegeben. Aber, so hat es einmal Morris L. West formuliert: Glaube ist die "Bereitschaft, sich auf Rätsel einzulassen". Und nur die Rätsel, die Fragen bringen uns weiter. Antworten sind etwas Abgeschlossenes, Fertiges. Vielleicht kann ich aber eine kleine Antwort mitgeben.

Da erzählt Jesus von dem Bild, dass Menschen kommen werden, von Osten und Westen, von Norden und Süden, um am Tisch Gottes zu sitzen. Welche Menschen das sind, wird nicht genannt. Aber auch Zeilsheim liegt in einer dieser vier Himmelsrichtungen. Eine gute Nachricht.

(22./23.8.1992)

23. SONNTAG IM JAHRESKREIS – LESEJAHR A: ZU MT 18,15-20

Ein Loblied auf die Gemeinde und die Wirksamkeit und Stärke einer Gemeinschaft scheint da im heutigen Evangelium besungen worden zu sein: da ist von der Gewalt der Gemeinde zu binden und zu lösen die Rede, gemeinsam ausgesprochene Bitten werden erhört werden, und schließlich: wo zwei oder drei im Namen Gottes zusammen sind, da ist er gegenwärtig.

Das klingt doch recht schön und eingängig; so nach dem Motto "Gemeinsam sind wir stark!"

In diese Harmonie und Einigkeit will aber gar nicht so richtig passen, was zu Beginn des Evangeliums zu hören war: da war die Rede von einem nicht näher bekannten Streit oder einer Uneinigkeit zwischen zwei Menschen. Nach drei Schlichtungsversuchen endet dieser Streit so, dass der Verursacher des Streites als "Heide und Zöllner" verdammt wird. Mit ihm will man nichts mehr zu tun haben! Die Geduld mit ihm ist zu Ende! Aus und vorbei! Er kann auf keine Unterstützung von Seiten der Gemeinschaft mehr hoffen; es gibt keine Harmonie mehr mit ihm!

Das klingt doch recht hart: "Dann sei er für dich wie ein Heide und ein Zöllner!" - also wie einer, der nicht mehr dazugehört. Da kommt eine gewisse Spannung, ein Unbehagen und Unverständnis auf.

Der Ausgangspunkt dieser letztendlichen Verdammung (wie ein Heide und Zöllner zu sein) klingt recht lapidar und unscheinbar. Da heißt es im Evangelium: "Wenn dein Bruder gegen dich sündigt." D.h. einer aus der Gemeinschaft, in der du lebst - sei es die

Kirchengemeinde oder Zivilgemeinde, oder der Staat als sogenanntes Gemeinwohl; oder sogar die Eine Welt als Gemeinde (wir merken ja nicht nur an dem Kaffee aus Costa Rica, Mexiko oder Nicaragua, den wir trinken, wie sehr wir als Welt zusammengehören und voneinander abhängig sind). Wenn also einer aus der Gemeinschaft sündigt. Was könnte das heißen?

Ich möchte jetzt keinen Vortrag darüber halten, was "Sünde" heißt und wie sie von kirchlicher Seite her verstanden wird. Ich möchte vielmehr ein kleines Beispiel aus dem täglichen, gemeinschaftlichen Zusammenleben erzählen: eine Menschenschlange vor einer Kasse (mag es eine Schlange vor einer Kasse sein, wo Popkonzertkarten verkauft werden und die sogenannte "Fangemeinde" steht vor der Kasse; oder mag es eine Schlange in einem Supermarkt sein). Und da - drängelt sich auf einmal einer in die Schlange hinein; "eine Unverschämtheit!", empörtes Aufschreien, "was fällt dem den ein!", vielleicht fallen auch Schimpfwörter, auf jeden Fall ärgert man sich und wird wütend.

Kaum einer käme wohl auf die Idee, denjenigen, der sich da vorgedrängt hat, erst einmal zur Seite zu nehmen, ihn unter vier Augen zurechtzuweisen, so dass es die anderen nicht mitbekommen; dann, wenn dies nichts fruchtet, die Sache noch einmal mit zwei oder drei anderen zu besprechen, um schließlich vor der Menschenschlange das Vordrängen zur Sprache zu bringen und zu klären.

Ich nehme an, dass es so in der Regel nicht abläuft, und es klingt auch recht lächerlich.

Aber: der zunächst so scharf klingende Satz aus dem Evangelium "der sei wie ein Zöllner und Heide" scheint nun doch weniger scharf zu klingen. Wir sind wohl versucht - um beim Beispiel mit dem Vordrängen zu bleiben - gleich nach der "Sünde" (dem Vordrängen), den anderen zum "Zöllner und Heiden" zu erklären. In der Regel werden wir es kaum so halten, wie es das Evangelium empfiehlt: erst zur Seite zu nehmen und die Sache unter vier Augen zu klären; dann mit zwei oder drei anderen die Sache zu besprechen um sie dann öffentlich zu machen.

Vielleicht geht es hier ja weniger um den, der etwas "Sündiges" oder Falsches macht, sondern mehr um den, der davon betroffen ist (das heißt denjenigen, der in der Schlange steht).

Vielleicht käme es ja darauf an, keine negativen Gefühle gleich gegen diesen "Vordrängler" zu haben und zu sagen "der oder die ist schuld" und ihn so wie einen Heiden oder Zöllner zu behandeln, sondern die Dinge erst einmal mit Abstand zu betrachten.

Vielleicht käme es darauf an, wenn ich negative Gefühle gegen jemand habe, erst einmal selbst, wie es im Evangelium heißt, zu demjenigen hinzugehen.

Vielleicht gäbe es dann weniger Zöllner und Heiden.

Vielleicht wäre das die wirkliche Stärke und Wirksamkeit einer Gemeinschaft.

(5.9.1993)

*

Ich stelle mir vor, dass ich der Taubstumme wäre, von dem im Evangelium die Rede ist. Wahrscheinlich hätte ich Ihnen dann nichts zu sagen. Weil ich nichts hörte, würde ich die Welt nicht mehr verstehen. Weil ich taub wäre, könnte ich nicht richtig reden. Was heißt denn eigentlich Taubheit?

Normalerweise denken wir dabei an die Taubheit der Ohren. Dass einer mit seinen Ohren keine Geräusche mehr aufnehmen kann. Und doch ist es manchmal so - diese Erfahrung mache ich -, dass gerade taube Menschen gut "hören" können. Sie lesen an den Lippen ab, an einer Geste, an einem Gesichtsausdruck, was der andere sagen will. Manche taube Menschen verstehen mehr, als wir mit unseren gesunden Ohren.

Es gibt in der Alltagssprache den Ausdruck, dass meine Hand taub ist. Wenn einem die Hand "eingeschlafen" ist - vielleicht morgens nach dem Aufstehen - sagen wir auch: meine Hand ist taub. Damit ist das Gefühl angesprochen. Doch ist es nicht nur das körperliche Gefühl, das taub sein kann. Ich kann auch taub gegenüber Menschen aus meiner näheren Umgebung sein. Wenn ich anderen gegenüber nichts mehr empfinde, unempfindlich geworden bin, dann bin ich ihnen gegenüber taub. Doch nicht nur unser Gefühl kann taub sein. Auch im Denken können wir taub werden. Wie oft höre ich den Satz - auch bei mir - :"Daran will ich jetzt nicht denken!" Wenn irgendwo Probleme auftauchen - vielleicht in der Familie oder bei Freunden - dann neige ich oft dazu, diese zu verdrängen und zu sagen: "Daran kann und will ich jetzt nicht denken!" Also können auch unser Denken, unser Gehirn taub sein.

Und - taub können wir gemacht werden und taub können wir uns machen. Wir werden nicht nur taub gemacht, bzw. betäubt, wenn wir vor einer Operation eine Spritze verabreicht bekommen. Taub gemacht werden wir auch, wenn andere Menschen uns meiden, nichts mehr mit uns reden, so dass es nichts zu hören gibt.

Und taub können wir uns machen. Wir können uns selbst betäuben. Gerade in Frankfurt kennen wir das Problem der Drogen. Menschen betäuben sich selbst mit Drogen, weil sie mit ihrem Leben und seinen Problemen nicht mehr zurecht kommen. Und da stellt sich die Frage: Ist das nicht verständlich? Ist es nicht bequemer, sich abzuschotten vor allen Problemen und Dingen, die auf einen einstürzen? Wenn ich jeden Tag die Nachrichten über Jugoslawien höre mit immer neuen Meldungen über getötete Menschen: das alles geht doch irgendwo auch an mir vorbei. Höre ich da noch richtig hin? Kann ich da noch hinhören? Jeden Tag so viele neue Nachrichten und Dinge...

Vielleicht ging es dem Taubstummen, von dem im Evangelium die Rede ist, ähnlich. Vielleicht war die Menge, von der die Rede ist, dass sie den Taubstummen zu Jesus bringt, seine Verwandtschaft, seine Familie, seine Freunde. Und diese Menschen gingen dem Taubstummen einfach auf die Nerven, auf den Geist. Er konnte sie nicht mehr hören und er machte sich taub. Und Jesus reagiert entsprechend. Er heilt den Taubstummen nicht vor dieser Menge, die der Taubstumme nicht mehr hören konnte. Sondern er nimmt ihn weg von der Menge, an einen irgendeinen stillen Ort. Und in dieser Zweisamkeit mit Jesus kann der Taubstumme wieder hören.

Oft geht es mir so, dass, wenn ich mit einem, einer zu zweit zusammen bin, mir das Herz aufgeht, ich etwas neu verstehe, neu höre.

Es gibt einen Film, bzw. eine Verfilmung einer Rockoper, die etwas Ähnliches zeigt. Diese Oper von der Rockgruppe "The Who" heißt "Tommy". Sie handelt von einem Jungen, der sich nach einem Streit seiner Eltern von seiner Umwelt abschottet. Er wird taub, stumm und blind. Und der Film erzählt die Geschichte, wie dieser Junge langsam wieder lernt zu reden ,zu hören und zu sehen. Und zwar, indem ein anderer Mensch ihm sein Vertrauen schenkt. Da kommt jemand, der ihm seine Hand auflegt, ihn berührt und er kann langsam wieder hören, reden und sehen.

Am Ende des Evangeliums heißt es, dass die Menge gesagt habe: "Er hat alles gut gemacht." Jesus hat alles gut gemacht, Gott hat alles gut gemacht. Das erinnert an den Anfang der Bibel, wo es nach der Erschaffung der Welt heißt: "Siehe die Erde war gut, sie war sehr gut."

Unsere Welt ist gut, wenn Taube wieder hören und Stumme wieder sprechen. Jesus hat uns gezeigt, dass Taube wieder hören und Stumme wieder reden sollen. Und wenn Taube hören und Stumme reden, dann ist "alles gut gemacht!"

(7./8.9.1991)

27. Sonntag im Jahreskreis (Erntedankfest) – Lesejahr A: Zu Mt 21,33-44

Ist dieser Gutsbesitzer nicht eine unmögliche und naive Person? Da verpachtet er seinen Weinberg ohne alle Rechtsgarantien bei seiner Auswanderung an unzuverlässige Pächter. Einen Knecht nach dem anderen lässt er von diesen schamlosen Gesellen umbringen, ohne die Vergeblichkeit seines Systems zu bemerken. Schließlich opfert er noch seinen einzigen Sohn und auf einmal spielt er seine Macht aus und bereitet diesen Winzern ein böses Ende.

Und sind nicht auch diese Pächter unmögliche Erscheinungen, die sich in den unsinnigsten Provokationen überbieten und bei der Ermordung des Sohnes eine Rechnung aufstellen, die nicht aufgehen kann?

All das macht nur Sinn, wenn der Weingutsbesitzer Gott ist.

Und dann beschreibt dieses Gleichnis zum einen eine geschichtliche Erfahrung: viele Propheten, Gottesboten, Knechte Gottes hat Gott in der langen Geschichte des Volkes Israel geschickt, um gute Früchte hervorzubringen. Die sind entweder in die Wüste geschickt oder umgebracht worden. Und schließlich ist Gottes Sohn - Jesus - selbst ermordet worden.

Damit wären <u>wir</u> heute fein 'raus.

Zum anderen stellt dieses Gleichnis aber auch zwei verschiedene Arten von Winzern vor: "solche Winzer" (die so scheinbar unmöglich und provokativ handeln) und "andere Winzer", die die Früchte abliefern, wenn es Zeit ist.

Und dann sind wir mittendrin:

Denn diese zwei Sorten von Winzern stellen eine Art Grundfrage.

Der Weinberg ist in der Sprache der Bibel ein feststehendes Bild für alles, was Gott als Eigentum gehört. Und die Grundfrage lautet dann, ob wir mit den ersten - "solchen" - Winzern unser Leben als unser eigen betrachten. Oder ob wir mit den anderen

Winzern unser Leben als uns anvertraut, als Geschenk ansehen. Sehen wir unser Leben mit allem, was es ausmacht, als einen Weinberg, der uns nicht gehört und den wir nur gepachtet haben und der uns anvertraut ist? Oder versteigen wir uns als eigentliche Pächter in Besitzer und Macher?

Anders gefragt und mit dem anderen Bild, das Jesus eben gebraucht hat: Auf welchem Eckstein gründet unser Lebensgebäude? Haben wir womöglich den notwendigen Stein weggeworfen und einen Eckstein gewählt, der unser Lebensgebäude irgendwann zum Einstürzen bringt?

Haben oder Sein?

Vor kurzem hörte ich von einem, der meinte: alles Unglück auf der Erde fange mit dem Satz an "Das gehört mir!"

Wie kann der Eckstein aussehen, der unserem Lebensgebäude festen Halt gibt? Ja, wie kann der Eckstein aussehen, der unserem Weltgebäude festen Halt gibt, und uns Menschen wieder dazu bringt, was bei der Erschaffung der Erde dem Menschen gesagt wurde: über die Erde zu herrschen und sie sich zu unterwerfen heißt, Sachwalter und Haushalter Gottes auf der Erde zu sein. Das ihm Anvertraute zu behüten.

In dem Roman des Literaturnobelpreisträgers Alexander Solschenizyn "Ein Tag im Leben des Iwan Denissowitsch" scheint meiner Ansicht nach ein solcher Eckstein versteckt zu sein.

Beschrieben wird ein wahllos herausgegriffener Tag im Januar 1951. Im Mittelpunkt steht der ehemalige Zimmermann Iwan Denissowitsch Suchow, seit 8 Jahren Häftling Nr. S 854 eines stalinistischen Arbeitslagers. Die Ereignisse dieses einen Tages werden vom Wecken bis zum Schlafengehen geschildert. Und die einzige Aufgabe, die sich Iwan Denissowitsch stellt, ist zu überleben und seine Würde als Mensch zu bewahren. Dadurch wird er sogar fähig, diesen einen Tag als einen guten Tag zu sehen. Am Ende dieses Tages blickt er zurück: "Er war dem Arrest entgangen, seine Brigade hatte nicht zur Sozkolonie gemußt, mittags hatte er sich einen Extrabrei organisiert, das Mauern war ihm von der Hand gegangen, beim Filzen hatten sie ihn nicht mit dem Sägeblatt erwischt, er hatte sich bei Cesar' etwas verdient und Tabak gekauft. Und er war nicht krank geworden, hatte sich wieder erholt. Der Tag war vergangen, durch nichts getrübt, fast glücklich."

Es scheint kaum glaublich, einen Tag im stalinistischen Arbeitslager als glücklich zu bezeichnen. Doch die Augen von Iwan Denissowitsch scheinen mehr zu sehen. Es scheint die Haltung zu sein, mit der er diesen Tag erlebt hat, der Blick, mit dem er diesen Tag angesehen hat, der diesen Tag glücklich sein lässt. Es scheint ein Blick von Dankbarkeit zu sein für diesen Tag, den er gelebt hat.

Während Exerzitien habe ich einen Tag lang einmal versucht, mit diesem Blick des Iwan Denissowitsch Suchow den Tag zu erleben. Ich sah die Sonne, die wärmt, ich hörte den Brunnen, der gluckerte, ich sah die Berge am Horizont, das Rauschen der Blätter, den blauen Himmel, das gute Gespräch am Morgen, das frische Brötchen mit Honig, den guten Schlaf, usw. Ich erinnerte mich daran, wie wenig selbstverständlich es ist, in einem Bett zu schlafen, mir die Zähne putzen zu können, einen Raum mit Zentralheizung zu haben, Schuhe an den Füßen, Augen, die sehen, Ohren, die hören.

Für den heiligen Ignatius von Loyola war die größte Sünde des Menschen die Undankbarkeit.

Vielleicht geht es darum, wenn wir heute das Erntedankfest feiern: aus einer Haltung der Dankbarkeit und des Verdankt seins heraus zu leben. Aufmerksam zu werden auf die Boten Gottes, die Knechte Gottes, von denen das Evangelium spricht,: auf all diese Dinge, für die wir dankbar sein können; und die für jeden Menschen anders aussehen. Eine solche Haltung des Verdankt seins könnte vielleicht der Eckstein sein, auf dem wir unser Lebensgebäude bauen können. Das könnte die Frucht sein, die unseren Weinberg gut gedeihen lässt.

(6.10.96)

27.Sonntag im Jahreskreis (Erntedankfest) – Lesejahr C: zu 2 Tim 1,6-8.13-14

Sich regen bringt Segen!" - ein altes Sprichwort, das gerne leichthin gesagt wird, wenn einer faul in der Ecke herumlungert oder eine/r partout nichts arbeiten will. Dann bringen wir mit diesem Sprichwort indirekt zum Ausdruck: Du könntest ja auch wieder mal etwas tun!

Trotzdem - dieses Sprichwort "Sich regen bringt Segen!" fiel mir ein, als ich an das Erntedankfest dachte, das wir an diesem Wochenende feiern. "Sich regen" ist ja die erste Voraussetzung dafür, dass es etwas zu ernten gibt (dafür, dass die Früchte am Altar hier vorne liegen). Nur wo einer ein Feld beackert, pflügt, etwas sät, kurz: wo einer ein Feld bestellt, da sind die Voraussetzungen gut für einen entsprechenden Ernte-Segen. Da, wo einer sich regt, kann etwas Gutes auf seinen Feldern gedeihen.

Sie merken vielleicht, dass es beim Erntedankfest nicht nur um die Felder mit Mais, Weizen, Gerste, Kartoffeln, Dickrüben usw. gehen muss. Es können auch unsere Lebensfelder gemeint sein. Die Felder können also auch bildlich verstanden werden.

Lebensfelder können sein: Gebiete und Orte, wo wir leben und arbeiten; Menschen, für die wir Verantwortung tragen - in unserer näheren Umgebung, aber auch im weiteren Sinn: Menschen, für die sich keiner einsetzen will. Und Lebensfelder können auch die Lebensbedingungen sein, das Feld der gesellschaftlichen Verhältnisse, die wir mit unserer Meinung und unserem Verhalten maßgeblich mitgestalten.

Auf diesen Lebensfeldern soll es nun heißen: sich regen bringt Segen?

Paulus drückt dieses Sprichwort in der heutigen Lesung mit etwas anderen Worten aus. Etwas frei übersetzt sagt er da: "Wo einer verzagt, da kann es keinen Ertrag geben." Wörtlich heißt es: "Gott hat uns nicht einen Geist der Verzagtheit gegeben!" Was Paulus damit meint, ist: wo sich einer von seinen (Lebens-)Feldern zurückzieht, vielleicht aus Furchtsamkeit oder Angst, da handelt er falsch. Dagegen erinnert Paulus an drei "Geräte" oder "Werkzeuge", mit denen wir unsere Lebensfelder beackern sollen. Er nennt als drei "Geräte": Kraft, Liebe und Besonnenheit. Diese drei zusammmen.

Das "Gerät" Kraft, Dynamik, sich in Bewegung zu setzen, Dampf zu machen; dies aber nicht ohne die Liebe, die dieser Kraft das rechte Maß gibt, sonst wirkt die Kraft zerstörerisch. Ebenso auch Besonnenheit, die aus einer vernünftigen Distanz heraus abwägt und nachdenkt.

Wenn wir dann an unsere Lebensfelder denken: haben wir mit diesen drei Geräten Kraft, Liebe und Besonnenheit unsere Lebensfelder in diesem Jahr beackert?

Da mag es Felder in diesem Jahr gegeben haben, wo wir Gutes geerntet haben, Gutes ernten: Für den einen war dies vielleicht eine gut bestandene Prüfung nach einer langen Vorbereitungszeit; vielleicht auch die Tatsache, dass wir das Auto in der Garage haben stehen lassen und stattdessen FVV, Fahrrad oder Füße genutzt haben. Oder der Erfolg, dass ein von Entlassung bedrohter Kollege doch seine Arbeit auf Druck der Kollegen hin behalten durfte.

Felder, auf denen wir Gutes geerntet haben.

Da mag es Felder geben, wo durch Unachtsamkeit, Angst oder Untätigkeit Unkraut gewachsen ist oder eine böse Saat aufgegangen ist. Denken wir hier nicht zuletzt an den schlimmen Fremdenhass in unserem Land (gerade am Tag der deutschen Einheit).

Felder, auf denen Unkraut gewachsen ist.

Und da mag es Felder gegeben haben in diesem Jahr, auf denen das Wetter schlecht war, wo die Bodenverhältnisse schlecht waren: Dinge, auf die wir direkt keinen Einfluss nehmen konnten. Für den einen mag es Krankheit gewesen sein, den einen hat vielleicht das Los der Arbeitslosigkeit betroffen, ein anderer hatte vielleicht einen Tod zu betrauern.

Felder, auf die wir keinen direkten Einfluss nehmen konnten.

Spätestens hier merken wir, dass das Sprichwort "Sich regen bringt Segen" so direkt nicht stimmt. Es gibt nicht den automatischen Segen, der allein von unserer Tätigkeit abhängt. Jedoch ist das Sich Regen unser An-Teil am Segen.

In einem neueren Kirchenlied heißt es: "Segen kann gedeih`n, wo wir alles teilen, schlimmen Schaden heilen, lieben und verzeih`n." So bleibt das Sich regen unser Teil am Segen.

(3./4.10.92)

27. SONNTAG IM JAHRESKREIS (ERNTEDANKFEST) – LESEJAHR C: ZU LK 17,5-10

Seit Jahrzehnten überschwemmt uns eine Welle von Büchern - vor allem aus Amerika - , die in millionenfacher Auflage uns eine einfache Botschaft verkündet: wer nur fest an sich glaubt, der schafft es im Leben. „Denke positiv, dann schaffst du dir deine Probleme vom Hals! Denke Gutes, dann geschieht es!"

Spitzenreiter in dieser Bücherwelle ist nach wie vor das in Deutschland millionenfach aufgelegte Buch von Dale Carnegie „Sorge dich nicht - lebe!"

Und nach einem ersten Blick auf das heutige Evangelium scheinen diese Bücher nur das wiederzugeben, was wir da von Jesus hörten: Euer Glaube muss nur so groß wie ein Senfkorn sein, und schon könnt ihr Berge versetzen, Maulbeerbäume mit ihren langen Wurzeln aus dem Boden reißen. Das kann doch nur heißen: Vertraue nur fest genug, und das Unmögliche wird wahr. Gott kann alles, du musst dich nur auf ihn einlassen.

Aber was ist dann, wenn das nicht klappt? Hängen dann all meine Schwierigkeiten damit zusammen, dass ich nicht genügend glaube? Was ist denn mit all den unerhörten Bitten um Gesundheit, für die Lösung beruflicher Probleme, in schwierigen familiären Situationen? Was ist mit all den nicht gewirkten Wundern, auf die ich gehofft habe?

Ist das dann wieder alles meine Schuld, mein mangelnder Glaube, mein Unglaube, mein falscher Glaube gewesen, wenn Bitten nicht erhört, Wunder nicht gewirkt werden?

Dann passte das ja auch wunderbar zusammen mit dem, was wir uns - nach Jesus - immer wieder sagen sollten: „Wir sind nur unnütze Sklaven!", also: schlecht, zu nichts zu gebrauchen, unwürdig, ungläubig, minderwertig, schwach.

Dabei baten die Apostel doch zu Beginn Jesus darum: „Stärke unseren Glauben! Gib uns mehr Glauben!"

Hört man genauer und bewusster auf dieses Evangelium - und auf den Originaltext und nicht die ungenaue Übersetzung - dann hört man nicht „Wenn euer Glaube so groß wie ein Senfkorn wäre!", sondern: „Wenn ihr Glauben hättet wie ein Senfkorn!"

Glauben wie ein Senfkorn! Das Senfkorn ist das kleinste unter allen Samenkörnern. Aber wenn es gesät ist, wird es bis zu 3 Meter hoch. Der Glaube des Senfkorns ist es: in einem kleinen Anfang etwas Großes zu erwarten und zu erhoffen; und nicht zu sagen: „Ich bin so klein und schwach, aus mir wird nie etwas, ich schaffe es sowieso nicht."

Der Glaube des Senfkorns ist es, darauf zu vertrauen, dass etwas Großes möglich ist; vielleicht auch zu wissen (aus der Erfahrung) , dass etwas Großes aus ihm werden kann. Aber das Senfkorn weiß auch, dass es das nicht alleine kann - nicht nur durch positives Denken und eigene Kraft. Das Senfkorn ist angewiesen auf die Großwetterlage: auf die Erde, in die es gelegt ist, auf die Nährstoffe, auf die richtige Wassermenge, usf.

Glauben wie ein Senfkorn ist sich bewusst, nicht alles selbst in der Hand zu haben.

Das scheint Jesus auch mit seinem zweiten Beispiel von dem Sklaven auszudrücken. Es geht ihm hier nicht um die soziale Ebene und damit dem in der Antike üblichen harten Verhältnis von Herrn und Sklaven. Sondern es geht ihm um die Haltung und Gesinnung, aus der heraus wir leben und wir etwas tun.

Und diese Haltung, die Jesus uns da empfiehlt, mag die gesamte Perspektive unseres Lebens verändern, wenn wir sie denn umsetzen.

Dazu ein kurzes Gedankenspiel:

Was macht uns denn in der Regel ein gutes Gefühl? Wenn uns z.B. jemand sagt: „Du bist ein toller Kerl, eine tolle Frau". Attraktiv zu sein, Applaus zu bekommen, Erfolg zu haben, ein angesehener Mensch zu sein, einen guten Ruf zu haben.

Aber ist das nicht ein Leben in ständiger Abhängigkeit?

Wenn wir uns nur dann gut fühlen, wenn andere uns Komplimente machen und sagen, dass wir toll und o.k. sind; ist das dann nicht auch die Voraussetzung dafür, uns schlecht zu fühlen, sobald über uns jemand sagt, dass wir nicht o.k. und gar nicht toll sind?

Sich sagen zu können: „Unnütze, armselige Sklaven sind wir!" das heißt: unabhängig zu sein von all diesen Komplimenten und von Erfolgen.

„Unnütze, armselige Sklaven sind wir", das heißt nicht, zu sagen:

„Was sind wir doch für tolle Kerle!" und sich ständig auf die Schultern klopfen zu lassen.

Am Ende der Zeiten, so erzählt Jesus einmal, wird der König zu den auf der rechten Seite Stehenden sagen: „Kommt her, ihr Gesegneten. Denn ich war hungrig und ihr habt mir zu essen gegeben, ich war obdachlos und ihr habt mich aufgenommen,..." Und was antworten die Gesegneten? „Wann haben wir das getan? Wann? Das haben wir nicht gewusst?"

Wären sie tolle Kerle, die Gesegneten, hätten sie gesagt: „Stimmt, Herr König, das wissen wir!"

„Unnütze, armselige Sklaven sind wir", das heißt zu sagen:

„Was ist schon Besonderes dabei? Ich habe etwas gegeben und habe etwas bekommen. Ich kam gar nicht auf die Idee, dass ich etwas Gutes getan haben könnte. Meine linke Hand ahnte nicht, was meine rechte tat."

Es ist der Unterschied in der Haltung und in der Gesinnung, den Jesus meint.

Für Gott muss ich mich nicht mit guten Taten eigennützig beweisen.

Es ist für Gott nicht wichtig, dass ich ein respektierter und geschätzter Mensch bin.

Ich muss nicht bei allem, was ich tue, auf die Anerkennung anderer hoffen, den Beifall anderer erzwingen, nach Bestätigung heischen..

Das alles ist nicht nötig.

Was nötig ist, ist Vertrauen und ein Tun und Dienen ohne jeden Beigeschmack von Eigennutz, Herabwürdigung oder Neid.

Ich habe es nicht nötig, dauernd nach fremden Bestätigungen zu suchen; weil ich weiß: so wie Gott mich gemacht hat, ist es gut genug, allemal richtig und in Ordnung.
(3./4.10.1998)

28. Sonntag im Jahreskreis – Lesejahr C: zu Lk 17,11-19

„Wie sagst du der Oma ? ... was sagst du da?"
Oft selbst gehört, oft irgendwo mitgehört, und vielleicht auch oft selbst gesagt.

Die richtige Antwort auf diese Frage, der meist irgendein Geschenk vorausgeht, kann natürlich nur „Danke" lauten.

Ob die Ursprünge dieser weit verbreiteten Art, einem Kind etwas von Dankbarkeit zu vermitteln, in dem eben gehörten Evangelium liegen?

Jesus stellt zwar nicht diese Frage; auch, weil die Betreffenden – die neun „Undankbaren", wie sie manchmal in Theologenkreisen genannt werden – sich aus dem Staub gemacht haben. Aber heraushören könnten wir aus der Verwunderung Jesu: die hätten sich ja wenigstens mal bedanken können!

Und damit könnten wir uns Jesus auch als Art „Verbündeten" heranziehen in Situationen, wo wir es doch so gut gemeint haben; aber die, denen wir gut wollten, so undankbar waren.

Das waren meine ersten Gedanken zu diesem Evangelium. Aber diese Auslegung schien mir dann schon bald nicht so ganz zu passen.

Denn genau wenige Sätze vorher – die hörten wir letzten Sonntag im Evangelium – sprach Jesus von der demütigen Haltung, wie unnütze Sklaven das Bewusstsein zu haben, nur seine Schuldigkeit getan zu haben. Also gerade nicht Dank zu erwarten und darauf zu warten, dass man für eine gute Tat auch als „guter Kerl" anerkannt wird.

So kam ich beim zweiten Lesen dieses Evangeliums von dem Thema „Dankbarkeit" weg. Stattdessen fielen mir eine Reihe von Stichwörtern auf, bei denen ich gerne Halt machen würde. Ähnlich wie Jesus auf seinem Weg nach Jerusalem verschiedenen Situationen und Personen begegnete und anhielt, würde ich gern an diesen Stichworten Halt machen und sie mir etwas näher ansehen.

Ich suche mir zwei davon aus:

> „Jesus zieht durch Grenzgebiet."

Die Rede von Grenzgebieten zieht schon lange durch die Medien, immer neue Flüchtlingsströme. Und in den Grenzgebieten da leben die Flüchtenden, eher „hausen" sie dort; wenn sie Glück haben, haben sie ein Dach über dem Kopf oder kommen gar über eine geöffnete Grenze in neue Perspektiven.

Das Grenzgebiet, durch welches Jesus zieht, war die damals stark spürbare Hinterlassenschaft eines alten Nord-Süd-Konflikts zwischen dem Nordreich Samaria und dem Südreich Juda. Im Jahr 931 v.Chr. zerfiel nach dem Tod König Salomos sein Reich in diese zwei Teile.

Rein und unrein – das war die Einteilung, die daraus entstand. Die Samaritaner, bzw. Samariter waren die Unreinen; alle aber, die den Tempel Jerusalems als Heiligtum anerkannten, waren die Reinen.

Diese Grenze zwischen rein und unrein, diese Klassifizierung erleben wir auch in diesen Tagen: da sind die Guten, und das sind die Bösen. Wenn das so einfach wäre.

Vor aller Klassifizierung, vor allem Einteilen und Grenzen ziehen müsste die Frage stehen: was macht die Reinen rein? was macht den Guten zum Guten? warum wird ein Böser böse? oder eine Frage, die ein Student der New York University wenige Tage nach dem 11.September stellte: „Was haben ‚wir' getan, dass ‚sie' uns so hassen?" Bewusst setzte dieser Student die Klassifizierung „wir" – „sie" in Anführungszeichen.

Jesus zeigt sich am Ende verwundert über die, die sich als „rein" und „gut" sehen. Und wundert sich darüber, dass ein „unreiner" Mann aus Samarien als einziger Gott die Ehre gibt.

Ein zweiter Halt: Die zehn Aussätzigen rufen „Jesus, Meister, hab Erbarmen mit uns!" Eigentlich müssten sie rufen: „Unrein, unrein!" Denn das war der gesetzlich vorgeschriebene Ruf für die Aussätzigen, die am Rand des Dorfes – auch einer Art Grenze – leben mussten.

Dieser Ruf an Jesus „Hab Erbarmen mit uns/ mit mir!" taucht an verschiedenen Stellen im Neuen Testament auf – immer in der Begegnung mit Menschen, die Heilung suchen.

Der Ruf „Jesus hab Erbarmen mit mir!" hat in der Geschichte des geistlichen Lebens eine besondere Bedeutung.

Von einem sogenannten „russischen Pilger" wird erzählt, er habe danach gesucht, richtig zu beten. Er grübelte über die Worte des Apostels Paulus „Betet ohne Unterlass!" nach.

Da kam er zu einem weisen Mann, der ihm zeigte, was das bedeuten könne. Er solle sich still hinsetzen, den Geist aus dem Kopf ins Herz führen und beim Atmen, leise die Lippen bewegend, sprechen: „Herr Jesus, hab Erbarmen mit mir!" Diese Übung solle er am Tag so oft machen, wie ihm möglich.

Mit der Zeit, so wird erzählt, habe der russische Pilger dieses Gebet so verinnerlicht, dass er gar nicht mehr ohne es leben konnte. Indem er es während seiner alltäglichen Aufgaben still innerlich betete, wurde sein ganzes Leben anders. Er war nicht mehr eingenommen, bedrängt und verängstigt von den äußeren Ereignissen. Sondern all diese Ereignisse „erinnerten" ihn gleichsam an die Gegenwart von Jesus Christus.

Mir selbst hilft dieses sogenannte „Jesusgebet", mich in die Nähe von Jesus zu stellen – und damit geht vieles im Alltäglichen gelassener.

Die Hindus kennen in Indien eine ähnliche Gebetsform, die sie dort das „Sich-Erinnern an den Namen" nennen. Mahatma Gandhi war ein eifriger Übender dieser Gebetsform. Er behauptete, in dieser Wiederholung von Gottes Namen stecke mehr Kraft als in der Atombombe. Er glaubte, dass die ständige Wiederholung von Gottes Namen einen Menschen von jeder Krankheit heilen könne.

Womit wir wieder bei den zehn Aussätzigen wären. Der Ruf „Jesus hab Erbarmen mit uns" ist der Beginn ihrer Heilung.

So führt uns dieses Evangelium zu der Frage, wo wir unterscheiden zwischen Gut und Böse, rein und unrein; wie wir unterscheiden, was dem Leben dient, und wo wir in „Todesmächte" verstrickt sind.

Und es führt uns zu der Frage, welche Form des Gebetes unsere ist. Ohne Gebet geht nichts. Der Theologe Karl Rahner schrieb einmal: „Es gibt kein ernsthaftes religiöses Leben, ohne dass der Mensch sich selbst eine Norm und Regel, Übung und Pflicht setzt." (13./14.10.2001)

30.Sonntag im Jahreskreis – Lesejahr B: zu Mk 10,46-52

Die Verleihung des Friedenspreises des deutschen Buchhandels 1997 in der Frankfurter Paulskirche beherrschte die deutsche Medienlandschaft. Wie bei vielen großen Themen gehen die Meinungen stark auseinander in zwei Extremrichtungen und nur wenigen gelingt es, objektiv distanziert - quasi in der Mitte - zu bleiben.

Der deutsche Schriftstellers Günther Grass hatte die Laudation auf den Preisträger, den Kurden Yasar Kemal, gehalten.

Wenn ich versuche von Sympathie und Antipathie für diese oder jene Seite abzusehen und wenn ich versuche, von den Streitpunkten abzusehen, ob die Bundesregierung durch Militärhilfe den Mord an Kurden unterstützt oder ob das Wort "Barbarei" für unser demokratisches System unhaltbar ist, dann kommt mir angesichts all dessen eine Frage. Hat jemand das Recht, sich selbst zu Wort zu melden, und damit die sogenannte "öffentliche Ordnung" durcheinanderzubringen?, oder anders formuliert: Sollte man sein Leben lang nicht still und zurückhaltend bleiben, damit man - möglicherweise - von allen anderen akzeptiert wird?

Für viele aus der großen Menschenmenge, die mit Jesus auf dem Weg aus Jericho war, war dieser blinde Bettler da am Wegrand einer, der still zu sein hatte. An den Rand gedrängt, wird er akzeptiert, weil er nur bettelte. Er besitzt sein Ansehen, solange er sich als hilfsbedürftig und von anderen abhängig erweist.

Aber auf einmal meldet er sich mit seinem Anliegen zu Wort. Und schon ist er der lästige Schreier, der von den Menschen um ihn herum angeherrscht wird, er solle endlich ruhig sein. So kannten sie ihn nicht. Ganz laut muss er geschrien haben und ganz laut muss es in ihren Ohren geklungen haben: "Sohn Davids, hab Erbarmen mit mir!" - Wie schnell solch lautes Geschrei nervig und lästig werden kann, weiß jeder, der z.B. nachts vom eigenen Kind aus dem Schlaf geschrien wird. Da hilft es nicht viel, das Kind anzuherrschen: "Mensch, Lukas, jetzt sei mal ruhig!" Babys können gar nicht anders, als ihre Wünsche und Anliegen durch Geschrei anzumelden. Und sie geben keine Ruhe, bevor sie nicht bekommen, was sie wollen.

Der Blinde am Stadttor von Jericho gibt keine Ruhe, bevor er nicht bekommt, was er will: "Erbarmen!"

Um keine besondere Gunst schreit er. Er will, dass Jesus in seine Geschichte, seine Lebensgeschichte eingreift. Dass er ihm das gibt, was ihm wohl lange verweigert wurde: Erbarmen. Interessanterweise bedeutet im Hebräischen - der Sprache des Blinden - das Wort für Erbarmen [rachamim] auch "Mutterschoß". Die Geborgenheit und den Schutz des Mutterschoßes will der Blinde; er will neues Leben geschenkt bekommen.

Jesus hört sein Schreien und Rufen und lässt ihn rufen. Seltsamerweise ändern dieselben Leute, die den Blinden vorher zum Schweigen bringen wollten, auf der Stelle ihre Meinung und machen ihm Mut, zu Jesus zu gehen.

Auf dem Weg zu Jesus wirft er seinen Mantel weg. Der Mantel war in Israel nicht nur das wärmende Obergewand. Er diente auch nachts als Schlafdecke. Als solche durfte er nicht gepfändet werden. Dieser Mantel war also alles, was der Blinde an Eigentum hatte. Er lässt alles zurück, verlässt alles, was er hat.

Und Jesus fragt ihn nun - im Originaltext heißt es etwas schwerfällig -: "Was soll ich dir, willst du, tun?"

Der Blinde soll sich selbst klar werden, was er will. Auf seinen eigenen Willen kommt es an. Gegen den Willen eines Patienten kann kein Arzt, kein Therapeut einen Menschen heilen. Jesus gibt dem Blinden das Vertrauen, seinen Willen zu formulieren: "Ich möchte wieder sehen können."

Und mit dem Satz Jesu "Dein Glaube hat dir geholfen!" sieht er die ganze Welt wieder mit eigenen Augen. Nichts Äußerliches also, nicht die Person Jesu ist wichtig. Er selbst, der Blinde, er mit seinem Glauben ist das Wichtige.

Diese Geschichte des Blinden war wohl etwas so Einmaliges, so Einprägsames, dass bis auf den heutigen Tag uns sein Name überliefert ist: Bartimäus. Er ist überhaupt der Einzige, dessen Name bei einer Heilung erwähnt wird. In all den vielen Wundergeschichten des Neuen Testaments werden uns Menschen vorgestellt, deren Namen wir nicht kennen: der Besessene, die blutflüssige Frau, der Taubstumme, der mondsüchtige Junge, und viele andere.

Aber nur der blinde Bettler, der wieder sehend wird, ist mit Namen aufgezeichnet: Bar_Timäus - Sohn des Timäus.

Vielleicht war es die Art seines Glaubens, die seinen Namen unvergesslich machte: Jeder Mensch hat das Recht, sich zu Wort zu melden. Jeder Mensch hat das Recht, sein eigenes Anliegen Gott ins Ohr zu schreien. Vielleicht hat Bartimäus den ersten Satz von Psalm 77 sich gemerkt: "Ich rufe zu Gott, ich schreie, ich rufe zu Gott, bis er mich hört."

Der Glaube des Bartimäus heißt: Dranbleiben, sich nicht irre machen lassen, Ausharren, beharrlich sein. "Wenn ihr dranbleibt, werdet ihr euer Leben gewinnen." (Lk 21,19) sagt Jesus im Lukasevangelium.

Der Mitbegründer der USA, Benjamin Franklin, fragte einmal, ob man schon einmal einen Steinmetzen bei der Arbeit beobachtet habe. "Er schlägt vielleicht hundertmal auf die gleiche Stelle, ohne dass auch nur der kleinste Riss sichtbar würde. Aber dann, beim hundertundeinten Schlag, springt der Stein plötzlich entzwei. Es ist jedoch nicht dieser eine Schlag, der den Erfolg bringt, sondern die hundert, die ihm vorhergingen."

Wer dranbleibt am Erbarmen Gottes, der wird die Welt unverstellt mit seinen eigenen Augen sehen können.

(25./26.10.1997)

31. SONNTAG IM JAHRESKREIS – LESEJAHR A: ZU MT 23,1-12

Wenn wir das eben gehörte Evangelium für bare Münze nehmen,
können sich dann nicht alle Lehrlinge, Gesellen und Industriewerksangestellte freuen? Alle Kirchenkritiker, Schülerinnen und Schüler?

Wenn wir das eben gehörte Evangelium für bare Münze nehmen,
dann dürfte es keine Menschen mehr geben, die sich "Meister" nennen lassen; egal ob in einem kleinen Handwerksbetrieb oder bei einem großen Konzern. Denn "Ihr sollt euch nicht Meister nennen lassen!"

Wenn wir das eben gehörte Evangelium für bare Münze nehmen,
dann dürfte es keine Menschen geben, die sich "Vater" nennen lassen; und das halten bestimmte Kirchenkritiker ja dem Papst vor, der sich auch "heiliger Vater" nennt. Denn "nur einer ist euer Vater - der im Himmel!"

Und wenn wir das eben gehörte Evangelium für bare Münze nehmen,
dann dürfte es keine Menschen geben, die sich "Lehrer" nennen lassen, von denen täglich Schülerinnen und Schüler unterrichtet werden. Denn "nur einer ist euer Lehrer - Christus!"

Wenn wir das eben gehörte Evangelium für bare Münze nehmen - und das wollen wir doch als Christen, die versuchen, nach den Anweisungen und Tipps Jesu zu leben.

Aber klingt das nicht ein wenig zu billig? Dass mit der Abschaffung von Titeln und Amtsbezeichnungen wie "Meister", "Vater" oder "Lehrer" die Welt schon im christlichen Sinn - im Sinne Jesu - geprägt wäre?

Mir scheint, dass es Jesus weniger um die <u>Bezeichnungen</u>, wie "Lehrer" oder "Meister" ging, sondern dass es ihm vielmehr auf die <u>Haltung</u> ankommt; wie ein Meister oder Lehrer sich verhält.

Die Pharisäer, die sich auch gerne "Meister" nennen lassen, wie zu hören war im Evangelium, reden zwar groß und geben Anweisungen, was zu tun und was zu lassen sei; aber sie halten sich nicht an ihre eigenen Anweisungen. Und genauso gut mag es Meister in manchen Betrieben geben, die Aufträge erteilen und schwere Aufgaben verteilen, aber selbst nicht einmal den kleinen Finger rühren und mit anpacken, dass etwas gelingt.

Da kann man dann ärgerlich und wütend werden, wenn einer von seinem Titel her viel zu sagen hat, aber genau das Gegenteil tut von dem, was er sagt.

Was macht dann die Größe und Würde eines Menschen aus, wenn es nicht der Titel ist?

Um diese Größe des Menschen scheint es nämlich im Evangelium zu gehen; und das geht nicht nur die "Meister", "Lehrer" oder alle, die sich "Vater" nennen lassen, etwas an.

Menschliche Größe zu zeigen, das scheint uns Jesus heute als Tipp mitgeben zu wollen. Und das Paradoxe daran ist: ein großer Mensch ist, wer dient, wer sich selbst erniedrigen und klein machen kann - der wird erhöht, wird groß gemacht, wird ein großer Mensch.

Mir fiel dazu ein Bericht aus dem Sportteil einer Zeitung ein, den ich einmal gelesen habe. Es ging um einen bedeutenden 5.000-m-Hindernislauf. Ein Läufer hatte von Anfang an das Feld angeführt und schien schon der sichere Sieger des Rennens zu sein. 100 m vor dem Ziel jedoch stolperte er am letzten Hindernis, fiel hin und wurde noch von drei anderen Läufern überholt und schließlich nur vierter des Rennens.

Die Zeitung schrieb aber, dass dieser vierte trotzdem der wahre Sieger des Rennens gewesen sei. Denn er habe sich aufgerappelt und sei lächelnd als vierter durchs Ziel gelaufen. Und die Zeitung schrieb weiter: "Dieser Läufer hat in der Niederlage über sich selbst gesiegt."

Dieser Mensch hatte Größe, weil er seine Niederlage öffentlich eingestehen konnte; das Erniedrigende und Niederdrückende einer Niederlage lächelnd eingestehen konnte; das war Größe.

Was macht die Größe eines Menschen aus?

Wer zugestehen kann, dass er und all seine Taten unvollkommen bleiben und sind; wer sich klein machen und so erniedrigen kann, dass er seine Unvollkommenheit vor anderen zugeben kann - der zeigt Größe.

Diese Haltung erwarten oder sehen wir vor allem bei älteren Menschen. Ältere Menschen wissen um ihre Unvollkommenheit durch die vielen Erfahrungen, die Höhen und Tiefen in ihrem Leben. Sie erkennen und akzeptieren das.

Diese Größe von älteren Menschen erkennen oft kleine Kinder, die sich gerne in der Nähe von älteren Menschen aufhalten. Vielleicht weil sie dort das Gefühl von Ruhe, Sicherheit und Geborgenheit haben; weil sie dort ein aufmunterndes Wort hören "Keine Angst, das wird schon wieder, ich weiß das!"

Das sind Groß - mütter, und Groß - väter.

Was macht die Größe eines Menschen aus?

Es ist nicht der Stand, der uns von außen zugewiesen wird. Der Berufsstand, der Stand oder Rang eines Lehrers, Meisters oder Vaters.

Es ist der Stand, oder der Standpunkt, den wir in uns haben.

Der Stand, mit beiden Beinen mitten im Leben von Staat, Kirche und Gesellschaft zu stehen.

Dafür einzu**stehen**, dass ich unvollkommen bin; das aber nicht so schlimm ist.

Zu dem zu **stehen**, was ich sage, indem ich es auch tue und befolge.

Und das Leben zu be-**stehen**, weil Gott - so hoffen und glauben wir - zu uns steht.

(30./31.10.93)

Einige von Ihnen kennen vielleicht das Gefühl, das mich jedesmal überkommt, wenn ich den Briefkasten öffne. Es ist wie bei einem Schatzkästchen - die Spannung, was denn diesmal im Briefkasten drin sein wird, wer geschrieben hat. Oft ist man dann jedoch enttäuscht, weil dann doch nur Werbesendungen, amtliche Schreiben oder Rechnungen darin zu finden sind.

Stellen Sie sich mal vor, eines Tages liegt in ihrem Briefkasten ein Umschlag, der an Ihren Namen, Ihre Anschrift adressiert ist, jedoch ohne Absender, ohne Briefmarke, ohne Stempel. Neugierig wie wir sind, schauen wir hinein. Darin liegt ein Zettel mit der Frage "Wer bist du?" sonst nichts. Ich weiß nicht, was sie mit diesem Zettel machen würden - vielleicht würden Sie ihn wegwerfen, weglegen oder sich die Frage stellen: wer bin ich denn?

Am nächsten Tag liegt dann wieder ein Umschlag in Ihrem Briefkasten; auch wieder an Ihren Namen adressiert, ohne Absender und diesmal liegt ein Zettel mit der Frage "Woher kommt die Welt?" darin.

Die Sache mit den 2 Umschlägen im Briefkasten ist tatsächlich jemandem passiert: einem 14-jährigen Mädchen aus Norwegen mit dem Namen Sofie Amundsen. Sie spielt eine Hauptrolle in dem Roman "Sofies Welt" von Jostein Gaarder, der 1994 mit dem Deutschen Jugendbuchpreis ausgezeichnet wurde. Die zwei Zettel mit den Fragen "Wer bist du?" und "Woher kommt die Welt?" sind für Sofie der Anfang einer Suche nach dem Sinn des Lebens. Dabei hilft ihr ein geheimnisvoller Mann mit dem Namen Alberto Knox. Dieser erzählt ihr die Geschichte der Philosophie; also die jahrtausendealte Geschichte, wie Menschen versucht haben, das Leben zu erklären und Orientierungen und Lebenshilfen zu finden.

Sofie hat die Zettel mit den zwei Fragen nicht weggeworfen, sondern versucht, sie ernsthaft zu beantworten. Ihr war es sehr ernst mit der Frage, was denn der Sinn des Lebens sei.

Da kommt ein Mann zu Jesus, dem es auch sehr ernst gewesen sein muss mit seiner Frage, die er stellt. Die Ernsthaftigkeit wird dadurch deutlich, dass er die Frage nicht stellt, um Jesus eine Falle zu stellen, wie das die anderen Schriftgelehrten oft vorhatten. Ein Satz, bevor das heutige Evangelium beginnt, heißt es, dass dieser Mann gemerkt hatte, wie gut und treffend Jesus auf die Fragen antwortete, die man ihm stellte. Und ganz am Ende bescheinigt ihm Jesus, dass er nicht "fern vom Reich Gottes" sei, also mit Verständnis und Ernsthaftigkeit bei der Sache sei.

Die Frage, die dieser Mann nun stellt, lautet: "Welches Gebot ist das erste von allen?"

Bei dieser Frage müssen wir uns vor Augen halten, dass es im Judentum über 600 Gebote gab, die das religiöse und gesellschaftliche Leben prägten. Es gab genau 365 Verbote, die besagten, du sollst das und das nicht tun, du darfst das und das nicht tun; und es gab 248 positive Gebote, die sagten, was denn zu tun sei.

Vielleicht war dem fragenden Mann in all dem Wust von Ge- und Verboten der Überblick verlorengegangen und er fragte sich, worauf es denn eigentlich bei all diesen Geboten ankomme. Dann würde die Frage eher so lauten: "Worauf kommts denn in meinem Leben eigentlich an? Was ist denn wichtig für mein Leben? Welche Bestimmung ist denn die wichtigste, damit es in meinem Leben stimmt?" und das heißt doch letztlich: "Worin finde ich einen Sinn für mein Leben?"

Das ist auch der eigentliche Sinn von Geboten: einen Sinn fürs Leben zu finden. In der alttestamentlichen Lesung haben wir gehört, wozu die Gebote da sind. Da hieß es als Antwort: "damit du lange lebst" und "damit es dir gut geht". Also damit wir ein gutes, sinnerfülltes Leben führen können.

Leider ist diese Bedeutung von Geboten heute etwas verlorengegangen. Bei Geboten denken wir eher daran "wenn du das und das Gebot nicht erfüllst, dann bist du ein schlechter Mensch, dann machst du dich schuldig." Es ist jedoch keine Frage von Schuld oder Nicht-Schuld, sondern es geht bei den Geboten um die Möglichkeit, ein gutes Leben zu haben, oder sich vor dieser Möglichkeit zu verschließen.

Jesu Antwort nun auf die Frage "Worauf kommts denn an in meinem Leben ?" oder "Wie kann ich ein gutes, sinnerfülltes Leben führen?" klingt zunächst sehr allgemein und wenig konkret.

Aber vielleicht ist das gerade ein wichtiger Punkt. Es hat keinen Zweck, für jede Lebenssituation, jedes Problem eine fertige und immer passende Anordnung, ein Gebot zu haben. So schön das auf der anderen Seite ja auch wäre: auf jedes Problem stets eine passende Antwort, Lebens- und Sinnhilfe zu bekommen. Vielleicht so eine Art Lexikon zu haben, bei dem ich unter Stichworten wie "Schulprobleme", "Eheprobleme", "Ärger mit Nachbarn" oder "Einsamkeit" nachschauen könnte, und da stünde dann für mich die passende Lebenshilfe und Antwort.

Aber gerade darin sieht Jesus wenig Sinn. Es ist eine Art Grundeinstellung, die Jesus einfordert und als die Bestimmung ansieht, damit unser Leben stimmen kann: Gott lieben und den Nächsten lieben - und dies mit ganzer Kraft, ganzer Seele, allen Gedanken, ganzem Herzen und ganzem Verstand.

Gott lieben? Was kann das heißen? - Nach dem Glaubensbekenntnis, das wir jeden Sonntag beten, ist Gott der Allmächtige. Das heißt doch, dass er der in Allem Mächtige ist. Ohne ihn ist nichts, was auf der Erde ist. Ohne ihn kann nichts sein - die Erde, die Umwelt, alles Geschaffene, die Schöpfung. Und dann heißt doch Gott lieben: alles Geschaffene, die Schöpfung, die Erde lieben und ihr gegenüber achtsam sein. Und das geht nur mit Verstand - nicht hirnlos, nur mit ganzem Herzen - nicht herzlos, und nur mit ganzer Kraft - denn wohin wir sonst mit unserer Erde kommen, das können wir heute zur Genüge schon sehen.

Und wie sinnvoll es ist, den Nächsten zu lieben, wird ebenso deutlich. Können wir z.B. sagen, dass wir auf die nächste Generation hin denken? Welche Erde geben wir an die Nächsten unserer Generation - die Kinder - weiter?

Sofie hat die Zettel mit den zwei Fragen "Wer bist du?" und "Woher kommt die Welt?" nicht weggeworfen, sondern versucht, sie mit ganzem Herzen, ganzem Verstand und Kraft zu beantworten.

Jesus sieht, dass der Schriftgelehrte seine Frage "Worauf kommt's denn an?" mit Verständnis und Verstand selbst beantwortet.

Wenn wir versuchen, mit Verständnis, mit Herz und ganzer Seele Gott und den Nächsten zu lieben, dann sind auch wir nicht "fern vom Reich Gottes", wie es im Evangelium heißt- und das heißt doch: wir wären auf dem richtigem Weg.

(29./30.10.1994)

32. SONNTAG IM JAHRESKREIS – LESEJAHR B: ZU MK 12,38-44

Der Evangelist Markus ist ein Meister des Gegensatzes. Wer die Abschnitte aus seinem Evangelium, die an den vergangenen Sonntagen gelesen wurden, noch einmal nachklingen lässt, der hört diese Gegensätze vielleicht wieder: „sein Leben retten – sein Leben verlieren", „der Erste sein wollen – der Diener aller sein", „gegen Jesus sein – für Jesus sein", „Kamel durchs Nadelöhr – Reicher ins Reich Gottes", „Blind sein – sehen können". Und auch in dem Abschnitt eben waren einige Gegensätze zu hören: viele Reiche – eine Arme, vom Überfluss geben – das Letzte hergeben.
Wer mit Gegensätzen arbeitet, kann in die Gefahr der Schwarz-Weiß-Malerei kommen. Aber ich glaube nicht, dass Markus ein Schwarz-Weiß-Maler sein wollte.
Ich sehe in seinen Gegenüberstellungen eher einen Hinweis darauf, dass eine Sache von (mindestens) zwei Seiten betrachtet werden kann.
Natürlich wäre am Ende der eben gehörten Geschichte zu fragen: wie kann diese Witwe bloß so unvernünftig sein, und ihr letztes Geld (was eh nur einem heutigen Wert von wenigen Eurocent entsprach) opfern? wer wird für sie jetzt aufkommen? was wird wohl aus ihren Kindern, so sie welche hat? ist das Geld der Reichen nicht wertvoller für den Opferkasten als diese zwei Münzchen der Witwe?
Bei einem zweiten Blick sind mir zwei Dinge aufgefallen, die aus dem eben gehörten Text gar nicht so deutlich werden. Im griechischen Urtext des Evangeliums heißt es wörtlich: „Alle haben aus Überfluss eingeworfen, sie selbst aus Armut..."
Und dann heißt es eine Zeile weiter wörtlich: „sie hat eingeworfen ihr ganzes Leben."
Da wird etwas deutlich von einer zweiten Ebene, einer zweiten Seite, mit der diese Geschichte von der armen Witwe betrachtet werden kann.
Jesus bewertet hier nicht den Reichtum der Reichen als schlecht.
Er meint, das, was aus Armut gegeben wird; da, wo einer sein ganzes Leben gibt, das ist von Bedeutung.
Aber sind das nicht Schlagworte, die wenig verständlich sind?
Armut! Was heißt das? Soll ich arm werden, alles weggeben und gering achten, wie ein Bettler herumlaufen, wie es z.B. der hl. Franziskus von Assisi getan hat?
Was heißt: sein ganzes Leben geben? sich voll einsetzen für eine Sache? für jemanden sein Leben opfern?
Man muss ja nur einmal den Gedanken durchspielen, jeder Mensch auf dieser Erde wäre freiwillig bettelarm in der Nachfolge Jesu; um sich dann zu fragen, von wessen

Almosen sie leben würden. Vielleicht ist das aber auch nur eine geschickte Entlastungsstrategie, um sich die Bequemlichkeiten des jetzigen Alltages nicht versagen zu müssen.

Seit langer Zeit schon knabbere ich an dem Armutsverständnis des hl. Franziskus von Assisi, und versuche zu verstehen, was dieser mit Armut gemeint hat. Er, der mehr als jeder andere ein „zweiter Christus" genannt wurde.

In den Schriften des Franz von Assisi findet sich eine Stelle, wo er vielleicht eine Umschreibung seines Armutsverständnisses gibt: „Was der Mensch vor Gott ist, das ist er und nicht mehr." heißt es.

Ein Franziskanerpater (es könnte Richard Rohr gewesen sein, allerdings lässt sich die Quelle im Abstand der Jahre so einfach nicht finden) hat das einmal so formuliert: „Es bedeutet Macht, ein <u>Jemand</u> zu sein – und es bedeutet Wahrheit, ein <u>Niemand</u> zu sein."

Armut – das ist vielleicht die Wahrheit über die eigentliche Situation des Menschen. An dieser Situation ändert kein Reichtum, kein Titel, kein Ruhm, kein Auto mit Stern, keine Schönheit etwas. All diese Dinge machen mich nicht mehr „wert".

Was aber ist der „Wert"? was heißt das Eigentliche, das „vor-Gott-Sein"? Ja, was bedeutet hier in diesem Zusammenhang dieses Schlagwort des Evangeliums vom „ganzen Leben", vom „eigenen ganzen Leben"?

Schon zu Lebzeiten hat Franz von Assisi eigentlich keiner verstanden. So, wie er Armut lebte – nicht nur als Wahrheit über die Situation des Menschen – sondern in ihrer geistigen und materiellen Konsequenz hat das kein Mensch mehr leben können. Und letztlich ist der Orden der Franziskaner eine Art Fehlentwicklung der Kirchengeschichte. Denn Franziskus hat freiwillig nie einen Orden gründen wollen. Das geschah auf sanften kirchlichen Druck.

Was daran aber deutlich wird, ist bedeutsam.

Franz von Assisi hatte seine Grundberufung seines eigenen ganzen Lebens erkannt. Er hatte für sich ganz allein, für <u>sein</u> ganzes Leben verstanden, was er zu tun hatte – in Armut zu leben. Und das Missverständnis der Kirchengeschichte war, die Lebenshaltung des Franziskus als Ideal darzustellen, dem jeder genauso nachfolgen kann.

Das ständige nächtliche Gebet des Franziskus lautete einfach und immer wieder: „Wer bist du, Gott? Und wer bin ich?"

Ich glaube, dass es das ist, was von Franziskus gelernt werden kann. Sich der Frage zu stellen, wer <u>ich</u> bin. Seine eigene Grundberufung im Leben zu entdecken, sein eigenes ganzes Leben zu ergreifen, wie es die Witwe am Opferstock tat.

Von dem Mystiker Angelus Silesius stammt der Satz: „Vor jedem steht ein Bild / des, was er werden soll; solang er das nicht ist, ist nicht sein Friede voll."

Vielleicht merken wir manchmal, wie gegensätzlich wir zu unserem Bild, das wir werden sollen, leben.

Dann wird es Zeit, wie die arme Witwe aus der Armut heraus dieses eigene ganze Leben anzufangen.

(12.11.2000)

*

("Leben in der Einheit von Leben und Tod")

Allerheiligen, Allerseelen, Volkstrauertag, Totensonntag - unweigerlich werden nicht nur die Christen, sondern alle deutschen Bürgerinnen und Bürger, die einigermaßen wach durchs Leben gehen, im November an die Tatsache des Todes erinnert. Und doch geschieht dies gleichzeitig mit einer gewissen Distanz: an Allerheiligen und Allerseelen sind es die Toten auf dem Friedhof - fernab von unserem sonstigen Leben - , an die wir denken; und am Volkstrauertag sind es die Toten der beiden Weltkriege und die Opfer des Nationalsozialismus, an die wir denken - und das ist nun auch schon 50 Jahre her. - Also Distanz.

Und in der Lesung haben wir vielleicht auch mehr oder weniger distanziert zugehört, als da von dem brutalen Mord und der Folterung an einer Mutter mit ihren 7 Söhnen die Rede war. Diese 8 Menschen erleiden ihren Tod in der Hoffnung auf ein ewiges Leben. Ist ja auch nichts Neues: wir kennen Geschichten von christlichen Märtyrern, die mutig ihrer Hinrichtung entgegensahen; wir kennen christliche Widerstandskämpfer im Dritten Reich, die ihren Tod in der Hoffnung auf ein ewiges Leben zu bewältigen versuchten.

Und vielleicht haben wir auch mehr oder weniger gespannt dem Evangelium zugehört und der Aussage, die da gemacht wurde, dass Gott ein Gott der Lebenden und nicht der Toten sei. Das kennen wir doch zur Genüge.

Deutlich wird da eine zwiespältige Beziehung unsererseits zu Leben und Tod. Und es scheint, dass Leben und Tod nichts miteinander zu tun haben. Einen Zusammenhang zwischen Leben und Tod scheint es zunächst nicht zu geben.

Doch da werden schon die Biologen Einspruch erheben. Die Biologen sagen: "ohne Tod gibt es keine Entwicklung, kein Leben." Der Tod eines Menschen ist immer das Platzmachen für das Leben eines anderen Menschen.

Und wenn wir in unserem Leben nachschauen, dann machen wir die Erfahrung der Möglichkeit eines jederzeit uns ereilenden Todes; z.B. in Grenzsituationen, wie der eines schweren Verkehrsunfalls, bei dem wir gerade noch einmal glimpflich davongekommen sind; oder vor einer schweren Operation. In unserem Leben machen wir die Erfahrung des Todes von uns lieben Menschen.

Und in unserem Leben machen wir die Erfahrung, dass Freundschaften zu Ende gehen, dass Hoffnungen und Sehnsüchte sterben; wir machen die Erfahrung von Enttäuschungen; einige von Ihnen haben die Heimat verloren, andere ihren Arbeitsplatz - das sind "Tode" mitten im Leben.

Also scheint es nicht nur einen Widerspruch oder eine Zusammenhangslosigkeit zwischen Tod und Leben zu geben, sondern auch eine unmittelbare Beziehung.

Wie können wir uns diese Beziehung, die der Tod zu unserem Leben hat, so integrieren, dass wir damit leben können? Können wir in einer Einheit von Leben und Tod leben?

Mir fallen da zunächst harmonische Osterlieder ein, die so leicht und unbeschwert und beschwingt von Tod und Leben singen. Ein neueres Kirchenlied aus dem Gesangbuch fängt an "Lasst uns das Lied singen vom Tod und vom Leben". Ob damit die richtige Einheit von Leben und Tod angesprochen ist? Mir scheint, dass oft auch in christlichen Kreisen zu schnell vom ewigen Leben und der daraus zu resultierenden Lebensfreude die

Rede ist. Da muss es gut gelaunt und happy zugehen. "Halleluja, freu dich, Jesus lebt!" - Ja, war er denn nicht tot?

Leben in der Einheit von Leben und Tod - da kann es nicht nur jubelnd und happy zugehen, genauso wenig darf ich da in dumpfer und düsterer Trauer versinken.

Ich erinnere mich an ein Jahr während meines Studiums in Innsbruck 1988. Damals gab es dort einen Professor für christliche Gesellschaftslehre - der Jesuit P. Büchele. Dieser hielt vor 4 Jahren eine Vorlesung über das Thema "Leben in der Einheit von Leben und Tod". Ich weiß noch gut, dass der Vortragssaal am Montagvormittag immer voll besetzt war. Genauso gut erinnere ich mich, dass P. Büchele auf die Frage, wie das denn gehe: zu leben in der Einheit von Leben und Tod, keine abschließende Antwort gab und auch nicht geben wollte.

Es bleibt eine geheimnisvolle Aussage: leben in der Einheit von Leben und Tod. Und von so geheimnisvollen Aussagen können wir meines Erachtens angemessen nur in Bildern und Symbolen sprechen.

Ein solches Bild war für mich in diesem Jahr der Besuch des Friedhofs an Allerheiligen am letzten Sonntag. Wir kamen gegen Abend auf dem Friedhof an - es war bereits dunkel. Trotzdem war noch viel Leben auf dem Friedhof; viele Menschen und Familien mit ihren Kindern waren noch unterwegs. Und auf fast allen Gräbern brannten ein oder mehrere Grablichter (so wie hier am Altar) und es war eine friedvolle Stimmung.

Da dachte ich mir: genau das müsste sie sein - die Einheit von Leben und Tod. Die Toten liegen nicht allein dort in den Gräbern und wir Lebenden stehen nicht allein hier vor den Gräbern. Mit diesem Bild der Grablichter in der Dunkelheit ahne ich etwas davon, was es heißt: zu leben in der Einheit von Leben und Tod.

(7./8.11.1992)

Inhaltsverzeichnis

Vorwort 7

Advents- und Weihnachtszeit 9

1. Adventsonntag – Lesejahr B: zu Mk 13,24-37 10
1.Adventsonntag – Lesejahr B: thematisch zum „Stern" 11
1. Adventsonntag – Lesejahr C: Lk 21,25-28.34-36 13
2. Adventssonntag - Lesejahr A: zu Jes 11,1-10 14
2.Adventssonntag – Lesejahr A: zu Mt 3,1-12 16
2.Adventsonntag – Lesejahr B: thematisch zum „Engel" 18
2. Adventssonntag – Lesejahr C: zu Lk 3,1-6 20
3. Adventsonntag – Lesejahr B: zu 1 Thess 5,16-24 und Joh 1,6-8.19-28 22
3.Adventsonntag – Lesejahr B: thematisch zum „Tier" 24
4. Adventsonntag – Lesejahr A: zu Mt 1,18-24 26
4.Adventsonntag – Lesejahr A: zu Mt 1,18-24 28
4.Adventsonntag – Lesejahr B: thematisch zum „Mensch" 30
4.Adventsonntag – Lesejahr C: zu Lk 1,39-45 32
Weihnachten Heiligabend – Lesejahr C: zu Lk 2,1-14 33
1.Weihnachtsfeiertag – Lesejahr B: zu Joh 1,1-18 35
2.Weihnachtsfeiertag – Lesejahr A: zu Apg 6,8-10; 7, 54-60 (Stephanus) 37
2.Weihnachtsfeiertag – Lesejahr B: zu Apg 6,8-10; 7, 54-60 (Stephanus) 38
2.Weihnachtsfeiertag – Lesejahr C: zu Apg 6,8-10; 7, 54-60 (Stephanus) 40
Fest der hl.Familie – Lesejahr B: zu Lk 2,22-40 41
1. Januar - Hochfest der Gottesmutter Maria / Neujahr – Lesejahr C 44

Fasten- und Osterzeit 47

2. Fastensonntag zu: Röm 8,18-30 und Joh 3,1-18 48
3.Fastensonntag – Lesejahr A: zu Joh 4,5-42 50
3.Fastensonntag – Lesejahr B: zu Joh 2,13-25 52
4.Fastensonntag – Lesejahr B: zu Joh 3,14-21 54
5.Fastensonntag – Lesejahr C: zu Joh 8,1-11 56
Gründonnerstag: zu Ex 12,1-8.11-14 und Joh 13,1-15 58
Gründonnerstag: zu Ex 12,1-8.11-14 und Joh 13,1-15 59
Gründonnerstag: zu Ex 12,1-8.11-14 und Joh 13,1-15 61
Karfreitag: zu Jes 52,13-53,12; Joh 18,1 – 19,24 62
Karfreitag: zu Jes 52,13-53,12; Joh 18,1 – 19,24 63
Karfreitag: zu Jes 52,13-53,12; Joh 18,1 – 19,24 64
Karfreitag: zu Jes 52,13-53,12; Joh 18,1 – 19,24 66
Karfreitag: zu Jes 52,13-53,12; Joh 18,1 – 19,24 67
Karfreitag: zu Jes 52,13-53,12; Joh 18,1 – 19,24 68

Karfreitag: zu Jes 52,13-53,12; Joh 18,1 – 19,24 70
Karfreitag: zu Jes 52,13-53,12; Joh 18,1 – 19,24 71
Karfreitag: zu Jes 52,13-53,12; Joh 18,1 – 19,24 73
Karfreitag: zu Jes 52,13-53,12; Joh 18,1 – 19,24 74
Karfreitag: zu Jes 52,13-53,12; Joh 18,1 – 19,24 76
Osternacht 77
Osternacht – Lesejahr B: zu Mk 16, 1-8 80
Osternacht: zu Joh 20,1-18 83
Osternacht 84
Ostersonntag – Lesejahr B: zu Joh 20, 1-18 86
3.Sonntag der Osterzeit – Lesejahr C: zu Joh 21,1-14 88
3. Sonntag der Osterzeit – Lesejahr C: zu Joh 21,1-14 90
6.Sonntag der Osterzeit – Lesejahr A: zu Joh 14,15-21 91
6.Sonntag der Osterzeit – Lesejahr B: zu Joh 15,9-17 93
7.Sonntag der Osterzeit – Lesejahr C: zu Joh 17, 20-26 95
Pfingstsonntag – Lesejahr A: Zu Joh 20, 19-23 96
Pfingsten – Lesejahr B: zu Joel 3,1-5; Apg 2,1-11; Joh 20,19-23 98

Herrenfeste 101

Dreifaltigkeitssonntag – Lesejahr B: zu Dtn 4,32-34.39f. und Mt 28,16-20 102
Dreifaltigkeitssonntag - Lesejahr C: zu Joh 16,12-15 104
Fronleichnam: zu Mt 28,16-20 105
Fronleichnam 107
Fronleichnam – Lesejahr C: zu Lk 9,11b-17 110
Christkönigssonntag – Lesejahr A: zu Mt 25,31-46 111
Christkönigssonntag – Lesejahr A: zu Mt 25,31-46 113
Christkönigssonntag – Lesejahr B: zu Joh 18,33b-37 115
Christkönigssonntag – Lesejahr C: zu Kol 1,12-20; Lk 23,35-43 118

Jahreskreis 120

Fastnacht (Thema "Humor") 121
Fastnacht (Thema „Humor, 2.Teil") 123
Geburt des hl. Johannes der Täufers (24.Juni) – Lesejahr B 126
2.Sonntag im Jahreskreis (Familiensonntag) – Lesejahr A: zu Gen 1,1ff. 127
2.Sonntag im Jahreskreis (Familiensonntag) – Lesejahr B: zu Joh 1,35-42 129
2.Sonntag im Jahreskreis – Lesejahr B: zu Joh 1,35-42 131
4.Sonntag im Jahreskreis – Lesejahr A: Zu Mt 5,1-12 133
4.Sonntag im Jahreskreis – Lesejahr A: zu Mt 5,1-12a 134
5.Sonntag im Jahreskreis – Lesejahr A: zu Mt 5,13-16 136
6.Sonntag im Jahreskreis – Lesejahr A: zu Mt 5,17-37 138
6.Sonntag im Jahreskreis – Lesejahr C: zu Lk 6,17.20-26 140
7.Sonntag im Jahreskreis – Lesejahr B: zu Mk 2,1-12 142

10.Sonntag im Jahreskreis – Lesejahr A: Zu Mt 9,9-13 144

10.Sonntag im Jahreskreis – Lesejahr A: Mt 9,9-13 146

10.Sonntag im Jahreskreis – Lesejahr B: zu Mk 3,20-35 147

11. Sonntag im Jahreskreis – Lesejahr A: zu Mt 9,36-10,8 149

11.Sonntag im Jahreskreis – Lesejahr A: zu Mt 9,36-10,8 151

11. Sonntag im Jahreskreis – Lesejahr B: zu Mk 4, 26-34 152

12. Sonntag im Jahreskreis – Lesejahr B: zu Mk 4,35-41 153

14.Sonntag im Jahreskreis – Lesejahr C: zu Lk 10,1-12.17-20 155

15.Sonntag im Jahreskreis – Lesejahr A: zu Mt 13,1-23 157

16.Sonntag im Jahreskreis – Lesejahr A: zu Mt 13, 24-43 (Thema Abschied) 159

17.Sonntag im Jahreskreis – Lesejahr B: zu Joh 6,1-15 161

18.Sonntag im Jahreskreis – (Gedanken) Lesejahr B: zu Joh 6,24-35 163

19.Sonntag im Jahreskreis – (Gedanken) Lesejahr B: zu Joh 6,41-51 163

20.Sonntag im Jahreskreis – (Gedanken) Lesejahr B: zu Joh 6,51-58 164

20.Sonntag im Jahreskreis – Lesejahr C: zu Lk 12,49-53 164

21.Sonntag im Jahreskreis – (Gedanken) Lesejahr B: zu Joh 6,60-69 166

21. Sonntag im Jahreskreis – Lesejahr C: zu Lk 13, 22-30 167

23. Sonntag im Jahreskreis – Lesejahr A: Zu Mt 18,15-20 169

23.Sonntag im Jahreskreis – Lesejahr B: zu Mk 7,31-37 170

27. Sonntag im Jahreskreis (Erntedankfest) – Lesejahr A: Zu Mt 21,33-44 172

27.Sonntag im Jahreskreis (Erntedankfest) – Lesejahr C: zu 2 Tim 1,6-8.13-14 174

27.Sonntag im Jahreskreis (Erntedankfest) – Lesejahr C: zu Lk 17,5-10 175

28.Sonntag im Jahreskreis – Lesejahr C: zu Lk 17,11-19 177

30.Sonntag im Jahreskreis – Lesejahr B: zu Mk 10,46-52 179

31.Sonntag im Jahreskreis – Lesejahr A: Zu Mt 23,1-12 181

31.Sonntag im Jahreskreis – Lesejahr B: zu Dtn 6,2-6; Mk 12, 28b-34 183

32. Sonntag im Jahreskreis – Lesejahr B: zu Mk 12,38-44 185

32. Sonntag im Jahreskreis – Lesejahr C: zu 2 Makk 7,1ff.; Lk 20,27-38 186

Inhaltsverzeichnis 189

Orts-, Personen- und Stichwortverzeichnis 192

Bibelstellen 195

Orts-, Personen- und Stichwortverzeichnis

Abschied	58-61, 159-161
Abschied von Rune	59, 160
Adler	84f.
Albertz, Heinrich	60, 160
Ändern/Wandlung	44f., 86, 146, 160, 166
Andersen, Hans Christian	115
Antrieb	97
Archimedes von Syrakus	118
Armut	24, 71, 185f.
Auferstehung	25, 78ff.
Augustus, Kaiser	110
Bachmann, Ingeborg	14
Barmherzigkeit	74, 145, 151f.
Barth, Karl	125
Bartimäus	180f.
Bauer, Jutta	18
Bergpredigt	133, 135
Bloch, Ernst	17
Boden	34, 79, 103, 157ff., 175
Büchele SJ, Herwig	188
Cardijn, Kardinal Josef	149
Carnegie, Dale	175
Christussuche	131ff.
Claudius, Matthias	143
Dankbarkeit	99, 136, 162, 173f., 177f.
Delp SJ, Alfred	13f., 76f., 137f.
Demut	26, 61f.
Dienen	61f., 165, 177
Dostojewski, Fjodor M.	132, 167
Dreifaltigkeit	102ff.
Ecce homo	63, 65, 77
Eco, Umberto	54
Einssein	95f.
Elija	45, 161
Emmaus	50, 83
Endzeit	114f.
Engel	10, 18ff., 32, 82, 126
Entscheidung	25, 43, 52ff., 73f., 76, 111ff.
Ermutigung	141f.
Ernte	155, 172ff.
Erschütterung	13f., 30, 63f., 68, 160
Espinal, Luis	89
Ewigkeit	80, 114f.
Familie	22, 42f., 129ff., 148
Feuer	165f.
Frankl, Viktor	91
Franklin, Benjamin	181
Franz von Assisi	23f., 73, 185f.
Freud, Sigmund	44
Freude	15, 22ff., 81f., 94f., 117, 121, 133, 187
Frisch, Max	15, 65, 112, 165
Fromm, Erich	93
Gaarder, Jostein	183
Galiläa	82, 158
Galilei, Galileo	90
Gandhi, Mahatma	133f., 179
Geburt	48f.
Geburt Jesu	24ff., 36ff.
Gelassenheit	16, 53, 107, 122, 152, 157, 165
Gemeinde	93, 105, 109ff., 169f.
Gemeinschaft	12, 42, 95f., 99, 107, 111, 130, 169f
Genezareth	79, 88, 90, 153f., 157, 162
Geschichte	20ff., 27ff., 32, 38f., 42f., 89, 110, 128, 135, 164, 172, 183, 186
Glaubwürdigkeit	146f., 155
Glück	18f., 22f., 69, 82, 95, 133ff., 159, 173
Goethe, Johann Wolfgang von	14, 112, 165
Gott suchen	26, 39, 43, 102ff., 135
Gottes Klage	63f.
Gottesbegegnung	11, 77, 102ff.
Gottverlassenheit	70, 75ff.
Grass, Günther	83, 179
Grönemeyer, Herbert	30
Größe	182
Grünewald, Matthias	126f.
Gutmann, Franz	70
Heine, Heinrich	135
Henkel, Hans-Olaf	31
Herzog, Roman	98
Himmel	11ff., 40ff., 84f., 111, 115, 125f., 135, 151
Hiob	27, 68
Hirsch, Eike Christian	123
Hoffnung	14, 17f., 41, 43, 49, 54f., 69, 72, 80, 88, 106, 114, 127, 134, 142, 187

Huber, Wolfgang 74
Humor 23, 117, 121ff., 138
Hüsch, Hans-Dieter 83
Ignatius v. Loyola 11f., 24, 76, 135, 142, 148f., 174
Jakob, Patriarch 42ff., 106
Johannes vom Kreuz 71
Johannes XXIII., Papst 52, 121, 124, 157, 168
Jona 66f.
Josef (AT) 27, 42
Josef (Marias) 10, 24, 27ff., 34
Kaldhol, Marit 59
Kamphaus, Bischof Franz 16, 26, 109, 140ff.
Kästner, Erich 44
Kehl SJ, Medard 61
Kierkegaard, Sören 109
King, Martin Luther 16f., 26
Klee, Paul 73
König 116, 118f., 137
Konzil, II. Vatikanisches 52, 124
Kopernikus, Nikolaus 90
Kreuz 70ff., 126
Krippe 23, 28ff., 33, 38ff.
Krise 49, 54f., 112, 115
Kuschel, Karl-Josef 131
Land, Richard 74
Leben (in Auswahl) 12ff., 35ff., 48ff., 59ff., 66ff., 82ff., 93ff., 103ff., 158ff., 183ff.
Lebensfeld 174f.
Lehmann, Kardinal Karl 26, 111
Liebe (auch Gottes) 54f., 71, 75, 92ff., 136, 174f., 184f.
Lüdemann, Gerd 78f.
Mandela, Nelson 28
Maria Magdalena 45, 83, 97
Marti, Kurt 50
Martini, Kardinal Carlo M. 54
Martyrium 68f.
Matthäus, Zöllner 146ff., 150, 152
Mello SJ, Anthony de 18, 84
Mendes, Chico 89
Mensch (in Auswahl) 11, 14f., 30f., 49f., 57f., 63f.93ff., 111ff., 136ff., 149ff., 164ff.
Michelangelo 115
Missbrauch 64, 130
Mitleid 62, 134, 151f.

Hume, Kardinal Basil 62
Jerusalem 17, 28, 35, 53, 74f., 79, 82, 97ff., 146, 178
Jesusgebet 179
Johannes der Täufer 126ff.

Mut 19, 85, 90, 140ff.
Nietzsche, Friedrich 23, 146
Nikodemus 49f.
Ochse und Esel 24ff.
Öffentlichkeit 30, 108, 110
Ökologie/Umwelt 96, 129
Øyen, Wenche 59
Pascha 58, 77
Pasternak, Boris 131, 134
Paulus 23ff., 45, 49, 53, 59, 93ff., 103, 118, 174
Petrus 65f., 133, 146, 150
Pilatus, Pontius 63, 72, 74, 77, 110, 116
Pius XI., Papst 118
Rahner SJ, Karl 15, 19, 82, 99, 103, 106, 112, 165, 179
Reich Gottes 109, 119, 167f., 185
Ricken SJ, Friedo 94, 111
Rohr, Richard 76, 186
Romero, Oscar A. 68f., 71, 89
Ruck 92, 98ff.
Rühmann, Heinz 57
Russischer Pilger 178f.
Saint-Exupéry, Antoine de 78, 159
Schlenz, Kester 48
Schneider, Reinhold 75f.
Schöne, Gerhard 90, 161
Schöpfergeist 48ff.
Schöpfung 35, 48ff., 62ff., 119, 128, 184
Schubladendenken 144f.
Schuld 21, 57, 67, 142f., 184
Schlüngel Straumann, Helen 48
Segen 43ff., 108ff., 121, 174f.
Sehen – Urteilen – Handeln 149f.
Seligpreisungen 133ff.
Signorelli, Luca 115
Silesius, Angelus 186
Sinn (des Lebens) 17, 73, 91f., 97, 153, 183f.
Sobrino SJ, Jon 69, 153
Solschenizyn, Alexander 173
Sonntag 128f.

Sorge 61f., 107, 119
Stecher, Bischof Reinhold 78, 138
Stenger, Hermann 95
Stephanus 38-41
Stern 11ff.
Sterndeuter 11, 24f., 28, 34
Sternstunde 12, 131, 148f.
Stier, Fridolin 118, 138, 147
Strittmatter, Erwin 129ff.
Strittmatter, Eva 105
Taizé 132f.
Taubheit 171
Tiberius, Kaiser 21, 110
Tiefe 43, 66ff., 127, 159
Tillich, Paul 66, 127, 152
Tod 25f., 67f., 80, 115, 160, 164, 167, 187f.
Tote Hosen 114
Trauer 15, 63f., 67f., 92, 134, 187f.
Traum 16, 26ff., 41, 45, 106
Träumen 20, 27
Türhüter 10f., 24, 158
Tutu, Bischof Desmond 55

Unterscheidung der Geister 148
Vertrauen 19, 31, 50, 76, 153, 155, 177
Wachsamkeit 10ff., 18, 113
Wahrheit 51, 55, 74, 92, 104f., 115ff., 186
Walser, Martin 67
Wanke, Bischof Joachim 82, 92
West, Morris L. 169
Who, The 172
Wirklichkeit 13f., 45, 69, 93f., 107, 117
Witz 121, 123ff.
Wohmann, Gabriele 109
Wort 7, 12, 29, 35ff., 60, 77, 133, 140f., 147
Wunder 154, 161f.
Würde 63, 136ff., 173
Wurzeln 22, 34, 67, 72, 158, 160f., 175
Zeugnis 12, 69, 80f., 116
Zug, Kantonsstadt 91f.
Zukunft 55, 71, 105ff., 156
Zutrauen 19, 58, 90f.
Zweiseitigkeit 14ff., 111
Zwiespalt 42, 65, 165f.

Bibelstellen

2 Makk 7,1ff.	187
Dtn 4,32-34.39f.	102
Dtn 6,2-6	183
Gen 1,1ff	127
Ps 130	67, 93
Jes 11,1-10	14
Jes 52,13-53,12	62-76
Joel 3,1-5	98
Mt 1,18-24	26, 28
Mt 3,1-12	16
Mt 5,1-12	133f.
Mt 5,13-1	136
Mt 5,17-37	138
Mt 9,9-13	144, 146
Mt 9,36-10,8	149
Mt 13,1-23	157
Mt 13,24-43	159
Mt 18,15-20	169
Mt 21,33-44	172
Mt 23,1-12	181
Mt 25,31-46	111, 114
Mt 28,16-20	102, 105
Mk 2,1-12	142
Mk 3,20-35	147
Mk 4, 26-34	152
Mk 4,35-41	153
Mk 7,31-37	171
Mk 10,46-52	179
Mk 12,28b-34	183
Mk 13,24-37	10
Mk 16,1-8	80
Lk 1,39-45	32
Lk 2,1-14	33
Lk 2,22-40	42
Lk 3,1-6	20
Lk 6,17.20-26	140
Lk 9,11b-17	110

Lk 10,1-12.17-20	155
Lk 12,49-53	164
Lk 13,22-30	167
Lk 17,11-19	177
Lk 17,5-10	175
Lk 20,27-38	187
Lk 21,25-28.34-36	13
Lk 23,35-43	118
Joh 1,1-18	35
Joh 1,6-8.19-28	22
Joh 1,35-42	129, 131
Joh 2,13-25	52
Joh 3,1-18	48
Joh 3,14-21	54
Joh 4,5-42	50
Joh 6,1-15	161
Joh 6,24-35	163
Joh 6,41-51	163
Joh 6,51-58	164
Joh 6,60-69	166
Joh 8,1-11	56
Joh 14,15-21	91
Joh 15,9-17	93
Joh 16,12-15	104
Joh 17, 20-26	95
Joh 18,1 – 19,24	62-76
Joh 18,33b-37	115
Joh 20, 19-23	97
Joh 20,1-18	83
Joh 20,19-23	98
Joh 21,1-14	88, 90
Apg 2,1-11	98
Apg 6,8-10; 7, 54-60	37, 39, 40
Röm 8,18-30	48
Kol 1,12-20	118
1 Thess 5,16-24	22
2 Tim 1,6-8.13-14	174